我不属于任何教派，
我只服膺于真理以及诚实面对自己的人。

胡因梦

张咏捷 摄影

张咏捷 摄影

张咏捷 摄影

生命的不可思议
The Journey of the Soul

—— 胡因梦自传

胡因梦 著

责任编辑：陈　曦
装帧设计：成　劼「北京大诚艺术设计机构」

图书在版编目（CIP）数据

生命的不可思议：胡因梦自传 / 胡因梦著. —2版
. —深圳：深圳报业集团出版社，2011.7
　ISBN 978-7-80709-376-3
Ⅰ.①生… Ⅱ.①胡… Ⅲ.①胡因梦 - 自传　Ⅳ.① K825.5

中国版本图书馆 CIP 数据核字 (2011) 第 108886 号

生命的不可思议：胡因梦自传

胡因梦 著

深圳报业集团出版社出版发行
(518009 深圳市深南大道 6008 号)
三河市华晨印务有限公司印制　新华书店经销
2011 年 7 月第 2 版　2011 年 7 月第 1 次印刷
开本：787mm×1092mm　1/16
印张：20　　字数：176 千
ISBN 978-7-80709-376-3　定价：38.00 元

深报版图书版权所有，侵权必究。
深报版图书凡是有印装质量问题，请随时向承印厂调换。

潘光 摄影

在纽约体尝了一年解放的滋味,
二十一岁回台湾正式进入影坛。

逆光衬托着飞扬的秀发,是七十年代最流行的沙龙摄影风格。

潘光 摄影

难得一见的东洋女子模样。

纪显晔 摄影

在澎湖的古堡中拍摄佳丽宝化妆品广告。

电视剧《慈禧外传》的定装照。

八十年代的写真集是如此的保守。

陈福堂 摄影

《鹦鹉传奇》片中剧照。

在纽约的模特学校学习之后,无论是拍片、登台、上杂志封面,彩妆和服饰搭配几乎都是亲手包办。

此生只有这一件桃红色的便服。

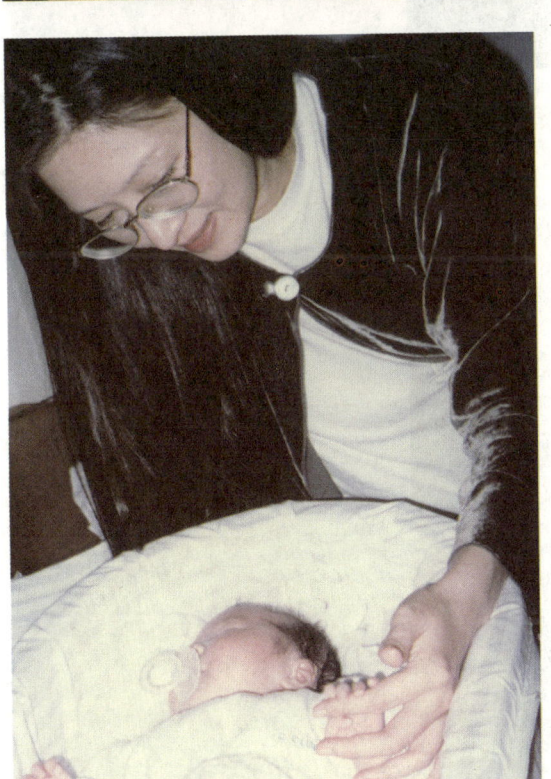

当妈妈的喜悦洋溢在脸上。

在台湾演讲,推动身心灵成长是今生宏愿。

心灵真实的年龄,开始显现于脸上。

许育恺 摄影

与大陆读者进行交流。

在南昌大学演讲。

台湾版序

胡因梦

"廓然无圣"是这本书真正的精髓。如果你想在此书中寻找预设的理想或标准,你可能会一再陷入失望,如同我在撰写的过程中对自己的不完美所生起的短暂窘迫一般。但你若是能毫无成见地随着我的生命历程,与我一同朝圣,解构,褪去层层的外衣,裸泳于意识的涛浪里,或许我们能认出彼此都是从"零"中降生的远古生物。

大陆版序

胡因梦

本书曾以《死亡与童女之舞》为名七年前在台湾发行，此后不断有内地的出版公司来邀约，希望也能够在大陆出版这本书，但我始终下不了决定。直到结识了黄明雨先生，得知新华立品图书公司已经译出克里希那穆提的多本著作，而且逐渐在读者身上产生了启蒙效用，才欣然决定与大陆读者分享这部深受克氏影响的前传。

在过往的七年里，我的生命经验继续在深化及精微化。透过两性与亲子关系的发展，我进一步地体认到童年经验对人的一生有多么重大的影响。此外与工作坊里的学员们共同成长了七年的时间，也更细微地观察到身心灵之间的连带关系。我发现关系的品质确实与人的健康直接相关，而健康又决定了人是否能顺利开展出心灵的成熟度，迈向更高层的意识次元。早期家庭生活中耳濡目染的价值观与信念，会根深蒂固地决定一个人对生命的认知；认知若是扭曲，整个社会也会跟着颠倒。

七年后的台湾社会仍然陷落在"谁对谁错"的较量中，仍然不关怀个体内在世界的福祉与真相，这一点，透过各种形式的媒体便可轻易获知。因此身心灵各个层面的整合观察与研究，在中国人的社会里还有许多发展空间，甚至可能是未来最迫切需要被重视的存在面向。

这本传记若是能帮助读者把人生方向从外求导向内证，也就不枉费我生命过程中所经历的那些非言语能道尽的艰苦了。

目录

第一章
动荡的时代，苦难的父母　　11

第二章
生命中的庇护所　　45

第三章
浮华世界，纽约！纽约！　　79

第四章
演员与明星生涯的真相　　95

第五章
爱的试炼　　105

第六章
外气与生理拙火的觉醒　　129

第七章
五十三参　　139

第八章
生态与环保意识的觉醒　　157

第九章
丧父　163

第十章
闭关与反观内照　169

第十一章
穿越爱的试炼与母丧　181

第十二章
因缘重演
——单亲妈妈与独生女儿　205

第十三章
"灵魂的暗夜"
与身心灵自疗　217

第十四章
对特异功能的省思　227

第十五章
生物能医学（讯息医学）　235

第十六章
恩宠与勇气　243

第十七章
死亡与童女之舞　　　251

后记
答自己问　　　255

附录一
手术伤及经络对人体术后
造成的影响（萧圣阳 作）　　　259

附录二
外在环保与心灵环保
（胡因梦北京演讲）　　　264

附录三
生命的不可思议
（胡因梦成都演讲）　　　273

胡因梦摄影选　　　282

父亲转任《中苏日报》社长,接余纪忠先生的职位。

西装革履的父亲，低头看着出生才七天的我。

母亲把我立着抱在怀里,脸上有一抹发自心底的笑意。

父母在台中育才街老家的花园里合影。

四岁时吞了一颗围棋子,爸妈带我去照X光,把我吓得哇哇大哭。

女娃娃装,中性的脸孔,稀疏的黄毛,跷得高高的两只大脚丫。

小时候是个滑稽、敏感、精力特旺、不爱睡也不爱吃的孩子。

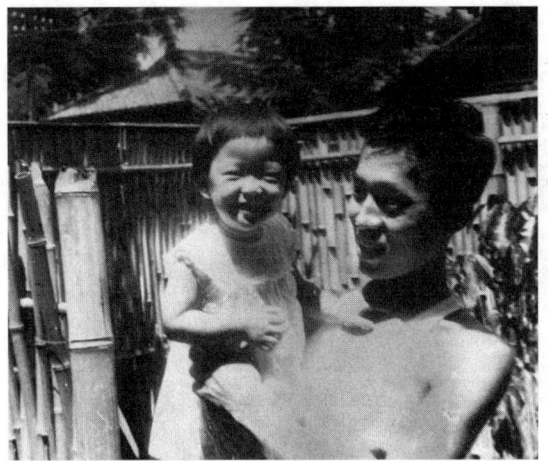

三岁大的我，时常用小指甲抠破干哥哥奶头部位的汗衫。

七岁时与母亲合影。

五岁时与爸妈合影。

十岁时与老「立委」们一起出游考察，我身旁站的是金马号小姐。

照片虽然老旧,
妈妈娟秀的字迹依然可见。

10

第一章 动荡的时代，苦难的父母

父亲在我的记忆里是个既熟悉又遥远的人物，那份熟悉感应该是来自于深层的无意识吧。我们之间似乎不需要太多的适应与学习，很自然地，我从生下来就是他这一世最宠爱的独生女儿，他则是我童年所有的美感、爱与安全的源头。如果人与人真的是前缘再续、补修学分，父亲与我很可能善缘深厚，功业已了，此生的结因而松动。从小我和他聚少离多，我总是遥遥地盼着念着他那熟悉的身影。

父亲的长相与众不同，六英尺的身躯在一般中国男人里面算是相当高大的。他的气质结合了须眉男子的阳刚与深幽俊美的阴柔。他总是穿着体面、举止斯文，表情温和而肃静，眼底有股倦意，像是一个看尽人世变易的老灵，早已失去那股聚精会神的兴致，参与的欲望总是淡然。

父亲出生于 1905 年，老家在东北沈阳。追溯他的宗谱，胡并非他真正的姓氏，赓年也不是他原来的名字；他本姓瓜尔佳，属于满洲正红旗贵族。根据文献和传说，瓜尔佳氏最早可能来自于俄罗斯高地，因为在满洲的族群中瓜尔佳氏的肤色特别白皙，头发赤褐色，眼珠则呈浅棕色，甚至还有碧眼之人。父亲的长相确实有点像混血，记得我小学五年级时和他一块儿搭公车，年轻的车掌小姐看见他上车，脸上的表情突然一愣，我挤上车时听见她和旁边的司机窃窃私语说："这个人好帅啊！很像那个叫什么格利高里·派克（Gregory Peck）的！"我当时听了心里生起了一股非常荣耀的感觉。母亲晚年也曾向我提起父亲年轻时所到之处总免不了引起女人欲盖弥彰的骚动，母亲说这些话时仍夹杂着些许的光荣与醋意。然而这位东北著名的美男子却承受了超乎一般人经验的童年创伤。

父亲从娘胎出生没多久祖父便骤然过世了。祖母是一位性子刚烈的满洲女人，父亲未满两岁时祖母因一桩小事而遭人误解，一个想不开便吞下了大量的鸦片，匆匆了结了自己的生命。祖父母相继过世后父亲只剩下两位血亲，一位是六岁大的姊姊，另一位则是我的大伯父。父亲很少提及这位大伯，而我从未谋面的姑姑才是令父亲念兹在兹的恩人。祖母死后姑姑姊代母职，两岁的父亲时常哭着嚷着找妈妈，姑姑只好背着他在村子里踱步度日，两人就这么相倚相靠了四五年。

抗战时期的伪满洲国大臣臧式毅是父亲的远房姻亲，臧家有七个儿子，家里人口众多，需要一个女孩儿帮忙，姑姑便带着父亲一同寄居在臧家。根据父亲的描述，臧家待他不薄，但寄人篱下的日子总有不是滋味的地方——父亲相貌出众，书又读得特别好，敏感、阴沉而寡言的他时常觉得自己遭到排挤。那个时代重男轻女，姑姑自始至终没机会受高等教育，父亲则一路念到东南大学，不久他结识了一位名叫潘玉璞的小姐。

潘小姐的母亲非常喜欢父亲，某回父亲生病，潘家母女悉心照顾他如同至亲一般。从未尝过母爱滋味的父亲在温情的感动下便和潘玉璞结成了夫妻。父亲后来回忆起这段往事心里相当自责，他反省自己不该为了母爱的理由而结婚，后来证明维系这段姻缘的基础确实过于薄弱了些。某日父亲无意中听见潘家母女私底下的悄悄话，话中透露出对他的不满，多疑敏感的他发现自己在潘老太太的心中到底是个外人，失落之余便开始逐渐和妻子疏远。东南大学两年还没读完，他就只身前往日本的早稻田大学专攻政经，后来又进帝大研究所待了两年。

抗战爆发，中国的青年学子纷纷投入报国的行列，父亲就在那个时期回国加入了国民党。他先是担任中央军校的教官，后来转赴韩城县当县长，接着被委派为三民主义青年团书记。抗战胜利，国民党派父亲接收旅顺和大连的行政权，当时苏联已经进入东北，旅大的接收工作遭到苏联的拒绝，父亲只好返回沈阳，担任青年团主任，接着转任《中苏日报》社长（接余纪忠先生的职位）。两年后《中苏日报》改为《中央日报》，父亲仍然是社长，就在那时他选上了立法委员。

母亲璩诗方生于1910年，老家在安徽桐城，外祖父是天津的一名县长。外祖母是外祖父的续娶填房，母亲念小学时外祖父又纳了一个妾。元配早已生有二子，小妾再添了一名男婴，这三位妻妾之间的明争暗斗与争风吃醋想必是十分可观的。母亲在这样的环境里长大，心里十分愤怨这些女人的软弱、狭隘与无知，她成年后的某些心理状态和性格应该是童年遭遇的一种反动吧！

母亲十四岁的时候外祖母染上了猩红热，当时的人不懂得隔离，结果全家都发高烧，呕吐，出红疹子。母亲说她"浑身上下整个儿脱了一层皮，原来密密实实的头发几乎全秃了，扎起小辫儿来只有一根小拇指粗"。这场猩红热夺走了母亲同父异母的三个兄弟，尤其是那位聪敏乖巧的幼弟最令母亲惋惜与哀恸，她说："这几个宝贝儿子一死，我父亲也没什么活头了，第二年就跟着走了。"剩下一屋子没主的女人，既然人夺不到了，那么赶紧夺些房产吧！母亲一手的好文章在残酷的现实压力下发挥了长才，十四岁便替她母亲这房的亲戚写起状子、打起争房产的官司来。

母亲二十岁的时候有人为她介绍了一个热衷于政治、很干练、经济情况不差的男人，唯独相貌这一点令她感到十分遗憾。那时母亲已经就读天津女子师范学院的中文系，她的诗文造诣都相当不错，头脑也颇有见地，但受制于时代和大环境的保守力量，只好为生存而嫁给了那位自己并不十分中意的男人。

抗战期间母亲一个人住在重庆的歌乐山上，一住就是八年。她那热衷于政治的丈夫当时已经是活跃的共产党员，母亲与他总是好几个月甚至半年才见上一面。母亲一直想生个孩子，但是却从丈夫那儿染了淋病，造成输卵管阻塞，试尽了各种办法也无法打通。她一个人住在山上寂寞得发慌，陪伴她的只有书籍和服侍他们家三代的老李。

某日在歌乐山上的一名友人家里母亲见到了正值盛年的父亲。母亲形容父亲"唇红齿白，一脸的青胡楂子，他左手拿着雨伞右手拿着拐杖，头上还戴了一顶呢帽，眼神迷迷糊糊的，样子好看得沁人"。其实母亲当年也是颇有风韵的，她个子虽小，但比例匀称，皮肤特别白净，眼神里有股穿透力和水灵的黠慧。那一天他们都对彼此留下了深刻的印象。

抗战胜利后他们在上海的友人家中巧遇，那一回电路算是真的接通了。父亲回沈阳后母亲开始一天一封情书往沈阳寄，她倾诉自己的情境如同地狱一般，希望父亲能带给她一个重生的机会。母亲的情书写得好极了，字又漂亮，父亲感到愈来愈无法招架。当时父亲和潘阿姨以及我的两位同父异母的兄弟（道钧与道扬）早已分开。父亲回沈阳后本来和潘阿姨还有复合的机会，但因为母亲极力想得到父亲，所以玉璞阿姨就退让到美国留学去了。父亲的性格里有逃避倾向，他并不是不愿意负责，而是无能面对现实困境中的人际纠葛。沉默寡言、不擅言辞却又善感的他一旦被迫做抉择，或是必须以沟通的形式了断一份难解的情感，他往往一走了之什么交代也没有，这样的行径令他的两个儿子到今日都不肯冠他的姓。

父母亲各自脱离了原本的婚姻伴侣开始生活在一起，他们既没有和元配离婚，彼此也没正式结婚，但日子久了熟稔的朋友便自然称呼他们为胡先生、胡太太。在那个年代，他们的作风算是大胆率性了。

胡先生与胡太太初期的两性生活应该还算亲密，我依稀记得两三岁时的一幕场景——爸爸和我在台中育才街日式老房子里的那张挂着大蚊帐的床上玩耍，我腻在妈妈身边嚷着要吃奶，爸爸挤到我们中间一把搂住妈妈，故意让我吃醋，逗着我玩⋯⋯

他们在上海生活了一年之后国民党就溃逃了。父亲起初并不想到台湾，但被母亲说服了，于是开始整理繁琐的衣物，准备搭船去台湾。临行前父亲决定把属于他勤务兵的一张行军床送给母亲的一位亲戚，那位亲戚前来取床时却被母亲半路拦截，父亲为此事甚为不悦。母亲的性格中有很高的掌控倾向，加上童年的不安全感，令她对物质产生了强烈的占有欲，而父亲这位没落王孙对面子和尊严的需求又总是远远超过金钱和物质。半路拦截的作风伤到了父亲的颜面，不善于沟通和表达的他，就把这件小事埋在心底，开始质疑起两人价值观的差异。

1949年的春天，父母搭船来到台湾暂居友人家中。父亲在政治理念上早已无法苟同老蒋的独裁作风，尤其是以德报怨不要日本人赔款这件事，父亲认为完全是越俎代庖，不尊重民意，因此不得已转而支持他也不十分欣赏的桂系将领李宗仁。那时有一群民主派的学者准备在香港支持李宗仁搞所谓的第三势力，父亲觉得与自己的理念比较接近，于是时常往返台港。他在香港住了一年半后，发现第三势力尚不成气候，只好郁郁不乐地回返台北，参与政治的热情从此低落不兴。

我的诞生

1953年的4月21日，四十四岁的母亲在台中生下了我。母亲怀胎受孕是个曲折的传奇。这个传奇是父母一生津津乐道的，虽然没有客观的记载，但可信度应该很高。原本输卵管阻塞的母亲是不可能受孕的，后来能打通完全和父亲在上海结识的两位奇人异士有关。这两位高人，一位是修藏密和太极拳的乐幻智老师，另一位则是跟乐老师习拳开了第三眼的皮肤科大夫朱仲刚先生。

父亲说他亲眼见识过乐老师的凌空劲功夫。当乐老师进入发功态的时候，他手里通常拿着一根香烟，看看弟子有没有能耐接近他的身体、取下那支烟，但弟子们在一丈远的距离便感到一股强劲的能量，逼得他们不停地翻筋斗打滚，就是无法接近老师的身体。当年上海的报纸曾披露过一则消息——一名来自荷兰的拳击手向乐老师挑战，乐老师先是不应战，然而到底年轻气盛，忍不住便上了擂台，结果凌空劲一挥，荷兰拳击手跌了个倒栽葱，颈椎不幸挫伤，老师花了几个月的工夫才把他治好，却因此而结下了师徒之缘。

父亲建议母亲接受乐老师的气功治疗，母亲的质疑多于轻信。某日在乐老师家父亲促狭地和老师耳语："你就给她点颜色瞧瞧吧！"母亲说她当时注意到乐老师对她专注地看了一眼，顿时就觉得头上像是戴了个通电的紧箍子，立刻恶心得想吐。乐老师见到她的反应，笑着走过来在她的背上拍了几下，便纾解了她的难受与难堪。母亲说她从此之后如同孙行者到了如来佛的手掌心，乐老师只要一进入发功态，她立刻犯恶心。她开始心甘情愿地接受乐老师的外气治疗，他们前后一共治了三次，每次四十分钟。治疗时母亲只觉得腹部有电流通过，感受并不强烈，乐老师却是一头大汗，能量似乎耗损不少。三次之后乐老师就告诉母亲输卵管已经打通，往后应该可以怀孕了。不久母亲果然受孕，开始在家安心待产。

某一天她和父亲坐黄包车前往乐老师家,到了乐家大门口,发现有另一位访客尾随而至,经过主人的介绍才知道那就是开了第三眼的朱仲刚大夫。这位信奉天主教的留德西医最初和乐老师习拳为的只是强身,没想到练了几年后某日在上海的电车里突然看见挤得像沙丁鱼的人群缝隙中,居然夹杂着五颜六色呈气体状的怪东西。他发现如果有人到站下车腾出一些空间,这些气体就会变得胖一点,如果空间很窄,它们就变成了狭长形。下车时他突然有一股想要呕吐的感觉,不久就大病了一场,从此随时可以看见另外一个次元的存有。他把这事儿告诉了老师,老师要他不必担忧,也无须执著,这只是阴阳眼开启的现象。后来朱医生不但开了阴阳眼,同时还能看见人体的精微组织、内脏和灵光等等,身边的人昵称他为"X 光眼"。其实朱医生和母亲相遇的那一天,他的黄包车就在父母的车子后方,他透过车板看见母亲脊椎的下半截有一段香烟大小的白色气体正在不停地跳动。根据他的经验,许多怀了孕但即将流产的妇女,身上都有这个现象,于是他很审慎地提醒母亲千万要留意保胎。母亲说她听了心底一寒,不久真的流产了,胎儿和鸡蛋一般大小,总共流了两胎,到第三胎才保住了我。

直到今天朱医生可能都还健在,高寿应该已经九十多了,是上海受人尊崇的医界导师。1993 年我的一位满族兄长广树诚曾亲自到上海探访过朱老先生。树诚是台大法律系毕业、进哈佛研究民族学的知识分子,一向对人类潜能怀有高度的兴趣,他在上海见到朱大夫时第一眼的印象和母亲当年的感受非常近似。母亲说朱大夫的长相活脱是一尊佛像,树诚则说朱大夫到今天都称得上是标准的美男子,不但相貌堂堂,还有一股谨言慎行的谦和正气。树诚请教他有关眼通的问题,他十分低调地承认自己确实能看见人体的灵光,从光的颜色和强度可以判断身体的健康状态与精神修为的境界。

他说此生他见过三个人的灵光令他印象最深,一是他的乐师母(竟然不是乐老师),二是田耕莘主教(耕莘文教院的创办人),三是他留学德国期间在巴黎的地下铁偶然瞥见的一名女瑜伽士。他说师母的光能照射到屋外,田主教的光弥漫着整间教堂,而那名坐在地上看起来像游民的女瑜伽士,灵光竟然照亮了整个地下铁的通道。树诚问他灵光的强度是否与功夫的高下有关,他的回答是:无关。他说灵光的强弱取决于心量的大小,而心量的大小又和精神修为有关,执意练功之人心量反倒不见得宽广。

"文革"期间除四旧,朱大夫遭到严刑整肃,当他的肉体实在无法承受痛苦时,就把精神贯注于上方的一幅画,皮肉的痛苦便因而消除。树诚问他当时是不是灵魂出体,他并没有给予肯定的答复,但也没有否认。母亲过世前回过上海,她从朱大夫那儿得知乐老师当年死的时候非常痛苦,长期练硬功与不倒单[1],他的气整个儿结在下腹,临终时气散不掉,肠子绞成了一团,等于在自体的绞刑下惨烈身亡(2006年3月底我得知乐老师真正的死因,但不宜公开)。这段不幸的往事令我不禁深思起朱大夫对精神修为与刻意练功的那番感言。

童年往事

打从有记忆以来我的童年都是在台中度过的。最早的老家在台中商职(如今已升格为台中技术学院)旁的育才街上,小学之后又搬到附近的存信巷,距离台中一中反倒近了些。从育才街到存信巷那一带的村落当时称为新北里,住的都是当年的"立监委"与"国大"代表。蒋介石强人专政的时代,这些毫无独立实权的特权阶级被执政者一网网成了一团"能趋疲"(entropy,熵)。方城之战与闲扯是非就是这个村落的生活常态,其中较有自觉意识的人戏称当时的情景为"社会闲打"。

翻开泛黄的旧照相簿,育才街上的那幢日式老房子和记忆中的并不相左,一根根细长的竹竿围成了一个不算小的花园,里面除了一棵大榕树和几棵不知名的杂树之外,

---

[1] 不倒单:不睡觉的练功方式。

还有盛开的水仙、绣球、桂花和难得一现的昙花。屋内的陈设相当简朴，长条的原木地板上只有一张单人沙发、几张藤椅，竹制的餐桌上铺着印花塑胶台布，纸糊的拉门把屋子隔成了客厅与卧室，卧室里有张木床，上面铺着小碎花的棉絮被褥，被褥上躺着只有一两个月大穿着娃娃装的我，那身女娃儿打扮和那张中性的脸孔、稀疏的黄毛以及跷得高高的两只大脚丫，显得有些不搭调。

另外一张照片的背面有母亲娟秀的字迹：因因出世第七日（小学之前我的名字是因因，小学之后改成了因子。《大般若经》的《师子吼品》中把"因"解释成十二因缘，"因因"则是智慧之意，母亲为我取这个名字显然有很高的期许。上小学后父亲为我改名为因子——取其因某种因素而得了这个孩子之意，因素指的当然就是乐老师和朱大夫的助缘）。这张照片的正面是西装革履的父亲，手上抱着裹在白毛巾里一脸混沌的我。那时我刚出生，体重还不到五磅，父亲低头看我的表情非常专注，空气里有股凝聚的静谧与祥和。

另一张照片中的母亲穿着素朴的夏日短衫把我立着抱在怀里，当她用心照顾我的时候，似乎完全能体会婴儿立着比横躺要舒服多了，此外她也比一般母亲的敏感度高出许多，因为她绝不给我穿太多或太厚的衣裳。她知道小孩儿的体温比大人高多了，大人如果觉得不冷，小孩儿也不可能冷，穿得太多只会让孩子出汗，一受风寒更容易感冒。襁褓中的我全盘倚赖着母亲的悉心照料，那份被需要的感觉一定令她觉得十分安全与满足，照片中她脸上的那抹难得的笑意很清楚地显示了这份情绪……

据说我小时候是个滑稽、敏感、精力特旺、不爱睡也不爱吃的孩子。其中不爱睡这一项令母亲特别头大，她常说当年总有五个大人轮流带我，最后一个个都被撂倒，而我仍然翘着脑袋眼睛睁得大大的，一点睡意也没有；好不容易睡着了，稍微一点声响又醒了。妈妈说哄我睡觉简直是噩梦一场。吃正餐则是另一项令她烦恼的事。我小时候有个外号叫"见饭愁",一岁之前喝婴儿奶粉还没什么困难,一岁生日刚过我突然学会了说话和走路,喂我吃饭就成了一场官兵追小偷的游戏。

我对食物的兴趣不大,但是对妈妈的奶却眷恋不已,我想妈妈的奶和我之间一定有着非同小可的"业力",否则不可能在乳头上抹黄连、万金油和辣椒油都无法把我逼退。既然断不了,妈妈只好让我继续吸吮那对毫无乳汁的干奶。我除了对母亲的奶眷恋之外,也对其他物种的奶趋之若狂,譬如老干爸的儿子——我的干哥哥们的奶,幼稚园女校长的奶,老干爸家的母狗小伯乐的奶。说也奇怪,干哥哥们竟然允许两三岁大的我用小指甲抠破他们乳头部分的汗衫,不停地拨弄着他们的乳头;幼稚园女校长原是妈妈的大学同学,竟然也允许我在光天化日下打开她的旗袍扣子,旁若无人地吃起奶来;连小伯乐也不介意我蹲下身去捉抓它松垂的乳房。不知道是基于慈悲或是快感,他们对我的接纳似乎间接地帮助我在亲密关系上奠定了一些健康的基础。

然而吸吮的需求到底是什么?那股强大的动力又是什么?是生存的驱力、缺乏安全感、口腔性欲期的性力,还是一种神圣合一的需要,老实说连科学家也没有确切的解答。我自己倒认为除了上述的可能性之外,还跟我性格里地毯式搜索的好奇心、征服欲以及凡事都想掀开来看的倾向有关。一旦我对乳头这项东西产生好奇,就会开始注意各种不同的乳头,日后无论是购物、交友、求知、寻道、拜师和治疗自己的病,都有同样的倾向。

童心

除了不爱睡、不爱吃之外,父亲说我小时候特别爱问他"为什么",成天"为什么这样""为什么那样"地问个不停。我提的问题基本上都和动物有关,家里的白墙被我画满了鱼,每条鱼都有一片一片的鳞。爸爸只要从台北回来,我就忙着画鱼给他看,或是嚷着要他带我去植物园看泡在药水里的毒蛇标本。也许是知道自己属蛇,也许是蛇的神秘、诡异、不动声色和迅捷的反应引起了我既恐惧又好奇的探索欲望,到现在我都还记得当年看完《沙漠奇观》那部影片,里面的那只响尾蛇令我兴奋得一连做了好几个晚上有关它的梦。小孩子和大自然中的动物王国,似乎天成地具有情绪上的联结。记得四岁时妈妈已经开始带我去看外国剧情片了。《鹿苑长春》那部片子里的小梅花鹿死的时候,我在暗乎乎的戏院里伤心得放声痛哭。等到我的女儿洁生出世之后,才观察到孩子在一岁之前就能理解动物。沃尔特·迪斯尼(Walt Disney)对这一点想必有很深的认识,否则不可能那么善用动物来拟人。

洁生第一次看《一百零一只斑点狗》才一岁多,我当时正在浴室里洗脸,听见从卧房传来阵阵的抽泣声,我走出来询问坐在电视机前的她是不是怕影片中的"酷威拉",她说不是。当时正演到狗爸爸、狗妈妈领着小狗狗们在大风雪里奋力前行的场面,我试探地问她是不是觉得小狗狗很可怜,她放声大哭地说:"是⋯⋯"我赶紧把洁生搂在怀里,心底交织着深刻的感触与沉思。孩子真的不是一张白纸,他们惊人的辨识力早就俱足了,人类错综复杂的情绪和情感他们都能直觉地捕捉到。那份能力虽然是一种动物本能,并不是饱经世故之后的洞见,但精准度仍然是很高的,远比重重障碍之下的成年人要高多了。

记得母亲曾经对我说她觉得我小时候太善感,神经太纤细,一岁多时她为我念安徒生童话《卖火柴的小女孩》,念到小女孩受苦的情节时竟然发现我满脸的泪痕,她心想这还得了,一丁点大就如此易感,长大了不知道要受多少的罪呢。她心里起了预警,一有机会总要提醒我、限制我或灌输我一些自保的观念和危机意识。这些危机意识对正值兴头的孩童而言,很可能被解读成否定、批评或唠叨,因此从小我就觉得母亲不接纳我,我总瞥见她用凌厉的双眼盯着我,看我有没有犯她所谓的错。我心性中的开放、欢乐、任性、不懂得设防、对外在事物的迷糊,勾起了她最深的恐惧——旧时代女性的生存危机感。我与她日后的对立就源自于开放与恐惧、自由与限制这两种无法相融的力量。

身为独生女儿，孤独是我从小必须面对的另一种生命情境，虽然与其他小孩儿相处才是我最快乐的时光。我四岁之前母亲还没成天借着麻将排遣难熬的寂寞，她时常在木制的澡盆里摆一些玩具让我玩。日式房子夏季格外酷热，我在澡盆里一玩就是一下午，母亲在一旁看她的书，我们互不相扰，各得其所。晚上母亲戴着顶针专心地缝她的棉被，我站在一旁看着她从上海带来的绣着小白兔与青冈菜的丝质被面，满心温暖地等待着睡前听母亲讲故事。

三岁半时母亲就把我送进了幼稚园，园长是前面提过的那位母亲的老同学。我的年纪是全班最小的，但说故事的本领却最强，有一回我向同学及老师转述父亲胡诌的一个鬼故事。我告诉大家有一个老鬼名叫胡赓年，还有一个小鬼名叫胡因因，老鬼的外号是胡大脚，小鬼的外号是小胡大脚……我转述的故事时常令全班师生笑得人仰马翻。每回母亲来接我下学总看到我一个人在外头荡秋千，爬滑梯，似乎对上课这件事一点兴趣也没有。小朋友排排坐吃果果乐得眉开眼笑，我却难过得想哭，因为我没有那么高的食欲，而饼干糖果只令我觉得难以下咽，绝不是什么人间美味。虽然不怎么吃东西，我的精力却特别旺盛，一个人东逛逛西摸摸的，兴致高得很。我喜欢捉水蜻蜓和虎头蜻蜓。我记得虎头蜻蜓咬人很痛，蓝色和鲜红的水蜻蜓则令我入迷。此外我特别爱到水沟里寻宝，挖出一些破的碗片，玩跳房子的时候可以派上用场。台中商职位于育才街老家的对面，五六岁时我每隔两天就到商职空旷的操场和校园探险。我喜欢一个人站在指挥台上演讲，不知道为什么自小我的心中便有一股任重道远的感觉——这类话听起来仿佛想做伟人者在脸上贴金，或者可能被解读成自恋，然而这真是我当年的感受。

为了替我找些玩伴，学习怎么与小朋友相处，母亲不时地邀请左邻右舍的孩子们到家里来玩耍。虽说是小朋友，其实都比我大七八岁以上，因为像母亲这样四十四岁才生孩子的父母实在是太少了。每回当游戏结束孩子们要回家吃饭时，我一定难过得大哭。我热爱人与人之间的联结与温暖，总希望宴席是永远不散的。妈妈看到我的反应又是摇头叹息一番，越发担忧起我的脆弱易感。

我四岁之后，打麻将开始成为母亲上下班的例行公事，除了消愁解闷之外，这也是她私房钱的来源——她十四岁就学会打麻将，三十多年来的练习使她已经成了个中的高手，可以说是每打必赢。她有一个来自早年的迷信——立枕头比较容易赢钱，因此每次"上战场"之前，她一定提醒老李把她的枕头靠着床板竖起来；我长大后这项仪式便换成由我来执行。妈妈进入方城之战，家里只剩下老李和我，那时老李已经六十开外了。这位湖北籍跟了母亲娘家三代的得力帮手虽然没受过什么教育，却自有看尽人生百态的市井智慧。爸爸长年待在台北不回家，妈妈日日方城战，老李就成了我最重要的支援系统——他照顾我吃，送我到学校，放学时接我回家，我有心事多半向他倾吐。三岁以前我性子很急，脾气又大，知觉过度敏感的后果往往是承受力不够，因此幼稚而任性的我时常把气发到他头上。上小学之后我逐渐觉察到大人的上下对待方式中，有许多欠缺自省的阶级意识。老李虽然跟了母亲大半生，母亲对他的态度仍旧是上下分明，除了偶尔夸赞他的狮子头、葱烤鲫鱼、馅儿饼做得好吃之外，平日里鲜少出现开放心胸的平等对待。父亲在这方面确实比母亲体恤得多，他从台北回来一定偷偷塞点零用钱给老李，母亲总说破了她的行规。

住在育才街的时候，父亲交往的朋友已经令母亲不满了。那时新北里的生活圈子充斥着外省人对台湾人、台湾的环境和台湾语言文化的歧视。那些回不了老家的民意代表个个满怀乡愁，平日里不是念旧，就是开"追悼会"，嘴里总说台湾是个"鸟不语、花不香"的地方，而大陆的气候不知有多么宜人，真是四季分明、东西又好吃云云。他们没心思活在当下，也不想睁开眼看看环境未破坏之前的台湾本是全世界物种最丰富的地方。

在这一群人当中父亲是很不同的异类，一来他早已把参政的野心转向对园艺和围棋的喜好，二来他留学过日本，会说流利的日语，因此和不会说国语的本省人之间搭起了可以交流的管道。他时常带着我去找他的同好苏花匠，欣赏园子里迷你型的日式盆景，也时常带我上阿里山找他任职林务局的老友；他生病住院时因为会说日语而结识了一位本省籍的护士石小姐。这些人都和他维持着长久的情谊。

然而在母亲的价值系统里，父亲的行径却被解读成截然不同的东西。她认为父亲的肚子里没料，虚有其表，和上等人接触心里会自卑，因此总结交一些小人物来壮大自己的尊严。父亲当时的意识到底处在什么状态，我小时候不可能洞悉得到，或许他的内心真的残存了童年压抑下来的自卑，故而壮大了对尊严的需求，不过当时我从苏花匠和石小姐的表情读到的却是真实的爱慕与尊敬。难道苏花匠与石小姐都是服膺于特权阶级的浅薄之人吗？这两位朴实的本省同胞难道和父亲之间不可能有诚挚的交流吗？母亲不断地在我面前诉说对父亲的负面评断，不但没达到她想要的效果，反倒造成了我情绪上的反弹以及对现实人生观的鄙视。

恐惧的起因

上小学之后我们家从育才街搬到了存信巷，我的玩伴之中除了年长一点的彭姊姊、实姊姊、嘉美、天来之外，开始出现一些同辈以及更年幼的孩子。我记得巷弄里有一棵大榕树，树荫非常茂密，晚上的街灯很暗，巷子里黑漆漆的，走过那棵大树总感到毛毛的。村子里的孩子们彼此警告，说那树上有个叫"黑锅贴"的鬼，我脑子里烙了这个印，每次经过总是拼了命地跑，差点没吓破胆。住育才街时曾经有一次被躲在树丛后伸着舌头、用手电筒照着脸的干哥哥吓得摔了一大跤，几乎造成了脑震荡。

孩子们对鬼如此感兴趣，其实和年长的人喜欢说鬼故事有关。长夜漫漫闲着无聊，大伙儿便凑在一块儿讲鬼,孩子们也挤在大人的身边既恐惧又着迷地侧耳聆听。其中有一则鬼故事给我的印象最深。某位东北籍的长辈告诉我们说,他在大陆时有一回住客栈,半夜起来解手时突然看见门口站了一个裹脚的老太太,头上梳着髻儿,穿着民初宽袖宽腿儿的衫裤,身子飘飘忽忽的。他心想,这么晚了她站在门口干啥呀?再仔细一瞧,竟然发现老太太的侧面薄得跟张纸似的。我听到这里吓得赶紧把脚丫缩上来,跟纸一样薄的老太太从此埋藏在我的八识田里,永世不得超生了。

妈妈也喜欢讲鬼,她最爱乾隆大学士纪晓岚的故事。她说纪晓岚小时候有一回上茅房,手里拿了一盏油灯,一个没留神就把油灯放在大头鬼的脑袋上了。大头鬼一气,故意显相给他看,他却毫不畏惧地对那鬼说:"小鬼!小鬼!你好大的头呀!"小鬼听了觉得这孩子果然不凡,日后必有大出息,于是赞叹道:"仕郎!仕郎!你好大的胆哪!"我听完这故事,纪晓岚的不凡早已忘光,就记得那大头鬼有多恐怖了,从此上厕所总觉得旁边站了个脑袋奇大无比的鬼。

当身心处在健康状态时,这些无意识里的意象通常起不了什么作用,譬如我在怀孕期间身体出奇的健康,即使是住在荒郊野外心里也毫无所惧。但是产下洁生的第二天我的身心突然瓦解,处在谷底的三年中无意识里最深的恐惧全都休耕、翻土、曝了光。那些从恐惧里投射出来的意象,多半都是荒郊野外的孤魂或女鬼。我因此联想到克里希那穆提在《人生中不可不想的事》(Think on These Things)这本书里说过的一段话:"你们大人和孩子相处时,不该把一些误谬的观念、对鬼怪的想法或自己特殊的经验强加给他们。然而这是很难避免的事,因为年长的人总会花许多时间诉说人生中的一些不重要的事。他们逐渐把自己的焦虑、恐惧及迷信传给了孩子,孩子自然会重复大人的想法。年长的人对这些连自己都不明白的事根本不该在孩子面前提及,相反的,你们应该创造一个自由无惧的环境让孩子在其中成长。"

如此认真的自省式教育在得过且过的上一代人眼底,恐怕是极度严谨了点儿,然而从我自身的经验来看，童年灌输的恐惧一旦集中曝光，若是没有一点自我观照的能力，是很可能招架不住的。世纪末的今日，聚落式的生活已经式微，在公寓里成长的孩子们很少有机会再听到一群大人讲鬼，然而电视和动画所提供的恐惧暗示却比讲鬼更生动、更微细、更诡谲，父母的辅导还是有必要的。

父母的对立

搬到存信巷之后，父亲回家的次数愈来愈少了，他宁愿长年待在台北的武昌街十八号——当年立委的休闲俱乐部，和工友老李同住在一间阴暗的宿舍里。他的生活日益消沉，成天逃避在围棋里面，虽然隶属于交通委员会，却总是拒绝发言质询。他不常回家的理由最主要是跟母亲不和，两人无法相处，连一个礼拜都嫌多。他们的心性不同，人生观不同，对人的态度不同，心理的需求不同。譬如父亲好面子，母亲实际；父亲被动，母亲主动；父亲寡言，母亲善道；父亲感性，母亲理性。然而在所有浮面的差异之下，潜藏的却是人性共通的恐惧、挣扎、渴望、失望、哀伤、逃避、自怜与嫉恨……

父亲好不容易从台北回来，母亲为了取悦他，总是费心地替他张罗牌搭子，当大家高高兴兴地正在玩牌时，站在父亲身后的母亲，看着看着就成了后座驾驶，开始指挥东指挥西的，忍不住还要骂上两句"笨死了"。父亲听着听着，突然忍不住了，站起身来满脸涨得通红，愤恨地撂了一句："你聪明！你打好了！"然后转身就走了，当天便打道返回台北。我盼了半年好不容易把他盼了回来——还是干爹教我用激将法写信骂他"不回家就是老混蛋"，才把他激了回来——没想到两天就走了，这一去可能又是半年，我心里真是失望极了。

母亲在金钱上老是有恐慌感，看到别的立委都有本事赚外快，便说服父亲挂牌当律师。父亲不擅言辞，虽然挂了胡大律师的招牌，不幸上法庭时口拙，无法替人进行有效的辩护（说不定他心里想的是和解算了），因此律师的招牌不久就给砸了，母亲为了此事经常当外人的面说他无能。别说替人辩护口拙，就连和母亲吵架，他也是挨了一百句才能回个一两句，骂完便赶紧夺门而出。有时他从台北领了薪俸回来走到半路碰上同事告急缺钱用，他就把信封里一半的钱给了那个人，回家只能交给母亲一半的薪水当家用，患有金钱恐慌症的母亲病情因而日益严重。

小时候我是父母之间的夹心饼，起先是母亲在我身边叨念父亲的自卑与无能，长大一点换成父亲在我面前数落母亲的拜金与现实。我记得父亲爱看武侠小说，但又恐怕母亲笑他没出息读闲书，便躲在被窝里拿着手电筒偷看，喜欢和爸爸起腻的我也躲在里面和他一起偷看。父女二人像是做了坏事的小偷，紧张中带着莫明的兴奋。这时父亲好像在跟他同年龄的玩伴告状一般悄悄地对我说："那个老达卜（上海话发音的"老太婆"）根本是金钱挂帅，她心里永远是金钱第一，她第二，别人第三。"听了这些话，我深深觉得他是如此的厌恶母亲。

儿时的创痛

我小时候确实有心理学所说的恋父情结，父亲一向是我的荣耀以及我同情的对象，母亲的强势与批判使得我一面倒地倾向于他。我无论在长相、气质和心性上都比较像父亲，而且父亲和我的关系又特别近，似乎不需要太多的言语便能直接地融合，母亲对这一点时常流露出妒意，从眼神就可以清楚地感觉到。上小学后母亲开始把对父亲的不满（其实是对自己的不满）迁怒到我身上，总嫌我和他一般无能、没用。她时常拿我最要好的朋友周中立与我相比，她总说中立能干、活泼、头脑清楚，我和她站在一块儿简直像个老实的小傻瓜。她日复一日地加重我头上的罪名，我虽然反弹但似乎愈来愈朝着她的精神暗示发展，后来我从心理学上完全印证了父母的指责终将一一实现。

父母欠缺觉察的教育方式形成了我许多人格上的矛盾。父亲宠我、纵我，要星星月亮他都设法摘下来给我。上小学后我的钢笔起码有五十支，我喜欢圣诞卡片，爸爸一买就是一百张——他无法时常回来看我便转而以物质的形式补偿。从小到大他总共只打过我一回——他和朋友下棋眼看着就要赢了，我过去夺他的注意力，把他胜算在握的棋给毁了。他气得一巴掌托住我的屁股使劲一推，把我从客厅的前端推到了后端，但地板很滑所以我毫发未伤。我心里笃定他不会真的伤我，拍拍屁股笑嘻嘻地站起来就跑。

他在家的时候我是个满洲格格，他回台北之后我就成了灰姑娘。当时村子里的人耳语，盛传我是母亲抱来的养女。我听见了跑去质问妈妈，妈妈说他们存心不良，我是她打了几个月的安胎针才保住的亲生女儿，这才提起了乐老师与朱大夫的传奇故事。

一家三口的紧张关系只有一个人可以扮演润滑剂的角色，别人都起不了什么作用，这个人就是父亲姊姊的儿子，我的表哥——刘光夏。中国人常说"甥舅最有缘"，此话确实不假。爸爸的亲戚之中只有表哥到了台湾，母亲则一个都没有。表哥活泼、幽默，但也颇有个性。他长年教外国人华语，学生多半是外交官。他时常和母亲聊起洋人世界的种种，我在旁边耳濡目染开始有了几分向往。表哥的感受力和滋养力都比一般男人强，譬如我刚出生的时候母亲不敢帮我洗澡，表哥却能一手包办。洁生出世后表哥立刻从夏威夷赶回来看我们。洁生喜欢哭闹没有人能治得了她，但一到表哥的手里不消多久就睡着了。表哥后来和专攻体育舞蹈的陈姊姊结婚，生下了小侄女璐璐和小侄儿老虎，他们的家就成了我的避难所及儿童乐园。

记得有一天夜里母亲和表哥在客厅里聊天，我觉得没趣，想到饭厅拿糖吃，但饭厅的灯没开，黑漆漆的令我有点害怕。我打岔要表哥帮我拿糖，妈妈嘲笑我既好吃又没胆儿。我的自尊心受了伤，气得壮起了胆跑到饭厅抓了一把糖，高声喊了一句大人平日随口即出的国骂之后，撒丫子就往外跑。母亲火冒三丈，拿着一根竹条跟在我后头追杀，两个人绕着存信巷不知跑了多少圈。后来我躲进一家人的后花园，母亲找不到我只好作罢。我听见她在我后头追杀的时候口里没停地喊着："我今天非把你打死不可！"平日里我一跟她顶嘴，她也是对我又打又拧的，可都没那天晚上那么当真，所以我不敢回家了。

晚上11点多一个人在巷子里没魂似的走着，排行老五的干哥哥骑着脚踏车经过时发现了我，得知事情的始末之后，他骑车载我回家准备向母亲赔罪了事。回家后我跪在母亲面前硬是不肯开口认错。表哥在一旁劝架，母亲好一阵子才软了下来，终究饶了我。第二天放学我对老李说："我恨妈妈。"老李一脸惊骇，责备我怎么可以如此不孝。我得不到心理上的支持便径自走到竹林宣誓：长大之后一定要复仇雪耻。我想日后的叛逆以及与基督山李敖伯爵的因缘，大概就是这么一点一滴种下的吧。

另外一件令母亲恐惧的事，就是见到父亲烂醉如泥地回来，东倒西歪的完全失去了平日的压抑与克制。老李看到这种情境总是亦步亦趋地照料着父亲，我站在一旁揪着心，母亲则是吓得闪到了一边。老李示意要母亲过去扶爸爸，她说她最讨厌人没理性，爸爸是断掌，很可能一巴掌就把她打晕。老李把爸爸扶到床上，爸爸嘴里一直喊着："因因哪！因因哪！"我凑上前去既难过又害怕地拉着他的手，他泪眼模糊地望着我哀号："妈妈呀！妈妈！……"爸爸的哀号勾起了我心底最深的无助与同情，我含着眼泪束手无策地低头看着他吐了一脸盆的酒菜。

父亲长期不回家，母亲如果休战不打麻将，总是一根烟接着一根烟地抽个不停，或者焦躁不安地在客厅里来来回回地走着。她的不安和错综复杂的情绪严重地波及了我幼小易感的心。生活在一个欠缺沟通的家庭里，孩子只能窥见问题的一角，父母深埋的渴望、孤寂、幽怨与愤恨如同一座冰封千年的活火山，不知哪一天会爆发。妈妈在家时我的感觉就像坐在活火山口，心中充满着不祥，她迁怒的眼神也总是令我不寒而栗。我仍然清楚地记得她为我绑马尾头时为了避免头发很快就松开，往往过于实际地扎得太紧，我痛得发出"哎哟"的喊叫，她拿起梳子劈头就敲我的脑袋，我只好顶着一束紧绷的马尾去上学，离开她的视线时才敢稍微松绑。

日式的房子在冬日里门窗经常被吹得咻咻作响，爸爸人在台北，妈妈打牌去了，只剩下老李和我两个人在家，那种相倚相靠的孤独感总让我联想起当时私下流行的一首禁歌（因为某种政治因素而被禁了），歌词好像是：热红红的太阳往上爬呀，往上爬，爬上了白塔，照进我们的家，我们家里人两个呀，爷爷爱我，我爱他呀……

有一天我和母亲在街上走着，一位陌生男子迎面而来，母亲突然停下脚步过去拉住那名男子的手臂。我站在一旁看着他们交谈时脸上浮现的表情，我猜想他们一定是多年不见的老友。他们谈完话之后过了几天母亲就带着我到那位叔叔家串门，母亲和他谈着谈着便开始哭诉自己守了多年活寡的难熬之苦，那位叔叔似乎相当同情母亲的遭遇。不久，那位叔叔便时常到家里来探望母亲。有一天我放学回家意外地发现他环腰抱着一脸笑意的母亲，母亲看见我立刻撇开他的手，表情十分尴尬。父亲从台北回来带我到包姑姑家聊天，我当着包姑姑的面把这件事告诉了父亲，父亲的反应颇为淡然。当时他和包姑姑到底讲了些什么话我已经记不得了，但自此之后那位叔叔和母亲就不再往来。我当着包姑姑的面向父亲告状的事令母亲对我更加不满。

启蒙与学习

除了一些属于创伤儿童的记忆之外，学习与成长仍然充满着兴味。

中师附小在当时算是明星学校，里面的外省子弟人数较多，老师、校长大多受过日式教育。附小以音乐、美育著称，刚好这两项我都稍有天才。

一年级的音乐导师萧碧珠是台中著名的钢琴家，她当时判定我为绝对音感，因为每回听音考试我总是拿一百分。另外几位具有绝对音感的同学日后都成了杰出的小提琴家和钢琴家，虽然我没有步上此道，但音乐一直是我的狂喜与至乐。音乐的能量是属灵的，它勾起了我最深的表达欲望，而这些欲望通常是透过舞蹈的形式展现的。

　　说起舞蹈，我真的差一点成了芭蕾舞娘。台中当时有一位以严格教学闻名全省的舞蹈家——辜雅琴。六岁时母亲把我送到她那里学习，我的瓜子脸和瘦长的体形非常得到她的偏爱。

　　她对我寄予厚望，但教育的形式却是体罚。我如果跳得不合乎她的标准，她就拿出一根绑着铁丝的细藤条在我的手心抽打三下。那三下打得相当重，我的手总是一阵麻痹，好一会儿才能恢复正常。我禁不住对体罚的恐惧从此不肯再去学舞。辜老师后来很诚恳地写了一封信给我，希望我能持续下去，但我就是死也不肯了。日后想想因缘的来龙去脉，成为芭蕾舞者其实违反了我的心性，那种专注苦修的途径绝不是爱自由、爱多元化发展的我所能承担与满足的。

　　对我而言，绘画是另一项表达自我的方式。我的画时常被选出来参展，但总是得不到第一，不是第三，就是第四。我不习惯大胆用色，下意识地喜欢把颜色调混，画出来的风景或静物总是灰蒙蒙的。评分老师喜欢孩子们以明朗鲜艳的色调表现童趣，所以我无法拔群。这项对混合色的爱好，长大后也表现在我对服装的品味上。

　　我爱月牙白、秋香绿、墨绿、靛蓝、酒红、中国红、灰紫、栗子色、青磁色，还有各种的黑——黑中掺任何颜色都比纯黑悦眼。这项对绘画的嗜好一直延续到中学、大学，当了演员之后便完全中断了（2004年我又开始探索油画技巧）。

附小合唱团当时被誉为台湾的维也纳儿童合唱团，上一年级时我被级任导师廖先生介绍到团里，成为年纪最小的团员。我人长得瘦，但嗓门特别大，声音可以高得震耳欲聋，于是外号"雷婆"的我自然被编入了高音部。当时负责指挥的老师名叫陈烟梯——这个名字的意境还真有点费解——他有一对招风耳，一个红彤彤的酒糟鼻，还有两道开阔而深刻的法令纹。他的态度非常认真，教学甚为严谨，口音里带着浓重的日本腔，脚上总是穿着一双纯白皮鞋。他上台指挥时表情严肃，如果有同学声音过大、过高或唱得荒腔走板，他就睁大眼睛狠狠地瞪你一下，嘴里还嘟哝着："险累[1]哦！"手里的指挥棒差点没成了打人棒。

我小时候有一种奇特的反应，每当大人的表情过于严肃或场面过于紧张时，我就忍不住地笑个不停，有时甚至歇斯底里到流眼泪的程度。上台北参加全省性的比赛如果我控制不住笑了起来，可想而知会是什么场面了，所幸一次也没发生过，因为我被选为高音部的独唱，荣誉感令我收拾起了玩心，一本正经地专注于歌唱。1963年我们的参赛歌是《老乌鸦》，我独唱其中小乌鸦的那一段。我们在台北中山堂表演的时候，我自认为把小乌鸦唱成了黄莺出谷，陈老师也因此而顺着烟梯步上了青云——我们得了全省冠军。第二年再接再厉，我们勤练高难度的《哈里路亚》，我仍旧担任其中一段的独唱。没想到比赛前一天我感冒倒嗓，同学们建议我服华达丸，结果情况更糟，糟到连《哈里路亚》也感动不了上帝。我的演出活像个倒嗓的老乌鸦，陈老师气得七窍生烟，险些没从梯子上摔下来——我们得了全省第四名。从此我开始变音，歌唱生涯告一段落，平日里只能在家中高唱《梁山伯与祝英台》的全套黄梅调，或者趁着老"立委"们出巡考察时在他们面前展露一下歌喉，以聊表自己的演唱才华。

回忆起另一段历史可就不那么有趣了，不但不有趣，简直是噩梦一场。到目前为止我读过许多人对数学的观感，其中只有《荣格自传》深得我心。他在自传里有段精

---

[1] 险累：闽南话，意为"赏你一计耳光"。

彩的辩白，所有痛恨数学的人都应该一读为快：

  老师说代数是很自然的，应该把它看成天经地义的事，我却不知道数字到底是什么东西。它们不是鲜花，不是动物，不是化石，不是可以被想象出来的事物，而是计算出来的量。令我大惑不解的是这些量是用字母代表的，而字母又意味着声音，因此是可以被听见的。……其中最令我恼怒的是下述的定理：A = B，B = C，A = C。根据定义，A 与 B 的意思应该是两码子事，既然完全不同，那么 A 就不能等于 B，更甭说与 C 相等了。若是要成为一个等式，就该说 A = A，B = B，如果说 A 等于 B，在我看来就是个不折不扣的谎言和骗局。

  但荣格的遭遇比我要强得多，至少他还能替自己辩白一番，而且辩得如此高明。我碰到数学完全是转世老僧入了顽空定，脑子里一片虚空，怎么也起不了作用了。母亲发现自己的女儿竟然是个数学智障，真不知有多少忧心了。不论在当年或今日，数学永远是家长及学子们最紧张的科目，于是她特地为我请了一名家教到府恶补。这位家教使出浑身解数，企图让我明白鸡兔同笼、植树问题与流水问题的窍门，可他左解析右解析，我还是断电。最后没辙了，他只好把咱们家里所有的跳棋、象棋全摆在桌上，一颗颗地排好，为我具象地讲解起来，然而令我大惑不解的仍然是公式形成之前的问题——鸡兔为什么要同笼？后来母亲又请宋玉表哥找来他最好的朋友郭先生替我补习，情况终于改善了许多，但考起试来我还是无法及格。

  数学不及格是要体罚的，我记得五年级的级任导师当时也是我们的数学老师，他长得有点像阿兰·德龙，许多女生私下都暗恋着他。他的小拇指上留着长长的指甲，除了抠痒之外还可以用来体罚数学不及格的学生。有一回我被他叫上讲台示众，因为数学只有三十分。他用那长长的指甲在我的头顶像啄木鸟般开始重重地啄，我被啄得脑浆都晃荡了，可仍然力持镇定，默默地从头数到尾，一共数了一百零一下。回家之后我立刻向爸爸告状，爸爸第二天就到学校向校长抗议，从此这位老师体罚人的次数减少了许多，而我则成了班上的英雄人物。数学不及格已经是学生最大的恐惧与梦魇，还要加上体罚的羞辱，成绩更不可能好了。考数学缴白卷的恐慌与窘迫直到二十七岁时都还出现在我的梦境里。

标准影迷

看电影一直是母亲和我转移烦恼的快乐时光。从四岁开始她就带着我去看外国片，我们总是从三民路一直走到中正路附近的戏院，看完电影后再坐三轮车回家。她时常买两串莲雾或是一包菱角什么的，母女二人一路走一路吃。她说我小时候没人喜欢带我上戏院，因为片子一开演戏院里一片漆黑，我趁着大人看不清一溜烟就不见了，快散场时才冒出头来，领我去的人吓坏了，以为把个小孩儿给丢了。其实大人不知道我只是去探险一下，看看有没有吸引我的东西，譬如剧照啦，戏院里卖的零食啦，等等。

七岁时妈妈为我买了一辆脚踏车，从那时起我就不常和她看电影了，一来她的方城之战打得紧密，二来我可以骑车自己去看，通常都是下学之后、吃晚饭前的那段时间。

日后我会成为演员，其中的因素之一可能和我小时候是个标准影迷有关。我搜集了一沓的明星照片，像奥黛丽·赫本、伊丽莎白·泰勒、乔治·查克里斯（George Chakiris）、阿兰·德龙等，但其中最令我着迷的，却是小女孩不可能感兴趣的肖恩·康纳利（Sean Connery）。从第一集的《007》开始，我就无法自拔地迷上了他，日后只要有他的电影我一定骑着脚踏车去报到，而且每部都要看三遍以上。其中有部戏是希区柯克（Alfred Hitchcock）导演的，由肖恩和蒂皮·赫德林（Tippi Hedren）主演，取名为《艳贼》。故事里的主角是一名金发碧眼细致得如同天人般的强迫性窃贼，她的母亲则是个仇视男性毫无爱心的妓女。她小时候曾目睹某嫖客伤害到自己的母亲，因此拿铁棍打死了那名水手，以至于长大后产生心理障碍变成了性冷淡。这出探讨变态心理的悬疑剧勾起了我极大的好奇，我一共看了七遍，每遍都像首映一般新鲜。男女主角复杂而缠绵的情感互动我似乎都看懂了。

不但他的影片令我耽溺，连主题曲我也每首都会背。譬如第一集的主题曲描述的是男女主角在岛上相遇的浪漫情景，当时我哪懂得英文歌词的含意，反正不管三七二十一非把它背起来不可，然后逢人就唱，唱得人一头雾水。上高中的彭姊姊听完了还怀疑这首歌的原声带是用牙买加土语唱的。至于为什么会迷上他，当时我自己也不明白，可能是一种直觉，直觉地感受到了这个男人的某些特质。长大后我再以比较理性的心情重温前几集的《007》，仍然觉得他的诠释无人可比，对我而言仍然有股巨大的吸引力——他游刃有余的智力、略带黑色的幽默感、豹子般优美而矫健的身手，还有那股既洒脱又温柔的酷劲，真是令我彻底倾倒。可我长大后交往的男友之中没一个是他这种类型的，我感到非常好奇，于是开始研究起两性关系心理学。我认识到，我们理想中的异性特质其实是对自己的阳性面向的期许——我期许自己是酷的、游刃有余的、任何危机都能处理的，然而我真实的状态却是脆弱易感的、犹豫不决的、危机来了想要逃跑的，因此我虽然希望碰到007，吸引来的却是像父亲一样的孤臣孽子。

我对性能量的探索大约也在这个阶段展开。其实早在四岁时我就发现碰触到阴蒂时会有快感。七岁时有一天我坐在地板上听妈妈讲话，我的手无意识地触摸了一下自己的"圣处"，妈妈发现时的反应好像我犯了什么滔天大罪似的，令我十分疑惑和抗拒。性在上一代的眼里是个搬不上台面、无法坦然讨论而又人人有兴趣得紧的事。有一回爸爸在看报纸，我坐在他对面歪着头跟着看。我发现报纸上有包皮、狐臭、花柳病之类的字眼，便好奇地问爸爸这些字是什么意思，爸爸一脸不悦地说："小孩子怎么可以问这种问题！"我的感觉仍然是"为什么不可以"。

既然大人都不肯谈，那我就自己去发现吧！刚好台中那时流行放映《世界夜总会》、《巴黎夜总会》之类的异色电影，我一个人骑着脚踏车到清一色全是男性观众的戏院去探个究竟。我记得当时银幕上放映的都是一些平常看不到的画面，譬如隆乳的手术过程，夜总会里的大腿舞，或是某个肌肤粉团、缺少运动的外国脱衣舞娘半遮半掩地扭动着自己的身体，最后终于露出了一对下垂的乳房和臀部。当我在看脱衣舞时，我注意到自己竟然有兴奋的反应，转头看了一眼后排的那些老兵和中年男子，脸上也都有一股浑浑噩噩的表情。回到家我赶忙跑去问光夏表哥的太太陈姊姊："为什么我看到脱衣舞会有满脸通红的兴奋反应？"陈姊姊是个坦然而平和的人，她笑了一笑说道："因因，你真早熟！"等到我自己有女儿之后才知道什么叫做真正的早熟——小洁生两岁就爱上了《泰坦尼克号》的主角，不过并不是莱昂纳多而是那位英籍女明星。回想一下当时一个人去看异色电影还真是有点冒险，那些一脸浑噩的男人是很可能会对戏院里唯一的小女孩性骚扰的。

人性中的无感

五年级的时候有一天老李吃坏了东西晚上起来拉肚子，一共拉了二十几回。第二天一大早妈妈就跟我和爸爸抱怨，说他把外面的水泥地都给搞脏了，爸爸听了赶紧送他到医院，不久他就过世了。他过世后我伤心得如丧考妣，我写了一篇作文悼念他，文字中披露出对母亲的无情的强烈不满。同一年爸爸到彭伯伯家里打麻将，打到一半时他去上厕所，三十多分钟都没出来，那位戴着千度近视眼镜的杨委员不耐烦了，要我进去看一看。我走进浴室发现爸爸倒在地上，身旁有一大摊血，眼镜掉落在地面，镜片全都碎了。我惊恐地跑出来告诉那些三缺一的委员们："爸爸吐血了！爸爸吐血了！"大伙儿赶忙叫救护车，抬了担架准备送父亲去医院，正在慌乱的时候，杨委员的眯眯眼透过厚厚的镜片瞄了我一下，十分不耐烦地说："赶紧把他弄走吧！我们还要打牌呢！"我当时听了不禁在心底暗自发誓长大后一定要脱离这个圈子，而且永远不碰麻将这个鬼东西。老李过世后我每天放学回家再也没人为我做饭了，只好到母亲打牌的高家，坐在牌桌底下等饭吃。晚上我一个人不敢待在家里，总要等到十一二点母亲打完牌后再一道回家睡觉。

小学毕业后参加初中联考，因为数理成绩太差一个学校也没考上。爸爸只好带我到台北，动用了所有关系，希望能帮我挤进一所私立中学。没想到卫理女中招考时的数学题目我竟然都能解答，其他科目也都答得不错，故而顺利进入了这所以生活教育著称的基督教住宿女校。

干爹陈公亮先生与干妈郑真女士。

在卫理这所环境整洁幽僻、充满宗教气息的女校里,一住就是六年。

以崇拜的眼神看着发福的爸爸。

十五岁在台北荣星花园留影。

十五岁时与台湾中影基本演员林玑合影。

念大一时与学长陈立恒合唱民谣,那时学校里唱西洋民谣的风气很盛。

十八佳人。

第二章 生命中的庇护所

我好像命中注定就是要念卫理的。不但初中联招除了卫理其他的学校一律考不上，高中联招也是如此。我在这所环境整洁幽僻、充满着宗教气息的女校里，一住就是漫长的六年。

卫理女中是陈纪彝女士创办的，她曾经是蒋夫人的英文秘书。这所学校隶属于基督教的卫理公会，校舍紧邻着外双溪的故宫博物院，里面的学生来自全省各地，大部分具有小康以上的家庭背景。

当时的外双溪还没有商业化，草山的墨绿尽收眼底，湍急的流水清澈见底，分贝最高的噪音大概就属往返的摩托车了。卫理女中的校舍从水平面沿着山坡一路盖到阳明山脚下。学校大门直直地往上走，两旁是面积一大一小的操场，走到底便是三阶层的行政大楼和教室。面向行政大楼再朝右边的坡路往上走，左排是大礼堂及综合教室，右手是大操场，操场的对面则是一横排的宿舍和饭厅。

起初住进学校心情是一喜一愁。喜的是终于可以脱离新北里的"能趋疲",脱离母亲的负面精神暗示;愁的是乍进一个完全陌生的环境,和一群娇生惯养的女孩儿朝夕相处,真不知会是什么局面。那时学校的规定非常严格,平日里不准吃零食,不准和其他学校的学生往来,不准出校门一步,只有上写生或自然课时,才能在老师的带领下跨出校门。周末则是返回原生家庭的快乐时光,父亲为我安排每个周末暂住在台北的干爹陈公亮先生家中。干爹是父亲惺惺相惜的老友,也是一位才情丰富,待人宽厚,注重生活雅趣,曾经显赫而逐渐寄情于戏曲、古玩、金石和四柱推命术的闲人。干妈郑真女士年轻时则是福州美女,四十多岁的年纪依然有自己的韵致。她具备高度的服务精神,待人周到,做事极为仔细,最巧的是,她竟然是卫理女中的董事之一,也是卫理公会的基督徒。

干爹、干妈有三个儿子,大愚、兆熙与兆隆。这三位干哥哥的心性、倾向与发展,只能用兵分三路来形容——大哥是异途成就,以后现代的话来形容应该说是另类人士,青年时颇为叛逆的他后来竟然成了密宗的阿阇梨;二哥是标准的正人君子,我住在他们家的时候,他政大还没毕业,满怀儒家知识分子对国事的关切,从美国留学回来后一直在"新闻局"担任参事;兆隆的小名叫小龙,小时候是精通天文及生物的资优儿童,每次到台中来游玩,他一定为我讲解动植物的特性与名称,长大后虽然以经商的形式谋生,仍未改对大自然的喜爱。我时常戏称他是游牧民族转世,因为一根牙刷就能走天涯,经常开着旅行车半夜三更往山上跑,在溪涧里摸鱼抓蛇,抓到了又放生,累了就在车里睡一觉,车上狗味熏天,他也甘之如饴。这三兄弟替父母分别取了外号,干爹叫"大不乐",干妈叫"偏偏不"。旁观他们与母亲抬杠的逗趣画面,令我较能释怀自己与母亲的紧张关系。我当时发现太疏离的母亲和太周到的母亲,同样令孩子消受不起。

十项全能

进卫理念初一时父亲特地和我长谈过几次，沉默寡言的他大概是认为我年纪渐长，可以说些语重心长的话了。他希望我发愤念书，尤其是英文一定要下工夫，因为外国语文是通往另一个世界的窗户，可以使人从其他的角度观察事物。爸爸的训勉对我通常有按电钮的效果，我把这些话牢记在心，开始专注于读书。

初一、初二我每次的考试成绩都名列前茅，班上的同学为我取了"十项全能"的雅号。我当时铆足了劲地用功，上课也读，下课也读，回宿舍也读，同学们睡了，我在厕所里挑灯夜战，甚至连大扫除都不参与，一个人躲到视听教室高声背诵国文、英文或默念其他书本。

卫理的冬季多风而萧瑟，当时创校不久，树木尚未成荫，北边有一个山与山之间的缺口，风从缺口灌进来，吹得门窗嘎嘎作响。晚自习或开夜车时我一边啃书，一边浸淫在夏丏尊的《白马湖之冬》、许地山的《落花生》之中，似乎对这类受佛道思想熏染的作家特别偏好。我还记得深夜里自己一个人搬了张板凳到浴室，就着昏暗的顶光神游于"松涛如吼，霜月当窗"的白马湖畔。卫理最严寒的日子里，水泥地冻得惨白，山色暗得发紫，活脱的一幅"白马湖之冬"的景象。

受到父亲的鼓励，英文特别能引起我学习的欲望，它给我一种没来由的熟悉感，我很喜欢学校的直觉教学法，我们有设备极佳的视听教室，透过听和自己的重复诵念来加强直接思考的能力。此外背诵英文流行歌曲也是我学习的途径之一。我时常在脑中进行以英文思考的活动。我发现一个人的注意力若是能集中，竟然可以克服先天的智障，当时我连数理成绩都可以达到理想，其他的副科就不必赘述了。然而随着竞争力的提升，我的人缘却一落千丈。

我在班上是老师的宠儿和同学眼中最不合群的人物。不但大扫除我不参加，晚祷也不参与，同学之间的关系更没有耐性经营，有时甚至粗暴地把桌面所有的书都推到地上，只因坐在前面的同学影响了我的阅读。我没有意识到十二年的独生女经验以及反常的家庭背景，令我不知道如何与一群同年龄都有强烈自我的人共同生活在一起。如同儿时一样，我渴望人与人之间的温暖与联结，相较之下自我的表现欲远不及那份渴望来得强烈。"十项全能"的头衔非但没有替我带来快乐，反而造成了人与人的界分。

从初一到初二，我一共长高了八公分，大腿的内侧开始出现一道道的生长纹，脸上的青春痘争先恐后地往外冒，原本秀气的瓜子脸逐渐变成了粉团的肉脸。成长期间的食欲真是大得惊人，通常是早餐一瓶牛奶、两个馒头、三碗稀饭外加小菜；中餐时餐盘吃得见底之后，还要再吃一个回合；晚餐也是如此。当时餐厅里的一群学生组成了地下捞菜大队，我就是其中的一员。我们和分配伙食的师傅建立了良好默契，等大部分的师生离座之后，他就把剩下的炸排骨、粉蒸肉等拿出来给我们，我们再分头搜刮其他餐盘里的剩菜，像饕餮一般朵颐大嚼。后来被舍监和训导主任发现，制止了这项不合规定的举动，然而捞菜大队并未因此而停止地下活动。在每餐饭享用之前，全体师生必须诵唱《谢饭歌》，大家低头闭目，两手交叉在胸前，高唱着："感谢慈悲天上父，赏赐衣食养我们，更求天父教我们，自己有的分给人，阿门！"唱完《谢饭歌》后，同桌的学生一边用餐一边谈笑，借着这个机会交流情感。我记得有位同桌的高年级大姊姊曾经对我说："胡因子，你外表看起来很冷，但内心是火热的。"我听了涨红了脸，激动得差一点没落泪。

宗教的启蒙

其实没进卫理之前基督教对我而言已经不陌生了。小时候存信巷口就有间基督教的聚会所，我为了得到耶稣抱着小绵羊的卡片，被里面职事的牧师相中，邀我加入教会的唱诗班。卡片上的耶稣虽然只是西方宗教组织想象中的至人，但那张俊秀悲悯的脸孔，却成了我日后意识中最重要的原型之一。西方宗教的各种仪式也都能令我产生"大事即将降临，正该做些准备"的神圣感。

圣诞晚会和沿门报佳音是卫理学生最爱的庆祝活动。圣诞节前后，一楼的行政大楼、宿舍的大厅和礼堂，到处都是彩饰的圣诞树，有时还会搭起一座马槽，里面有圣母、圣婴以及西方三圣的塑像。平日里每逢周五，学校都会邀请牧师、学者与专家为学生们阐述神的道理与人的道理。全校师生聚集在大礼堂中，教官和训导主任不时地站起来一排排地巡逻，看看"点头族"有没有动静。所谓的"点头族"就是每逢听道、听训便自动进入酣睡状态的学生。平日里很难沉睡的我，只要一听见教条式的训诫，就困得连眼皮都睁不开了，下巴也松了，有时支撑脑袋的手臂因失去知觉而突然滑落，"点头族"差点没成了"磕头族"。台上的讲者如果欠缺自知之明，说不定还以为台下起了最强烈的共鸣呢。

二十七岁之后我开始"疯狂寻道"，时常参加各种法会，我发现坐在身边的母亲和念中学时的我反应完全相同，她对这个现象的解释是：坐在法师或仁波切的身边有一种天下太平的感觉，于是平日里需要服安眠药才能入睡的她，就这样心安理得地进入了无意识状态。对我而言道德训诫和数学公式的效果是差不多的，它只能令我昏睡，无法使我觉醒。女校里的学生很少有人会去思索神学问题，大伙儿被一团祥和的宗教气息笼罩着，自然而然地落入各种宗教信念的制约里。我从信仰进入自我探索历经了漫长的转化过程，日后因某些人生的危机才有了真正深化的契机。

住校生活点滴

晚自习下课到入睡前是同学最开心的时段。下课的铃声一响，同学们匈的一声便冲出了教室，纷纷朝着宿舍的方向狂奔，只为了抢洗澡间。洗完澡、晚祷之后，大家凑在一块儿磨方糖、健素、钙片，混着奶粉当宵夜吃。这些糊状的食物很容易黏牙，有些人吃完了懒得刷牙，倒头便睡，日复一日，许多人都得了蛀齿，我就是其中之一。两个学期下来我一共蛀了八颗大牙，但所有看得见的都完好无缺，唯独门牙中间有条很细的缝。有天晚自习时，无意中我发现这条细缝可以当乐器使用，如果做出"夫"的嘴形，朝着这条缝轻轻地"夫"气，就能发出一种尖锐的声音——有点像遥远的地方有人正骑着脚踏车从上坡往下滑时踩出的刹车声。这个发现令听觉特别灵敏的我感到十分兴奋，我想试试看同学们会不会注意到这个诡异又微细的声响。我试了几天，终于有一两个人注意到了，等班上所有的同学都知道这是我捣的蛋，"十项全能"的严肃雅号便开始改观，下课后有许多人挤到我身边来闹我，那一堵无形的墙似乎逐渐消弭。

随着自我认识的深化，我后来发现只要自己的气血循环好，自然就会有喜悦的幽默感，那时人与人之间的界分变得非常薄弱，情感或情绪能量的交流是自然通畅无阻的。但如果自己的身心状态并不畅通，那么即使戴上滑稽、诙谐的人格面具，人与人之间的能量仍然是僵固而结晶化的。也许是先天的神经系统特别过敏，也许是成长历程比较艰辛，要我完全放松并不是易事。

同学朝夕生活在一起，学校又管得严，平日里不准外出，不准交男友，往来的书信都要检查，于是自然发展成同性相慕的情况。记得初一、初二时我崇拜的对象是位高年级的大姊姊，名叫董梅玲，她有一张白里透红的娃娃脸，眼睛大得像铜铃，流露出一股聪慧的讯息。她的身体发育得特别健壮，动作十分阳刚，她从不穿裙子，总是一条长裤穿到底，连夏季也是如此。偶尔她换上了裙子，还真令人颇不习惯，尤其是我，好像崇拜的人突然变了性。她的鞋底前后都钉了钉子，走起路来以我现在的眼光来看，应该说是略嫌过火了一点，然而当时在我的眼里简直是帅呆了。她是牛奶队的队长，专门负责早餐时牛奶的分发，我常借故早一点到餐厅帮她分发牛奶，为的就是多看她几眼。其他的低年级学生大概也都有自己崇拜的对象。等我上了高中,同样也有低年级的小妹妹写信给我倾吐仰慕之情,于是我也有样学样地鞋底前后都钉了钉子,走起路来两手还插在口袋里,刻意展露出一股"俗而有力"的雄风。

但同性相慕仍然无法取代异性相吸的自然驱力,学校里无论是男老师、送牛奶的工人或是校工老伊等等,只要是略有姿色的异性,都能引起同学们的骚动。我记得有一阵子大家互通讯息说某个送牛奶的工人长得特别帅,结果几乎一整层楼的女生都挤到窗前,东张西望地争相目睹那名工人的风采。

我第一次的月事和第二次之间相隔了漫长的半年,这样的生理情况在同学之中并不多见,那半年令我产生了引颈而望的期待和疑惑。初二时我的身体开始出现很明显的性欲反应,其他的同学虽然很少谈及这个主题,但是从她们的行为可以观察得到这份需求。不幸当时还没有完整的性教育,少数的老师即便愿意和我们谈论这个主题,语气和态度仍然夹杂着羞耻和兴奋的矛盾情绪。那样的情绪带给我一种猥琐感,我很不喜欢那种见不得光、无法坦然面对自己的身体和欲望的制约。

父母分居

初三时令我担忧的大事终于发生了——母亲一个人在台中耐不住寂寞,决定举家迁往台北。我好不容易在干爹家适应了正常的家庭生活,现在又要回去面对母亲的负面精神状态,感到压力很大。不久令我更难过的事也接踵而至。

透过干爹的关系,母亲以很低的价钱在信义路租到一幢公寓,我从干爹温暖的家搬回自己家,母亲又为我请来一位数学老师到府恶补。信义公寓的后面当时都是稻田,附近住了不少同学,寒暑假时我在这些同学的家中走动,日子过得还算平静。

某个周末我在自己的房里听音乐,父亲从外面回来,正在开门时,母亲手上拿了一瓶东西冲到门口,质问父亲是不是在外面有了女人。父亲吓得赶紧往自己的房里钻,反手就把门上了锁。这时母亲已经冲到他的房门口,大声地威胁他说她在床底下藏了一打硝酸水,如果他不把这件事交代清楚,就要用硝酸毁他的容。父亲吓得一整晚不敢出来,我在自己的房里猛念《圣经》,心里充满着不祥的感觉。母亲看到我念《圣经》,嘲讽地斥责我是《红楼梦》里的迎春,旁边的人吵得天都快翻了,还在念什么《太上感应篇》。

第二天一大早父亲趁母亲未醒时悄悄地溜之大吉。过了没两天,干爹就把我叫到他家单独和我密谈。他说父亲找到了今生真正相爱的女人,希望和母亲分居,不想再彼此折磨了。干爹问我的意见如何,我说他们如果还想活得久一点,最好尽早分开。干爹颇为赞同我的看法,于是把话转告母亲。母亲斥责我,说天下的孩子都是劝和的,只有我这个不孝的东西最特别。

意识的转化

父亲搬出去和他真正相爱的女人生活在一起,每个月的薪水悉数交给母亲作为家用,我从此算是真的和母亲相依为命了。就在这段时间,我向数学家教欧阳狮老师透露我想自杀的念头。老师大为惊讶,不解为何一名念初中的少女竟然有轻生的念头。他开导了我半天,我只说人生太苦,活着一点意思也没有。

从那时起我每到日落黄昏都有一股活不下去的感觉,那不只是一种心理上的反应,还包含了生理上的感觉。我的大家庭人际失和,现在连小家庭都出了严重的问题。当时我的心态突然起了巨大的变化,我认为书读得再好都没有人与人的联结来得重要,于是开始热衷于课外活动,充当起班上合唱团的指挥,利用下课十分钟的时间为班上的同学说书。

同学似乎很喜欢听我说话，于是我就"下回分晓、下回分晓"地一路讲个没停。一个学期下来我的人缘已经完全改观，但功课却一落千丈。我发现自己并不是什么"十项全能"，根本是母亲口里的"十不全"——照顾到这边，一定忘了那边，注意到内在，一定忽略外在。所幸我不是一个求全之人，日子也就这么偏颇地过了，后来接触到灵修和宗教，才明白原来只有解脱的智者方能无漏。

这段时间我开始出现一些意识上的特异现象。某个周末我和几位同学结伴到西门町看电影，大家走了几条街，走到一个十字路口正在等红绿灯时，我突然进入一种"大忘"的状态，我忘了自己是谁，忘了要往哪里去，也忘了为什么站在十字路口。我傻傻地跟在同学的身后走了好几条街，才想起自己是谁。

那次的经验我没有告诉任何人，我想也许是累了或闪神了。后来上大一时，有一回坐在男同学的摩托车后，也突然兴起"我是谁"的大疑问。平日瞥见镜子里的自己，感觉竟然很陌生，有一种"我不是我"的疑惑，像这一类的现象，都是促使我寻道和找寻自己的根本原因之一。

有一回和母亲到西门町看电影，两个人在簇拥的人潮中往前推进时，我注意到前方有一名工人正准备钉广告看板，这时心里突然闪过一个念头：这个看板可能会掉下来。当我们经过时看板真的掉了下来，铁皮的尖角戳到母亲的上唇，刺了一个九十度的小口子，肉立刻翻了起来，而且鲜血直流。这时我发现自己竟然气得浑身发抖，把那名不小心的工人臭骂了一顿，母亲反倒心软了，直说没关系，一点小伤罢了。我自然流露出的那份骨肉之情令她有点受宠若惊，一时之间不知该如何反应是好，表情显得有些尴尬。那次的经验令我意识到我们母女在日积月累的障碍之下，仍然深深渴望着彼此的关爱。

打从父亲走后，母亲收拾起怨恨自怜的心情，把平日里挽成髻的长发剪掉，烫了一头时髦的短发，每周仍然和她的牌搭子聚在一起玩麻将。我对这玩意儿始终没什么好感，学也学不来，不过年长了些，倒希望母亲每天能有点事做，也好多给我一点空间与时间。

我们和干爹全家仍然时常往来，干爹还是那么疼我，一见面就塞给我一件小古玩、小器物，干妈也总想着把一些好看的围巾和饰品留下来送我穿戴。干爹时常邀我们母女到戏园子看京剧，旁观上一代的人对京剧的反应也是一场文化震撼，从其中你可以清楚地嗅到中国人对安全感的渴望。一出出重复再三的戏码演了不知多少回了，观众仍然感动得落泪、叫好；电视里的连续剧也一样，十年前的戏和十年后的戏不但剧情雷同，连服装都还是那几套。未知对中国人的吸引力一直不大，能预料、能掌握的才可以放心地被感动。只见台下的人对台上的人所要唱出或道出的下一句台词皆已耳熟能详，他们随着胡琴的节奏跟着哼哼，那股志得意满的模样令我差点又禁不住要笑场。

其实台下的戏比台上的戏精彩多了。从这个外省人最重要的社交活动中，你可以窥见许多陈腐而有趣的人性，至于台上的演出，在我的眼底根本是一出出的荒谬剧，什么王宝钏苦守寒窑，什么忠孝节义的，再鸡猫子喊叫的情节，总脱不了在锣鼓喧天之下以一句草率的"也就是了"圆满收场。我喜欢嘲笑母亲最爱的余兴节目，她则反讽我们下一代的人没文化，不像是中国人。

对比

同个时期有一回二哥兆熙请我去看一部意大利的喜剧电影，女主角是他很喜欢的著名演员 C.C.（克劳迪亚·卡迪纳尔，Claudia Cardinale），片名是《众人的玫瑰》。故事叙述一名热情的妓女因为真心疼惜她的众多嫖客而时常忘了收费，后来成了这些男人心目中的天使。起初二哥并不知道电影的内容，否则他不会带着念初中的干妹妹去经验一场尴尬的。

看电影的过程中戏院里的笑声此起彼落，我的反应却是不停地落泪。二哥很奇怪我看喜剧的反应竟然像是在看悲剧，当时我无法找出贴切的语言来描述那份悲喜交杂的感受。小人物的单纯、良善与忘我总是能柔软我的心，多年后我看卓别林的大闹剧也有一种巨大的悲悯感。青涩时期的我并不是什么反动的知识贵族，但潜意识里已经批判起文明包装下的意识形态和价值观，对所谓的下里巴人产生了莫名的同情。

信义公寓住了几年后屋主决定要卖房子，我们母女只好搬家。起先我们和香港来的一个广东家族分租一幢公寓，没有自己的外在空间对我而言就等于失去了内在空间，我只好缩在自己的房里听音乐、看书。其实我们并不是穷到毫无能力照顾生活的品质，只是母亲坚持每个月要省下一半的花用存在银行里。后来她看到我很不快乐，觉得有些过意不去，于是又举家迁往复旦桥下的光武东村。就在这段时期我正式受洗成为摩门教徒，原因无他，只为了接近那些年轻的长老，学习英语会话。周末和放假时我经常到住在光武西村的同学邢承萱家里玩耍，这个充满着温暖与爱心的基督之家，滋润了我苦涩乏味的心。

高中生活

升高中后班上有好几位老师颇受同学的欢迎，譬如教生物的许翠英老师，教理化的史老太，教数学的王右钧老师，以及从香港来的一位教国文的女老师（名字已经记不得了，只记得她的绰号是板鸭），另外还有一对教英文的美国年轻夫妇 Mr. and Mrs.Anderson。

许翠英老师是一位热爱大自然的人，她对各种生物的兴趣和喜爱可以从她的言语中清楚地得知，同学们受到了感染，上课都很专心，至今我还记得当时心专注得连外面的噪音都听不见了。她有时带我们出校门去外双溪附近勘察自然，我们怀着"出埃及记"的心情跟在她身后，其实我们真正的兴趣还是校外的小杂货铺。大家火速地钻进去买话梅、橄榄，吃不完的就放在太空衣的帽子里私运回宿舍继续享用。我们对许老师的通融都十分感激。

教理化的史老太是道地的北平人，一口京片子在假牙的开合中夹杂着怪异的嘶声，她的幽默神似《红楼梦》里的刘姥姥，同学们喜欢逗她，寻她开心。如果理化不及格，到她的房里和她磨蹭一阵子，六十分通常有望。有一回上课时她旗袍里的老式底裤松了，突然脱落在脚背，引起了全班同学的哄堂大笑。

从香港来的那位国文老师特别喜欢我的作文，她当时受"左"派思潮的影响，言论里经常流露出社会主义和宗教的人道关怀。我因为家中有母曾嫁过共产党员，在她的启蒙之下开始阅读起托尔斯泰和鲁迅，或许是这个缘故，我的作文总能博得老师"冰雪聪明"或"兰心蕙质"之类的评语。在个人信心的建立上这位老师带给我不小的帮助，后来有人从她的床底搜出了《毛语录》之类的书籍，因而被冠上"匪谍"的帽子，自此幽囚受辱。解严之前国民党对人权和人心的钳制从这位老师的遭遇可见一斑。多年来我一直不知道她的下落，她厚厚的镜片和嘴唇、瘦长平板的身材、齐耳的老革命头和阴丹士林的长旗袍，时常浮现在我的脑海里。

Mr. and Mrs. Anderson 是来自明尼苏达州的年轻夫妇，他和她的教学方式都颇为开明。安德森先生喜欢在视听教室里播放披头士（The Beatles）的歌曲给我们听，有时也以自由联想的形式和我们探索神学。我记得某一天他要我们在纸上随意绘出自己潜意识里的神性。我当时画的是两座山，中间有道桥，他要我站起来说明其中的含意，我告诉大家我愿意做一道桥联结人的国度与神的国度。现在回想起来觉得相当不可思议，其实那么早我的潜意识已经知道自己要扮演的角色了，但这份愿望的彻底实现却历经了漫长的二十几载。

王右钧先生是我从小到大最有缘的数学老师，他的教学灵活，令数学智障都得到了启蒙，只可惜我虽然与他有缘，却始终与数学无缘，最后要不是他放水，我高三可能毕不了业，还有好几位同学也都是同样的情况。

从高三开始我一头钻进了图书馆的世界里，我花许多课外时间阅读国外的报章杂志及翻译作品，譬如 Time、Life、Newsweek、National Geographic、Vogue，以及泰戈尔的诗集、屠格涅夫的小说和赫胥黎的《美丽新世界》等。那时乌托邦的思想在我的心中逐渐萌芽，每节下课的休息时间，我和最要好的同学王建梅（目前是博达版权公司的负责人）一同搭档演出 Lennon and McCartney。老王长得真像列侬（John Lennon），后来又加入了低几届的李敏，而她长得也十分酷似麦卡特尼（Paul McCartney），三个人背了数十首披头士的畅销金曲，每节下课凑在一起高歌，旁边总是有一群同学围观。

那时有一个全球性的集体运动正如火如荼地进行着，它是绿色的、和平的、反物质文明的、超验的、个人主义的、存在主义的、寻求解脱与兄弟爱的。它横贯东西，纵贯古今，它从宇宙的神经系统出发传到了世界每一个角落，也传至我的神经中枢，我整个人突然从有一搭没一搭的状态醒了过来。

我看着 Woodstock 演唱会的画面，看着那密密麻麻、赤身裸体、满身是泥泞的人潮：有的人披着雨衣，有的头戴鲜花，满坑满谷坐了一地。我知道他们正在反叛——反叛传统的束缚，反叛文化的制约；我知道他们想要打破——打破昏睡的状态，打破孤立的幻觉。我这名生长在东方某个岛屿的十六岁少女对于他们所进行的同谋，就这么理所当然地懂了。我仿佛不再孤单，我透过媒体和这个全球性的运动接上轨了。多年后我才明白那时的嬉皮士运动仅仅是一种方兴未艾的蠢动，后来它又逐渐演变成了更深刻的集体意识的变革。

不记得是高二还是高三，有一天从香港来了母女二人，透过我的国画老师胡念祖先生打听母亲的消息。原来对方是母亲大学的同班同学，嫁进豪门之后生了三个女儿，婚姻非常痛苦，准备到台湾来投靠一位老"立委"，想请母亲替她打听这位亲戚的下落。母亲和她详谈之下才知道她的丈夫有性变态和性虐待狂，不但糟蹋了她的身体，强暴了三个亲生女儿，还不饶过家里其他的女人。当时跟在这位女士身边的就是她的大女儿，看起来面貌姣好，可是神情已经恍惚不清了。她们不堪长期受虐而告发了丈夫的变态行为，没想到法院竟然被收买，后来她的丈夫不但被判无罪，还买通了香港的职业杀手准备暗杀她们母女，家里其他的女人也不支持她们，于是她们只好来台湾求援。结果那位老"立委"怕事不敢收容她们，最后母女俩黯然神伤地逃往美国纽约。

我回到学校把这件骇人听闻的变态事件告之同寝室的室友，几个单纯的女学生从未听过此类的事，大家难过得跪下来祈祷，求神庇佑这对不幸的母女。这个事件引发了我对性变态心理的好奇，更促使我日后往心理学的领域去探索。

这个阶段的我在美术、中文书法和英文书法的比赛上，仍然有不错的表现。梁秀中和梁丹丰两位美术老师的魅力令学生们十分向往画家生涯，我在她们的影响下差一点没念师大美术系。同时期我还跟随胡念祖老师学习国画，也跟随李石樵老师学习炭笔素描。

高三上学期同学们纷纷收拾起玩心准备应付大专联考，只有我仍然在图书馆里晃荡，低年级的小妹妹看了有点着急，于是写信给我，提醒我该是加紧用功的时刻了。我当时很好奇干爹的四柱推命术不知能不能算出未来的成绩，结果干爹告诉我说大专联考那一年的7月份我的运气特别好，如果能加紧用功应该可以考上自己理想的大学，于是我在书桌上刻下"辅大法文系"几个字，不时地瞧上一眼作为提醒。

几次的类比考试我的分数都排在前几名，我心里对联考已经有了底，班上的同学成绩也都不错，当年放榜的结果显示卫理的升学率是百分之九十九，只有一人落榜。

我记得当时的考场里有好几个同班同学分散在不同的角落。数学仍然是大家最紧张的科目，我的座位前面坐了一名男考生，一看就是数学高手的模样，我们这排的女生都试图从他的手臂缝隙中瞄到几个答案，没想到他很机警，把身子紧紧地压在桌面一个答案也不肯泄露。终场时秩序大乱，同班同学猛丢纸条照顾自己人，我在匆忙中居然瞄到那名数学高手的几个解答，放榜时得知数学考了三十分，因此而被分发到德文系。如果当时数学的分数考得稍低一点可能念的就是法文系了。一个偷瞄的举动造成了截然不同的结果，也是始料未及的。

告别生活在一起数载的建梅、萱萱、路得、国昭、乃庄、小安、三立、顺静等友人，心情甚为依依不舍，大家在离歌声中默默地走出庇护了我们六年的卫理校园。

独行的新鲜人

在女校里关了六年，突然进入男女合校的大学，你很快就能感觉到两性互动的心理反应。我发现自己既想得到异性的瞩目，又不愿失去对自己的认同，其他的女生有许多已经烫了发，穿起秀气的高跟鞋，我还是清汤挂面的直发，一双看起来像熊掌的平底鞋，金丝边眼镜和牛仔裤；偶尔我也换上超短的迷你裙，短到必须用一个写着"禅悟"的大麻袋把屁股遮住，否则那些坐在地上仰望裙底的男生们可要大饱眼福了。不，我并不想取悦他们或满足他们的意淫，我只想看看自己有没有能耐威胁到他们。有一次我被坐在地上的四年级学长斥责"不像话，太嚣张了"，才算让我探到了底。那是一种非常微妙的斗争方式，每当我嗅到大男人主义的威权意识时心跳就会加速，一股动物性的战斗欲望自然生起。至于为什么会被戴上"系花"或"辅大二胡"的桂冠，连我自己也不完全明白。

从小到大一直有人赞美我的外貌，但只有我自己清楚，单眼皮、平胸、大手大脚、上身的比例稍长，绝非标准美女的条件。我内在的世界永远无法透过外表无遗地展露，上天赋予我的这副肉身似乎是恩宠，又像是一种诅咒。我在大学校园里所造成的扰动，回想起来其实是当时的内在能量向外发射的结果——每当我的精神感到自由、独立，肉体的活动量大的时候，自然生起欢愉的感觉，吸引人的应该是那股开阔的能量吧！

上了一学期限制智力发展的德文课，牙牙学语的初阶语文训练令我有一种退化到童年的感觉。我知道我的阅读范围必须从白雪公主、汉斯格雷特尔扩大到其他的课外读物了。那时我开始对存在主义、禅、李敖和占星学产生了浓厚的兴趣。我裤子口袋里插着李敖，肩上背着"禅悟"，手上举着尼采和巴比伦占星学，自以为前卫得不得了。现在回想起来觉得很好玩，那幕景象仿佛堂吉诃德穿着盔甲拿着长矛一路冲向假想敌——平庸，其实心底只有一个不切实际的念头：我和你们是不一样的。我的自我害怕被庸庸攘攘的人群淹没，害怕成为人伦体系里的一个微不足道的零件，于是不断地挣扎，不断地抗拒。

新鲜人当了没儿天，因校车往返总是经过三重而感染了当地流行的白喉病毒。台大医院的大夫说我是稀有病例（上卫理时曾因针头注射导致皮下蜂窝组织发炎，手臂肿得像个小馒头一样，也算是稀有了），病房里都是十岁以下的孩子，连张大一点的空床都没有，还得从别的房间搬过来一张。我躺在病床上，爸妈都在一旁照顾我，他们很久没有面对面地相处，两个人分开后反而有话说了，身心也似乎健康许多。我们看着旁边那位喉咙开了刀的小女孩，好甜美的一张脸，但没多久病床就空了。孩子死于白喉的几率是很高的，然而对一名十八岁的高龄病号却不过像重感冒一般地发高烧，咽口水的时候很疼罢了。自己还有说有笑，旁边的女孩儿却走了，心里感到有些过意不去。

那时学校里唱西洋民谣的风气很盛，德文系的学长陈立恒是我的好友，他组了一个系上的合唱团，取名为"月影"（Moon Shadow），没事几个人凑在一块儿练唱，地点多半在神学院。光启社的丁松筠神父那时还是神学院的修士，也是一位喜欢自弹自唱的爱乐人，我们练唱时经常看见他面带会心微笑地走过。从那时起到现在，我每回在不同的场合遇见他，都可以感觉他是少数与人没有距离的神职人员。他一直尝试把人本精神和自由主义注入天主教的系统里，我时常觉得他是一位殊途同归的道兄。

除了歌唱之外，舞蹈和绘画仍然是我最爱的生命表达形式。抗议民谣纾解了我内心的乌托邦及救赎情怀，舞蹈表达的是我内心的狂喜，绘画则是宁静的冥想过程。虽然每次舞会我必定报到，虽然在国画的学习上除了胡念祖老师之外，又增添了傅狷夫老师和余伟老师的助力，但是我心底很清楚这些表达的形式都不是我的召唤。那最深的召唤究竟是什么呢，我的半生都在摸索这个问题。

那时我除了在校内活跃之外，在校外也结交了不少艺文友人，其中给我印象最深的就数画坛老巫师刘其伟先生了。第一次见到他本人是在辅仁的一场演讲会上，当时校方要我负责接待他。他那身卡其猎装、烟斗、瘦高的体形和沧桑的面孔，看起来真是洒脱极了。多年来他只要有一点余钱，一定组队到大洋洲进行原始部落的文物采集工作，相较于绘画，他似乎更投入于人类学。活了半生，像刘老这样的自然人实不多见，那份洒脱与童真仿佛来自内心的一份和解。也许是长期游走于文明原始之间，对于人类作茧自缚的虚饰已经了然，心中的二元性也就统一了。前一阵子在大道美术馆的餐会上欣然见到刘老，与民国同寿的他多少年前已经是"无齿之辈"。那天晚上大家聚餐，不消多久他就解决了一块牛排，可见脾胃仍然健康得很。五六年前有一回我带了一群朋友去探望他，他和我们谈到人类的美与动物的美，他说："人类的身体怎比得上动物的美，尤其是女人，衣服脱光了，一根毛都没有。你看斑马和老虎身上的花纹多么自然对称，那种美哪是搽胭脂抹粉的女人能比得上的！"我们都表示赞同。

初恋

大一的上学期就在跷课、约会和歌舞中度过。当时的中山北路有一家经常高朋满座的 Cafe Columbia，形式像是昔日的沙龙，座上客多半是画家、诗人和玩音乐的大学生。当时那波全球性的心灵运动已经震撼到台湾，咖啡座里的众生彼此称兄道弟，享受着前所未有的超越疆界的快感，那真是一段令人振奋的黄金岁月。那个世代必定有股无形的集体灵感正在创发，如同雨后的灵芝一般，所有杰出的西方歌者与歌曲都纷纷出现。奇怪的是，迈入 X 世代和 Y 世代之后，那股无形的集体灵感突然像恐龙一般从地球上消失了。

某天晚上我坐在咖啡屋里面向楼梯的位置，一抬头看到一名西方男子正走上楼来。如果以偷懒的方式形容他的长相，你可以说他有点像大一号的阿尔·帕西诺（Al Pacino），但是气质显得深沉多了。他的脸孔窄长而英俊，眼神习惯性地需要闪躲，不知为什么我顷刻间便生起一股想要安慰他的欲望。他相当自觉地走上楼来，带点不安地在我身旁的空位坐了下来。他不停地抽烟，又一再地把烟放在没有烟灰缸的桌面，桌面有些倾斜，那支烟顺着斜度滚到了桌边，我用食指轻轻地把烟挡住，他这才看见戴着金丝边眼镜、穿着熊掌鞋的我。我想他一定比我年长许多，看起来已经有些社会经验了。他告诉我他的名字叫做 Don，来自美国弗吉尼亚州（Virginia）。

表演结束后他和诗人歌手杨弦用英文交谈甚欢，我没什么机会打岔。11 点了，我告诉大家我的宵禁时间已经到了，他看了我一眼，有点不解地问道："你这个年龄竟然还要遵守宵禁？"我笑着告诉他说："如果我不回去，很快就会变成南瓜。"他邀请我和杨弦周末到他龙江街的住处一同玩即兴音乐。

周末我如期赴约，他替我开门时我看见他上身穿了一件砖红色的紧身背心，下身是条卡其裤，我站在门框上和他打招呼时发现他个子很高，手臂的肌肉强而有力。他把我从门框上抱了下来,我问他有几公分高,他说一八五;父亲的身高是六英尺,他比父亲还高了一英寸。他领我走进他的房间,杨弦已经在座,说真的,我当时多么希望杨弦能立刻消失,不过我仍然戴上了友善的面具,坐在地毯上听他们玩音乐。我毫不闪避地盯着他看,他则偶尔抬起头来害羞地瞄我一眼,然后低下头去玩他的吉他,吹他的迷你口琴。他为我们唱了一首自己写的小歌,歌词是:

You've got a face like Mother Mary, but the devils got your soul. Fallen for you baby is like fallen in a hole. Oh devil woman, leave me alone.

我听他唱歌时身上一股股的热潮涌上心头,我觉得这首歌完全是为我写的。好不容易他们结束了即兴演出,杨弦有事先行离去,我终于松了一口气。很奇怪的是,我和他独处时竟然觉得整个神经系统都松了,好像回到了自己的源头。我感觉得出来他开始被我吸引,然而他的反应仍旧是闪躲。他告诉我他的父亲是派驻在东南亚的外交官,他从小跟着父亲迁来迁去,好不容易在吉隆坡交了一些朋友,不久又要迁往陌生的新加坡。他是犹太与爱尔兰混血儿,既有犹太人的深沉与敏感,又有爱尔兰人的旷达,不过犹太的成分更大一些。他说他上爱荷华大学时是聂华苓的学生,很喜欢中国文化与禅;二十七岁的他最大的志愿是成为真正杰出的作家。介绍过自己之后,他开始询问起一些有关我的背景,我简单描述了一下家里的情况,他起身说他晚上还要上课,改天再打电话给我。我身上的汗毛全体竖立地等候了三天,三天后他终于打电话到家里邀我去看电影,就这样我们开始约会,一个星期见面两次。

Don 有一股哀伤而敏感的诗人气质,被动、寡言之中带着一份自保的警觉性,如果话题投契他会打破被动倾向,展现出高妙的自嘲与幽默。一向有点霸道的我,只有这样柔软的劲道能使我臣服。我们谈电影,谈 60 年代的民谣摇滚,谈老庄和禅,也谈张爱玲和炎樱的对话技巧。当时他送给我的英文版《坛经》,我一直保存了数十年之久。我细腻的感觉终于有了同等细腻的回应,我们从心智的互动逐渐契入于温柔的交颈。一个月后我无意中在他的抽屉里翻到一封情书，我的直觉没错，他确实对我隐瞒了一些心事。从保守的角度来看，那时我们还没有任何性关系或任何承诺，因此他不必对我负什么责任。从开放的角度来看，即使有了性关系，他也不必对我负什么责任。总之他很诚实地告诉我，他已经有一位颇为进入情况的中国女友，是从美国学校毕业的学生，现已赴美念书，他们仍然有书信往来，可他不确知自己是否愿意进入定局。我的占有欲像八爪鱼般从蜷曲的状态开始向外伸张，我要求他和女友做个了断，否则我就要自行退出。他后来果真写信给伊蒂，正式结束了这段关系。

我所有的注意力完全集中于他的身上，学校的课业早已失去兴趣，现在更是无心照顾，同学间也不再密切来往。学校里有些男生知道瓜尔佳氏爱上了八国联军的洋人，都颇有些微词。

我把一字宽眉修成了柳叶细眉，金丝边眼镜从此摘掉，宁愿迷路也要展露他所激赏的东方媚眼。我们一同参加舞会，听音乐会，看电影，接吻，就是没有越过雷池。我虽然没什么贞操包袱，但母亲那一边的压力仍旧很大。在 Don 之前也有过别的中国男孩追求我，可母亲总是虎视眈眈地设好了防线。我与 Don 的交往她虽然略知一二，到底进展成什么状况她并不清楚。

在那个保守的年代里我和 Don 即使没有性上面的亲密关系，仍然能畅通无阻地交流。我们坐在梁氏大厦的咖啡厅里片语不发地对看，一看就是一下午。两人的身心灵好像调成了同一个频率，身体完全不必接触，只需要透过四目交接，能量便无止无休地共振起来。偶尔有交谈的欲望时，两人竟然能不约而同地冒出同一句话，那样的美感与悸动真的是无与伦比。

就这样交往了快要半年，我们对彼此身体的渴求愈来愈强烈，从 11 月到 4 月我经常去书店找寻有关性爱方面的书籍。那个年代没有《海蒂报告》，也没有《金赛性学报告》,我只能找到《姊妹杂志》和《女性卫生宝典》之类的参考资料,从其中略窥初次性爱可能发生的现象以及有关避孕的事项。我的心里准备妥当,避孕套买回来之后,有一天我神秘兮兮地告诉 Don 我要送他一个意外的礼物。他问我是什么礼物,我说在我生日的那天我要把我的处女膜送给他。他说他宁愿做我最后的男人而不是突破重围的先锋。我心里十分庆幸自己的初次能和这样一个成熟的人分享。

4月21日我十九岁生日的那天晚上,我们一边听着 Joan Baez 的《Love Song to a Stranger》,一边注视着彼此。那是我最喜欢的民歌之一,歌词中的爱情有股宿命式的哀伤。不知道为什么,我虽然没什么经验,却已经觉得爱是要受伤的。歌词大致如下:

> 你的历史和你的脸孔无关,
> 你只是充满虚空的神秘琴音。
> 你赤裸地站在镜前,从旅馆的花束取下一朵玫瑰。
> 你躺回我的身边,我望着那朵玫瑰掉落枕边。
> 我在暮色中逐渐沉睡,心里只有一个挂碍,
> 醒来时不知你在不在身边,在不在身边?
> 时间如野地里的熏风,缓缓地拂过。
> 你的温柔降临我的身躯,我满怀感激你使我臣服。
> 我们一语不发,没有越雷池一步。
> 我们在一起的两天,似乎即将结束。
> 不要告诉我爱是永恒,或其他令人感伤的美梦,我不想听见。
> 只需告诉我有两个热情的陌生人,彼此救赎了压抑一生的关爱。
> 如果真爱意味不求回报的永恒,我愿在来生将它参透。
> 你给了我这么多,我不禁怀疑它们为何是我的。
> 我只能以我深幽的眸子融解你的灵魂,让它流向它想去的那个地方。

我们安静地听着这首歌，默默地注视着对方，我禁不住心中巨大的美感，低声地对他说："You are so beautiful."他帮助我放松身体，让我平躺在蒲团之上，然后温柔、缓慢而坚韧地进入了我的肉体和我的心灵……

清晨3点我带着粉红的灵光和禁区解禁后的不适感回到家中，开门进入玄关时发现整幢屋子竟然是漆黑的，我心里暗自庆幸母亲已经沉睡。我蹑手蹑脚地进入自己的房间，赫然发现母亲正坐在我的床边。她冷冷地问我说："这一整夜你都上哪儿去啦？"我没有回答她的问题，心里有股大难即将临头的感觉。母亲接着问道："你是不是和那个外国人发生关系了？"我仍然没有回答她的问题，但心里知道大难已经临头。突然母亲歇斯底里地抓住我的手臂，疯了似的对我嚣叫："走！我们到警察局去！"我既恐惧又狐疑地问她："我不回家和警员有什么关系？"母亲狠狠地说道："你干了丑事，应该让警员评评理！"我心想母亲真的疯了，我的处女膜破了，警员也管得到？她真的把我当成了她的值钱古玉，现在完璧已碎，她的远景也将不保。

我和Don的关系愈走愈深，我们的性爱像是一个无底的渊壑，里面充满着至乐、哀伤、悸动和想要摧毁的渴望，仿佛肉身的存在阻隔了什么，只有摧毁它，才能充分地融入对方的灵魂。我的复杂与早熟令Don惊叹，他说他从未遇见一个处女如此无解。

随着关系的深化，我们对彼此的占有欲也节节高涨，有一天我和他走在西门町的骑楼下，迎面来了一个大胸脯的中年女子，Don下意识地看了她的胸脯一眼，我的心就像被刀刺了一下。一整天我都不跟他说话，晚上他送我回家走到巷口时禁不住愤怒地对我说："你是不是想和你的母亲同一下场？"这时我才赌气地问他："你下午在西门町为什么要看那个大胸脯的女人？"他对我说："我喜欢你的小胸脯，请你不要再小题大做。"我冲到他的怀里，两个人如连体婴一般地难分难解。

还有一次我们到阳明山的中国大饭店游泳，泳池里有位外国友人的小姨子是空姐，她的脸蛋和身材都够得上美人的标准。Don 和她一边游泳,一边相谈甚欢,我气得心跳加速,非得扳回劣势不可。我走到那位中国通型的友人身边,使出浑身解数,强行征服对方的感官。Don 发现我和他的朋友搭讪,便逐渐失去和空姐谈话的兴致。他从泳池里爬上岸来,脸色铁青地收拾好东西准备离去,我尾随他的身后一同走出中国大饭店。他一语不发地开着车子,憋了好久才开口问我为什么要刺激他,我告诉他心中真实的感受,他逐渐释怀,我们又恢复了激情的互动。

母亲虽然对这名洋小伙子的穷不甚满意,但还是允许我们在家中和她做伴。从未下过厨房的我居然心甘情愿地为 Don 煎起年糕来,母亲看在眼底,知道女儿是认真了。撇开现实的考量不谈,母亲其实还蛮欣赏 Don 的,他的温和与幽默,他的外貌与内涵,都让强势的母亲心软。我看着他们有说有笑的样子,心里描绘着一幅三人同行的美好画面。

放弃大学学历

德国的语言与德国的文化和我实在不怎么搭调,这都是联考偷瞄别人答案的报应。我想转系,校方不准,因为德文系的系主任仍然对我抱持希望。我是全班发音最标准,文法最差的学生,心底深处不怎么想念这个科系,实在勉强不来。经过几番挣扎,最后我决定退学。考上大学时父母差点没放鞭炮,念了两年就要退学,他们当然不可能赞同。我告诉他们我将来要做的事和文凭无关,经过许多激烈的争执,最后他们终于决定由我去了。期末考时我刻意好几科缴白卷,就这样提早离开了校园进入社会大学进修。母亲忧心如焚地找干爹批命,干爹说我的命一生下来就请八字名家纪伯年先生算过了。纪老先生说我是异途成名利的格局,大学能念得完,学校都会着火,母亲听了放心不少。

离开学校马上面临的就是结婚或就业问题,然而 Don 的太阳落在双鱼座,每当鱼族面临抉择的时候通常会有逃避倾向。父亲的金星落在双鱼座,他面临情感的抉择时也总是走为上策。日后和我进入较深关系的异性多半是鱼族,这让我产生了一个非理性的联想,不知道小时候喜欢画鱼和这些男人的星座象征有没有关系。

我从大学退学的那一年暑假,Don决定接受富布莱特奖学金到老挝当一段时期的交换老师,顺便把写作的计划实现出来,也顺便和我隔离一阵子,好好思考我们的未来。他说他想跟我订婚,但是前途茫茫,不知道养得活养不活我这个不事生产的独生女儿。我说我可以在美国做模特儿赚点外快,他说这毕竟不是长久之计。于是我穿着他送我的印尼蜡染做成的长裙和露肚皮的短衫,及腰的长发挽了一个髻,在泪如泉涌的离情下目送他走进松山机场的海关。

徘徊于真爱门外

他走了以后,我完全无法逆料自己竟然瓦解到不能动弹的地步。我走在路上一想起他就哭,泡在澡缸里一想到他,泪水和洗澡水混成了一团,睡午觉的时候经常从梦魇中惊醒,总感觉身边有个东西想把我挤下床去。妈妈开玩笑地说,干爹送我的那个可以当枕头的老虎掉了一只眼睛,该不是那只老虎在捣蛋吧。后来她真的替它补上了一个扣子当眼睛,但因为两边的样式不一,令那只老虎看起来有点"大小眼"。

我在宇宙乡愁里过了一段昏昏沉沉的日子,逐渐意识到自己的依赖性和脆弱可不是闹着玩的,于是振作起精神,开始出外寻找工作。

我的第一份工作是充当钢琴家藤田子的秘书,她和邓昌国先生都很喜欢我。工作了一两个月后,邓先生认为大小姐与其当别人的秘书,还不如自己请个秘书比较实在些,于是我又去应征华航空服员的职位,结果因为近视而没有被录取,最后我还是回到艾迪亚和 Sumi 酒店唱我的抗议民谣。Sumi 酒店的客人多半是洋人，我唱了一个月后发现大势不妙，因为想跟我做朋友的德国人、法国人、美国人，一个个来势汹汹，我怕紫禁城马上就要不保，于是立刻写了一封信给 Don。

我等了三个月没接到任何一封信，每天开信箱时心底都是一阵空洞。三个月后 Don 突然从老挝打来一通电话，他走了好几英里路才找到一家电话局。他说他寄了五封信为什么我都不回，后来我才知道是母亲半路拦截了。他说我的最后通牒他接到了，圣诞节他一定回来看我，到时候再决定要不要订婚。他在老挝想了很久，觉得我与他的因缘千万人中也难找到一对，我告诉他一切等圣诞节再说吧。一个月后他果然如期返回，我们见面时的感觉仍然那么强烈，但我内心的自保机制已经产生。那三个月的瓦解令我深感震撼，我暗自思索：人怎么可以把自己的命交到别人手中，怎么可以连站都站不稳了？这样的缘我宁愿不要。

爱情是什么？激情是什么？真爱又是什么？这类深入问题我当时并没有能力思考，那些看似自律的思索只是激情过后的自保机制罢了。表面上我是被 Don 吓坏了，其实我是被自己的反应吓到了。为了不再受伤，我把一个应该再发展下去的关系逐渐给扼杀了。多年后我才认清它的后遗症是什么。

圣诞节后 Don 必须回老挝，行前他告诉我明年四月将返回台湾，带我到美国正式结婚。我的反应没有他预期的热烈，他说我变了，变得成熟而难测。

Don 走后没有一个月，臧家老叔从日本来信，信中说他要为我提亲，对方是航运巨子的独生爱子沙芃。父母和干爹都为这个消息感到欣喜，他们还是认为女大当嫁，而且门第也应该相当。我的心态比较复杂矛盾，虽然整颗心仍然在 Don 的身上，但我无法逆料未来会是什么结局，万一有第三者介入或者情感自身起了变化，我想我一定会精神崩溃的。我宁愿开放自己，看一看沙芃能不能带给我另外的可能性。

沙芃是个没什么骄纵气息的富家子弟，他一直靠自己念书、打工，拿到哈佛的硕士学位。沙妈妈则是一位富有责任感，自我要求很高，在各方面都希望没有疏漏的女性。我有部分的人格和他们相似，但我还有其他的次人格是完全相左的。我身上的贵族与波希米亚人经常彼此斗争，高度的物质享受与反物质文明似乎很难得到统一。沙家已经从东京搬到纽约联合国旁的双子大厦，但沙芃自己却住在新泽西的小镇经营游艇生意。他开始写信给我，希望透过书信了解我这个人。

《云深不知处》

当时我仍然活跃于艾迪亚及艺文圈，时常上画廊看画展。某天在鸿霖艺廊遇见刚从意大利回来的徐进良导演，他说他准备导一部具有现代感的古装剧《云深不知处》。他想采用意大利式的昏黄调，男主角已经敲定谷名伦，他问我有没有兴趣当第一女主角。意大利昏黄调的古典剧一向是我所偏爱的，而且当时还没决定真正的去向，于是我答应了徐导演的邀约，在毫无演技训练的状态下开始演出第一部处女作。

从 Don 离开到沙芃出现到演出第一部电影，因缘的生灭一个接着一个，以迅雷不及掩耳的速度连连示现。我后来发现我生命中的现象要不就沉寂无事，要不就热闹非凡，很少有灰色地带。

当时的台湾影坛，演员们除了台湾中影训练班之外几乎没有培训的环境。我在中学时和干爹参加过一些聚会，曾经和林雁、林玑两位明星合照过，除此之外没接触过国语影坛的任何一个人。从小到大我看的都是洋片，国片里印象最深的只有《梁山伯与祝英台》。小时候和爸爸参加"立委"考察团到处游山玩水，曾经高唱过片中的黄梅调，感觉上国片里的演员和外国影片里的演员好像是两个不同时代的人。我在中影制片部主任段凌先生的陪同下一天一个大苹果，就这么糊里糊涂地当起了演员和明星。

我记得《云深不知处》的副导演就是当今最杰出的导演之一——侯孝贤，摄影师则是陈坤厚先生。坤厚的专注力与敬业精神当时给我很深的印象，孝贤则是与我接触最频繁的工作人员，他有一种沉稳的气质和抽离观察的本领。我记得有一回我们在等待打光时，他突然理所当然地对我说："你比同年龄的女孩要成熟许多，好像已经有很多经历了。"我觉得他能穿透我热闹的人格面目，看进我的内心，所以会心地笑了。男主角谷名伦是个单纯而孤独的大男孩，也是父母亲的独生子，他脸部的表情、说话的方式和身体语言，都让我觉得他是一个活在自己象牙塔里的人。他叫我小胡，有一次他对我说道："小胡，像你这样的大美人，笑的时候不该把嘴开得太大，微微一笑就够了，这样才能保持神秘感。"我听了心里有一种感觉，我想他一定对自己十分苛求，经常给自己很大的压力。除了《云深不知处》，我们后来继续合作了几部戏，两名独行侠还蛮有话说的，多年后他从十几层的高楼跳到地面，了结了自己年轻的生命。他死后我难过了好久，曾经暗自希望他能到我的梦境里说明他令众人议论不已的死因。

《云深不知处》的拍摄过程充满了各种需要克服的困难，我后来得到一个粗糙的结论——拍电影的人根本是一群喜欢和自己过不去的人。不论导演、摄影师、灯光、场务、剧务、演员，没有一组人可以过一天清闲的日子。当时的拍摄技术可以称得上是土法炼钢，但即使困难重重，梦幻工厂的制作过程仍然比乏味的现实生活有趣得多，一群人像个吉卜赛家庭似的四处迁徙。分工合作两三个月的时间，感情如果融洽的话，离别时真的有点依依不舍；如果不对盘，则恨不得提早杀青作鸟兽散。

任性倔强的我第一部戏就跟导演杠上了，为的是女主角死亡的那场戏到底该不该眨眼睛的问题。当时导演的构想是：武本大夫染上疟疾的妻子最后从轿子上摔下来，武本把妻子抱在怀里，妻子为了安慰丈夫，咽气之前应该做出两人初识时的那个眨眼的动作，然后再气绝身亡。我当时的观点则是，即便是现代感的古装剧，主角人物也得有眨眼的心理动机才对。如果我是一个在轿子上颠了大半夜、已经气如游丝的垂死病人，我想我是不可能有心情和丈夫眨个眼之后才气绝身亡的。后来女演员与导演从清晨三四点钟一直僵持到日出，因为拍摄的是夜景，只要太阳一出来，工作人员就得喊收工，那么我就赢了。最后导演只好决定采用已经拍好的"死不眨眼"的结尾镜头。宫本武藏与佐佐木小次郎的这场对决最后以和解收场，这场戏拍完后我们虽然仍旧是好友，但是我"不敬业"、"不听话"之名从此不胫而走。

像这类牵涉到心理动机的方法演技在那个时代是无人问津的，我当时也只是凭着一些心理常识模模糊糊地揣摩着剧中人的内心情境。

1987年我把美国演员的圣经——《尊重表演艺术》翻译成中文，由汉光文化公司出版；1986年我前往纽约的H.B.工作室进修演技，才算彻底了解了传统具象主义（formalistic）的表演方式和李·斯特劳斯伯格（Lee Strausberg）的"方法演技"的差异，同时也学会了如何融合两者的技法与知识。三十五岁以后我完全停止了演艺工作，开始朝身心灵探底，对于"演员"在人生中的定位才有了超越技巧与知识的领会。

演完《云深不知处》，眼看着就要接近Don回台湾的时限，但是在内心深处我已经把这段致命的吸引力提早扼杀。我写了一封信到老挝，信中表明我们俩已经走上人生的岔路，我准备赴美进修，必须把这段关系画上句点。Don没有回信，我以为从此俩人的关系真的结束了，没想到一年后我从纽约回来竟然再度和他见了面。

那时沙芃和我已经通了好几个月的信。春天到了，沙妈妈和沙芃到台湾来看我们全家，老叔、干爹和干妈也都在场。表面上看来这门充满着社会性的婚事似乎投射了各得其所的希望，谁也没料到未来会有变化。暑假到了，我戴了一副超大型的太阳眼镜（看起来有点像卡通影片里的大蚂蚁），在父母陪同下进入松山机场搭乘前往日本东京的飞机。

到了东京住进老叔的家，我经历了此生第一次的文化震撼。老婶是一位日本传统女性，一切以丈夫、儿子为重。她对独生爱子的宠溺令我亲自见证了耳闻已久的日本现象。从小到大母亲一向不准我进厨房，不过她并不是宠我，而是怕我进了厨房打破东西，愈帮愈忙。我也乐得清闲，以君子远庖厨为借口，来合理化自己的懒惰和不愿打理生活琐事。但日本女性是从小就要做家事的，老叔的儿子对我也有这样的预期心理，当他发现我竟然连虚应一下都做不出来，便开始非常看不顺眼了。两个人语言不通，背景又如此不同，结果差一点没演出前大男人主义和前大女人主义的武斗。

在这段期间，沙妈妈建议我到涩谷的十仁医院做双眼皮整形手术。我曾经仔细看过《云深不知处》的毛片，赫然发现自己的东方媚眼在银幕上完全是标准的蒙古利亚眼，不但浮肿，而且有一种近视加闪光、长期眯着眼看人所形成的后果——显得有点邪门，带着一股色迷迷的感觉。摄影机的镜头是完全不讲人情的，我想象中的自己和银幕上的真相差了十万八千里。想象中的自己有点像《罗密欧与朱丽叶》一片中的奥利维亚·赫西（Olivia Hussey），带着一股古典而空灵的气质，然而银幕上的自己不但眼睛有股邪气，而且脸庞比真人扩大了好几倍，是我最怕的那种大肉脸。我眼睛看着毛片，人差点没钻到椅子底下。现在沙妈妈愿意掏腰包请我除掉眼皮上的油脂，换上一对烟视媚行的双眼皮，我何乐而不为，于是怀着好奇与未知的心情住进了十仁医院。

替我开刀的老医生是十仁医院的整形权威，他仔细用尺量了我上眼皮的宽度，很满意地用日语说明我的眼形很长，上眼皮又宽，开出来的效果一定很好，保证像日本的几位整过形的女明星那么亮眼。开刀的手术过程我可以从天花板上的镜子饱览无遗，但因为是局部麻醉，身体其他部分的知觉仍然十分清楚。手术过后护士小姐扶我下地时，我才发现自己的手脚都吓软了，休息了好一会儿才恢复正常。我回到自己的房间，老叔先行离去，我必须住满十天才能出院。房间非常狭小，看起来阴暗又蹩脚。墙上有面镜子，我带点犹豫地望了一眼镜中人，天哪，这简直是《科学怪人》里的弗兰肯斯坦（Frankenstein）嘛！心里不禁后悔起来，只好暗自安慰自己，一切等十天以后拆了线再说吧。

说也奇怪，这十天竟然是日本的鬼电影周，只要一打开电视，播放的一定是《怪谈》

之类的鬼片，我看着电视影片里的鬼，也看着镜中的鬼，心里真是哭笑不得，觉得自己无聊透了，放着好端端的东方人不做，非要割成个西方牛眼才对自己满意。十天到了，老医生很仔细地把线头一个个拆掉，他告诉我两个月后看起来会自然许多，于是我回到老叔家，等待时间的造化。

这段期间我一直在等候美国签证，左等右等也下不来。妈妈又请干爹批八字，看看什么时候才能成行。

干爹的答复是八月中秋之后才能动弹得了。果然，中秋节一过，签证就下来了，我心里真是雀跃不已。倒不全然是可以见到沙芃，而是终于能到心仪已久的格林尼治村去看看我的同谋者，见识一下Joan Baez和Bob Dylan的发迹之地以及世界的艺术之都。

二十一岁在纽约,有了许多崭新的人生经验。

潘光 摄影

第一次到意大利拍《人在天涯》,立刻爱上了这个热情洋溢的国家。

演员时期的留影。

与林青霞在罗马圣彼得大教堂广场。

第三章 浮华世界，纽约！纽约！

前往纽约的飞行途中，我在机舱里一直戴着新配的隐形眼镜。长时间处在干燥的空气里，没想到吸附力颇强的镜片竟然黏住了眼球，怎么取也取不下来了。快要下飞机的时候，我在盥洗室里点了许多人工泪液才把镜片硬剥下来，结果眼睛再也张不开了，泪水不停地流着，有一种灼热的酸楚感。空中小姐告诉我她可以拿轮椅来推我下飞机。第一次踏上这个充满着美国梦的自由国土竟然是坐着轮椅进入的。虽然眼睛无法睁开，周遭的人事物我仍然能清楚地觉知，我可以感觉前来迎接我的沙芃，语气里有一种被浇了一盆冷水似的失望。我告诉他事情的来龙去脉之后，我们就驱车前往联合国旁的U.N.Plaza。

我的眼睛一整个星期都无法张开，沙芃十分有耐性地为我换药，沙妈妈对我也很照顾。等我的眼睛痊愈了，能睁开来观察周遭的情境时，才发现沙妈妈为了维持这个家和自己的形象所付出的努力有多大。U.N.Plaza 是当时纽约最昂贵的住宅大厦之一，她为了打理室内的每个角落，凡事都得自己动手做，连头发卷子都自己上。晚上入睡前她把整头的头发卷好，醒来时只要稍微梳理一下就像是美容院做过的一样。每天不论有没有访客，她一定把自己打扮得完好无瑕。习惯于披头散发的我，对于上一代的纪律和耐力，只有肃然起敬的份儿了。

比较起来，从小到十二岁离开台中，我几乎没看过母亲做家事，她烧的饭我也没吃过几顿。中学六年我都是在卫理度过的，周末和放假时母亲偶尔会亲自下厨，前提是如果她不打麻将的话。我的父亲不是父权体制下的典型人物，我的母亲也不是典型的家庭主妇，因此我的基本教育与梦想里都没有传统角色的雏形。母亲曾在集体意识的催眠下无意识地幻想过：因因将来如果能嫁个外交官或政客，就算是最优质的出路和下场了。其实她应该清楚，要她的女儿每天穿戴整齐，坐的时候腰板挺直，椅子只坐三分，客人来了还得有能耐做出一桌子的满汉全席，大概不消多久她就会寻短见或是以离婚收场。我的神经系统需要一个可以放松、可以邋遢的外在之家，但我更需要一个不必向世人交代或求得赞许的内心之家。我心中向往的其实是波希米亚式的另类生活，而不是达官显要家中少奶奶式的生活。当然做这样选择的人必定有自己的因因果果，外人是没有资格论断的。一个人，尤其是女人，若想在众说纷纭的影响下穿透种种的虚荣、投射、幻想与憧憬，充分地活出自我，可不是一朝半夕能达成的，这里面需要太多的诚实以对和勇敢的叛逆。二十岁的我显然缺乏先见之明，但总是在事情进行的途中逐渐明白了自己的真相。

我告诉沙妈妈我想到格林尼治村去见识一下，沙妈妈考量的却是我的安全问题。她说那儿的治安很差，有许多贩毒的黑人，女孩儿不该只身前往。我只好按捺住心中的好奇与躁动，暂时坐在厚厚的天津地毯上的红木沙发里看电视，或者陪着沙妈妈逛街办货，日子过得还算平静，但心底却有一座活火山，随时准备爆发出炙热的岩浆。

短暂的试婚

在 U.N.Plaza 住了一段时间，沙妈妈希望我和沙芃能单独相处，进一步地了解彼此，于是我和沙芃回到他在新泽西的住所，开始过起试婚生活。相处了没多久我就发现沙芃也有在安全范围之内的叛逆方式。这位太阳在狮子座的大男孩和我这名月亮在狮子座的女顽童其实有些部分是合得来的，只是他当时正穷于应付濒临危机的游艇事业，而我的缺乏生活实务经验和理想主义倾向，对他来说也确实稍嫌累赘和奢侈了些，此外我心中的另类与他的主流终究是难以会合的。

某天晚上他说他要外出和律师聚餐，我说我也想去，他说谈公事不方便，我还是在家自己做个 TV dinner 吃吃就行了。他走后我不想吃什么劳什子的 TV dinner，便独自出外寻找餐厅，解决我的民生问题。没想到一走走了两个小时才找到一家只有三张桌子的家庭式餐厅。正在咀嚼硬得像石头一样的面包时，沙芃气急败坏地跑了进来。他说他回家发现我不见了，以为我已经离家出走，于是便打电话告知沙妈妈，沙妈妈立即打电话到台湾告诉了母亲这件事。他们三个人都认为这门婚事已经告吹，我听到这里下意识地说道："吹了，就吹了吧！"

多年以后我回想起来觉得人的潜意识其实是知道真相的，尽管表面都有个人的期许与幻想，心底深处却隐约地知道什么才是行得通的，什么才是适合自己的选择。一门十分被看好的婚事就这样不了了之。沙妈妈后来找人算命，想了解一下事情究竟是怎么回事，结果答案竟然是：完璧归赵，游魂终婚。这上联的"完璧"二字显然不够精确，倒是那"游魂"挺有意思，如果这档事真的属实，我们大家都应该感谢他或她才是，否则我真的不敢想象自己会替这殷实的一家人制造出什么样的乱局来。

初识潘阿姨

既然婚没结成，沙芃便主张我回台湾，他说像我这样不切实际的女孩在冷酷的纽约一定无法存活过一个月，我说我好不容易来了，一定设法住上一年。那时我突然想起父亲曾经对我说过，潘玉璞阿姨和他分手后便单独一人前往美国念书，后来拿到了硕士学位，很顺利地考进了联合国，现在已经是统计部的主管，如果我有任何困难，找她一定能获得帮助。于是我决定到联合国探望这位素未谋面、曾经与父亲有过姻缘的长辈。

我的脑子里只记得 Y.P.Pan 几个缩写的英文姓名。我从联合国的大厅一路问到统计部，终于找到了主管室。一推开门，我还以为走错了房间——只见一张大型的西式办公桌旁站了一位梳着髻、脸色蜡黄、一点妆也没上、穿着十分朴素的东方老太太。她走动的时候一看就知道是曾经缠过脚又解放的改足派。我问她是不是潘玉璞阿姨，她说没错，我说我是胡赓年在台湾的独生女儿，她愣了一下，接着很洒脱地对我说："哦！原来胡赓年还有一个女儿啊！"

我完全感觉不到潘阿姨有任何对立或不自在，她很亲切地问我为什么来纽约，我告诉她事情的原委，她专心地听我说完话，若有所思地对我说："你长得跟胡赓年真像！"

打从那一天起，我和潘阿姨便时常见面往来。有一回我到她的家中做客，她请了一位当时看起来像是正在追求她的东北老先生一同和我们聚餐。那位长辈上下打量了我一番，品头论足地说道："这孩子是水蛇腰！"我立刻捕捉到他对胡赓年的醋意。潘阿姨也感觉到了，便悄悄地对我说："你爸爸年轻时太帅了，以后谁也看不上眼了。"我觉得她对胡赓年并没有任何残留的恨意，她和我仿佛一家人似的。这位自力更生、独立在美国闯出一片天的改足派老太太的自我实现能力与宽大的胸襟，令我深感佩服。我当时的感觉是，与其说是传统束缚了女人的发展，倒不如说是女人心中的恐惧裹住了自己的脚。同样是上一代的女性，一位被丈夫抛弃了之后并没有否定自己的潜能，反而发展得如此独立与完整，另一位却在麻将桌上消耗了大半生的创造力。

潘阿姨知道我的婚事已经告吹，而我又不愿意立刻回台湾，便善意地替我留心，看看同事里面有没有人愿意让我暂住他们家一阵子，等找到学校再搬出去。某一回在联合国举办的京剧晚会上，潘阿姨为我介绍了一位她的同事凌昂先生。凌伯伯是一位表情丰富、豪迈而又大方的性情中人。凌妈妈则个子娇小玲珑，心性相当明爽而平和。他们有两个宝贝儿子，全家在中南美待过很长的时间，感染了拉丁民族的生活调子。我一直喜欢嘉年华会式的松散氛围，因此跟他们全家人很合得来。他们欢迎我暂住他们家，然后再设法入学进修。

当初是闭着眼睛进入沙家的，那个景象似乎强烈地隐喻了什么。现在睁着眼睛搬了出来，一切都不需要多做解释了。日后我发现我的不爱解释时常引起别人的误解，但这就是我的个性，我认为大部分人都是自有结论的，多解释也是徒然。搬进凌家之后我打电话给母亲，希望她每个月能寄些零用钱给我，我准备在纽约住一段时间。妈妈的声音显得非常微弱，好像整个世界都落空了，她提醒我说："你这个孩子傻大胆，在纽约一切要小心点。"那一年里我每打一次电话，她的声音就消沉一些，我心里很清楚纽约是不可能久居的。

也许是童年的反常经验，也许是潜意识底层的无限性使然，小家庭的天伦之乐总令我生起一股莫名的收缩感。走在街上看到夫妻俩推着婴儿车过街，这幅幸福美满的画面却让我觉得人本来是顶天立地的，知觉所及都是自己的世界，但是一组成小家庭，仿佛天地都不见了，只剩了二人小世界。

文化飨宴在纽约

在凌家住了没多久,我获准到新泽西州的西东大学就读,主修亚洲研究。课程上了没多久,感觉和辅大的情况差不多。我心想既然辅大都一意孤行不念了,实在也没什么理由再继续骗自己,于是很快地搬回了纽约,在哥伦比亚大学旁的 River Side Drive(胡适先生的故居附近),向一对台大毕业学佛的年轻夫妇分租了一个房间,开始正式过起自由解放的生活。

首先我需要一张学生身份证才能在纽约住下来,我看到报上有模特儿学校的广告,声明他们可以提供学生身份证明。其中最著名的一间就是 Barbizon School of Modeling。这间学校坐落于伊丽莎白·亚顿沙龙的隔壁,我已经记不得是在第五大道还是麦迪逊大道上。学校里的学生来自全美各地,每个人都怀着成为超级名模的梦想,虽然看起来没一个具有可能性。我缴了学费,半玩笑式地开始上课。我们学习的课程包括伸展台上的台步该怎么走,不同样式与质料的服装该如何展示,皮肤、头发与指甲该如何保养与护理,不同的脸形该配上什么样的发型,皮包与皮鞋要如何搭配流行服装,脸上的彩妆该怎么画,时装秀模特和摄影模特的妆有何不同,等等。虽然我心里认为美感是天生的,不需要学习的,虽然模特儿的工作是把女性身体极度物化的一门行业,但我还是从这些课程中学会了不少打理外表的技巧。一年后回台湾正式踏入影坛,十五年的从影过程里,无论是拍电影、电视广告、连续剧,登台或上杂志封面,我脸上的彩妆和服饰的搭配几乎都是自己一手包办的。在无心插柳的情况下,那些课程毕竟还是帮了一些忙。

除了上课之外,我开始在纽约进行地毯式的搜寻,我喜欢在标识清晰呈棋盘状的街道上步行,观察迎面而来的各色人种。那股置身于联合国的异乡感,竟然比生活在同文同种的自家土地上要妥当许多。纽约各种稀奇古怪的店面、跳蚤市场、个人充满创意的独特行头,不断地刺激着我开放的感官,每一刻对我而言都是崭新的当下。

中城走完了以后自然要往下城发展。第一个想逛的就是上一代眼中的堕落之区——格林尼治村。那时是 70 年代初期，village 的鼎盛时期已过，五六十年代的文人雅士多数已迁往其他地区生活，不过听说诗人艾伦·金斯堡（Allen Ginsberg）、《复仇者》影集中非常吸引我的英国女演员黛安娜·里格（Diana Rigg）仍然住在村里。入夜之后，民谣摇滚、蓝调和爵士仍不时从当地的咖啡屋里传出来，但已露出欲振乏力的味道，倒是有一家 Cafe Feenjon，令我产生了宾至如归的温暖感。这间外貌像是中东穴屋的咖啡店，演奏的音乐涵盖了以色列、俄罗斯、希腊、土耳其、阿拉伯、西班牙和美国本土的民谣，歌者都是来自中东的以色列人。我第一次进入这间鼓乐喧天、人气旺盛的咖啡屋，立即有一种宿世的熟悉感，那份熟悉感似乎来自于中东音乐的节奏和语言的发音方式。我看着屋子里那条长长的走道上的那名广东侍者开心地露着一口金牙，骨瘦如柴的身躯在音乐声中带劲地招呼着客人，我看着台上的歌者、台下座位上的各色人种以及偶尔出现在走道上跳肚皮舞的男性舞者，心里有一股世界大同的欢愉和感动。我忍不住跑上走道和那名男性舞者一同跳着我心目中的肚皮舞。

往后的一年里我成了这间咖啡屋的常客，偶尔会被他们请上台去和歌者合唱 Donna Donna 之类的民谣。缺乏危机意识的我时常一玩就到清晨三四点钟，最后只能一个人坐地铁回上城。清晨地铁里的人活脱就是地狱道的众生，但我也不怎么害怕。有一回换错了车，出站一看竟然是哈林区，即便你胆子再大，三四点钟的哈林区还是会令你有一种置身于惊悚片中的感觉，于是赶紧叫计程车直奔 River Side Drive。一路上那名黑人司机不停地和我说话，我也不停地打哈哈，心里七上八下的，唯恐他一个念头歪了，我可能就成了暗夜里的羔羊。所幸我一直有自认为的天佑（Devine Protection），那一年的冒险最后都安然过关。

第二个要探索的地区是索霍。SOHO 的原文是 South of Houston Street，意指休斯敦街以南的厂房区，当时已有许多画廊和画家进驻这个地区的 loft——由厂房和仓库改装的画室与画廊。当地的画家和雕塑家以自己的巧手将宽敞的统仓布置成波希米亚风的简便住宅，也有的呈现出日本极简主义的利落风格。我在台湾早已结识许多画坛友人，于是很快地跟索霍区的画家们建立了友谊。我首先认识的是曾富美和 James Yu 这对夫妇。富美是师大艺术系毕业的优秀画家，James 则是在索霍区经营画廊的唯一的东方人，他们和我逐渐成了好友。James 当时结识了一些服装界的设计师，譬如以设计异国风高价位礼服著称的 Mary McFadden。

有一天 James、Mary 和我三个人共进晚餐，我看着这位充满企图心、已经挤进世界一流设计师行列的犹太女子，端详着她的柳叶眉和每天晚上都得用药水脱掉额前青丝的中分短发（为了营造高额头、高眉的诡异氛围），以及她自己设计的粗布滚黑边的中国民初大褂，心里充满着新鲜感。我意识到西方人在创意上的无拘无束，虽然上一代中国人看到那样的服装一定会说："这明明是披麻戴孝的丧服，竟然也能登上世界舞台。"

还有一次 James 请我去看电影的试映，另一位超级设计师 Calvin Klein 也坐在那间小型放映室的前排位置上。他本人看起来有一股贵族气，身边还坐了好几位高挑的名模，我感觉他们的那个区域散发着一股无形的能量——超级自我的气场。另外有一次去参加大都会博物馆为弗朗西斯·培根（Francis Bacon）充满惊悚的画作所举办的开幕酒会，纽约各界的艺文精英几乎全部出席，我看着眼前这个无所不用其极只求一新耳目的浮华世界，心里有一种不虚此行的感受。James 和富美是我二十岁那一年的重要助缘，透过他们，我享用了纽约艺文界所提供的"芭贝特的盛宴"（Babette's Feast），让我不耐于平庸的饥渴心灵获得了暂时的满足。

除了热衷于文化活动之外，我发现自己无论走到哪里都有异性对我行注目礼。有一天我在麦迪逊大道上只走了一个 block，竟然有四名不同国籍的男人对我挤眉弄眼地打暗号。只要我稍微表示友善，我想他们一定会趋上前来搭讪的。我发现自己下意识地在这些男人之中寻找着一对易感的眼神，但是视线所及都是意图过于明显的色眼。

某日在 Saks 百货公司门前的人行道上，我看见一名气质洒脱的西方男子带着他可爱的小女儿正在有说有笑地玩耍着。我趋前和小女孩嬉戏，友善的爸爸看到我问我是哪一国人，到纽约的目的是什么。我告诉他目前正在模特儿学校上课，他说他是第七大道上的成衣商，因此理所当然是犹太人，他认识许多模特儿，可以替我介绍一些朋友，让我进一步地了解这个行业。就这样我结识了 Kenny 在成衣界的许多友人，时常被邀请参加他们的舞会。

性解放

纽约当时的舞会抽大麻是例行公事，不时有人拿出一小张卷大麻的纸，小心翼翼地把"草"放在纸中，用舌尖沿着纸边舔一道之后，卷成一根细细的烟轮流分给在场的人抽。也许是受到 60 年代兄弟爱（The brotherhood of love）风潮的影响，当时竟然没有人联想到得传染病的可能性。一根大麻很快就抽完了，大家在哈叟（hustle）音乐声中起舞，如果其中的两个人来电，不久就从舞会中消失，回去自己的住所进入一夜之情的性爱中。当时纽约中青代的西方人对待性爱的态度已经开放到令东方人咋舌的程度——换妻换夫、集体性游戏、一夜之情、同志之恋等，早已是这个大都会里被默认的事实。和性有关的色情杂志、电视节目、A 片等唾手可及，四十二街上的阻街女郎一向公开招揽客人，情趣商店可以随时自由出入。性除了和商业挂钩之外，还渗透在文字、教育、心理学和医学之中，成为日常生活里人人谈论的话题。这种迷恋，根据学者的研究，早在弗洛伊德创立"性驱力"理论之前的一百年就开始了。40 年代末期，金赛博士无心插柳的研究报告问世，无形中促成了 50 年代的性革命，经过嬉皮士的公社生活实验之后，70 年代的性解放才炙热到沸点。我这名二十岁的东方女孩就像个空降伞兵一般，直接从"处女膜是拥有初夜权的丈夫才能突破的"保守台湾，降落到 70 年代的纽约。西方世界的性意识发展背景我一无所知，只是本着好奇、开放和身心的需求，在安全的范围内我经验了一年的性解放。

我发现自己一向具备热情参与和冷静觉知的吊诡特质,我在性爱活动的过程中仍然觉察到许多隐讳的心理现象。我发现性对女性而言确实是亲密的起点,为了那份迷人的亲密感她开放自己的身体。对男人而言性却是亲密的终点。男人（非心灵取向的）似乎很难把女人视为一个完整的实体,他们不是在对一个生命做爱,而是对某个局部的器官做爱。此外他们的征服欲和自我肯定的驱力其实远远凌驾于性能量的排泄欲望。当然这样的分析显然是以后见之明诠释早年的直觉体会。有了比较丰富的经验之后,我开始能领会比我大八岁的 Don 曾经告诉过我的一句话——我们的默契是千万人中难得一见。对于那段逝去的因缘的回忆,唤起了我盛宴之后的孤独与疲乏,我在滚滚红尘的纽约时常感到一股逼人的低潮与哀伤……

知觉的禁区

大麻经验是另一项值得探讨的话题。每个世代都有年轻人闯进改变知觉的禁区中,譬如最早期的巫术传统惯用的是蕈类和仙人掌。《美丽新世界》的作者奥尔德斯·赫胥黎就是服用了梅斯克林（从仙人掌提炼的意识转化剂）之后,才写出了《知觉之门》这本有关意识扩张经验的奇书。捷克的精神科医师斯坦尼斯拉夫·格罗夫从 1956 年开始自愿成为 LSD-25 的天竺鼠,他前后进入过各种不同的意识转化经验。第一次他出现的是几何图形和从未有过的强烈情绪,接着是意识产生大爆炸而转进了宇宙次元,急速地穿过黑洞与白洞,变成天空中的新星体。他发现随着药量的不同,受试者会进入不同的回溯阶段,后来他把自身和其他受试者的亲身体验写成了《意识革命》（The Holotropic Mind）这本书（在台湾是由生命潜能文化翻译出版）。另外斯坦福的心理学博士拉姆·达斯和西方禅的代言人艾伦·沃茨等,都是意识研究领域著名的用药派。这些知识精英在迷幻药的使用上和一般大众的心态是截然不同的。药物对他们而言乃是自我探索的工具,并不是用来逃避日常生活的乏味或加强感官刺激的。我还记得我曾经在格林尼治村的一家咖啡店里,亲眼目睹两名站在华盛顿广场上的黑人因抽了过多大麻而兴奋到无法聚焦的地步。他们为了点一支香烟大约花了足足三十分钟的时间，怎么对也对不上了。抽大麻显然是当时主要的逃避管道之一。

我自己抽了大麻的反应则是音感特别敏锐，但知觉会从日常的普遍性觉知缩小到只有一个感官在运作的状态。譬如正常的听觉可以接收到周遭正在发生的各种声响，抽了大麻之后却只能听见楼上的水滴声，而且音量大到像鼓声一般，此外理性思维能力也会降低，有一点像错误禅定所造成的迟钝而和缓的反应。

有了这些体会之后，我发现自己对许多容易上瘾的事可以很轻易地放下，唯独亲密关系是我一再想重复的业习。往后漫长的岁月里，这门功课一直都是我无法快速学会的关键问题。

除了艺文活动和服装界的交往圈子之外，从台湾来的留学生也时常邀我参加舞会和聚会，他们之中有些格外敏感的人，因长期住在冷漠的异乡，下场和遭遇都相当不幸。我曾经在《茵梦湖》这本散文集子里描写过小汤和四眼的故事，他们让我不禁联想起小时候看见父亲吐血的那幕景象。孤臣孽子总是能勾起我强大的救赎渴望。

一年的时间在母亲低落的情绪中逐渐逝去，我知道自己必须回台湾面对现实生活的责任了。意识里携带着悲喜交加的解放经验，二十一岁的我和一年前已经大不相同了。临行前我在心里做了一番对纽约经验的回顾，十分感谢那几位有水边姓氏的长辈和艺术界的友人——沙妈妈、潘阿姨、凌家一家大小以及James和富美——对我的帮助。

参加汉城亚太影展,左边是作家小野,右边是演员沈海蓉。女团员的旗袍是我设计的。

在金马奖颁奖典礼上,与孙越合作主持。

从左至右:与周丹薇、林青霞、胡慧中、侯丽芳合影。

与费翔合影。

与梁修身到机场迎接查尔顿·赫斯顿夫妇。

第三十届亚太影展在东京举行,看完《乱》的首映式后,我含泪问男主角仲代达矢:「黑泽明导演是不是认为人类已经无望,需要佛陀的智慧救世?」仲代达矢回答说:「是的。」

在比佛利山庄接受《洛杉矶时报》著名影剧专栏作家的采访。

从影期间,我经常省思演员的深意到底是什么。

第四章 演员与明星生涯的真相

从纽约回到台湾，我发现《云深不知处》带给观众和媒体的印象仍然留有余温，一年前结识的某些新闻界友人又重新回头来找我，希望知道我在纽约的种种经历。我当时早已把一头长发剪成了中国娃娃头，额前的刘海儿垂挂在看起来相当自然的双眼皮上，新闻界的老大哥宇业荧很直接地告诉我他还是比较喜欢单眼皮的我，另外有些艺文界的友人也怀念我以前的东方古典美。我发现凡是对我说真话的朋友多半能维持比较长久的情谊。透过媒体的报道我似乎助长了当年台湾服装界的中国热，随着年纪的增长和自我认识的深化，我愈来愈清楚中国风就是最适合我的风格，不需要再追随已经技穷的西方设计师们一季一季地跟着团团转，把宝贵的能量消耗在物化而低自尊的向外驰求。

此外流行也只不过是一种心态上的除旧布新罢了，心态如果老旧陈腐，穿得再时髦也毫无新意。

中影公司从群众的反应嗅到了我的潜力，决定和我签订基本演员合约。说实话我当时仍然不知道什么是真正的演技，我想其他的演员也不十分清楚，甚至导演、编剧都是半摸索半凭直觉地运转着他们的创造力。和凡事讲求方法的西方科技世界相比，台湾的电影从业员可以算是天才了，因为在那么简陋的条件下，本地出品的影片竟然能霸占整个东南亚市场。就创意而言编剧是所有电影从业员中真正的创意人，演员和导演严格讲起来都是诠释者。然而当时的编剧人才十分匮乏，除了张永祥之外就属琼瑶的作品最有销路了，其后果是每部片子看起来都大同小异，剧中人的对白与独白听起来总是似曾相识，连幕后的配音员都是相同的那两三个人。

导演群中除了老一辈的李翰祥、胡金铨、白景瑞、李行、宋存寿之外，应该数刘家昌的产量最丰，当时大家都称他为"刘疯子"。刘疯子走路快，动作快，思考快，国骂出笼的速度也快，像一场台风似的，他把全组的工作人员吹得七零八落。他要求自己要做个省时、省钱、省人力的导演，因此而创下了三天拍完一部电影的惊人纪录。他片中的演员从这部戏的客厅跑进了另一部戏的饭厅，接着又都挤进了咖啡厅。片尾他通常用蒙太奇手法让男女主角漫步于白浪滚滚的沙滩，配上他自己创作的流行歌曲，终结了一部又一部的"三厅电影"。

刘疯子到今天都是我的好友，他真是个颇值得研究的人类。别人口出秽言总给人负面感觉，然而他的"六言绝句"即使吐了一百回，你还是觉得童言无忌。他的性格愤世嫉俗，他的人生大起大落，但无论怎样折腾，总能维持住吓人的排场。他看似不忠不孝，可每逢紧要关头，却出落得"忠党爱国"。他的情绪永远写在脸上，他的计划永远挂在嘴里，但你千万不要以为他幼稚，因为连最精明的商人也臣服于他的魅力之下。当然这些都是旁观者的简单结论，人性的复杂面只有自己心知肚明。

演员群中有许多高能量的、不吝于展现自我的人，真正吸引我注意的通常还是内敛型的人，其中以郎雄最能引起我谈话的兴趣。虽然合作的机会不多，但我总觉得心灵有些方向是相似的。演艺人员虽然不是个个胸中有墨，却很少有愚钝之人。在这个圈子里工作，也许智识上的收获并不多，但情感和情绪的交流往往是通畅无阻的，视觉上的享受也很充足。当时有许多明星都是"摄影机偏爱的演员"——他们的骨骼构造、脸上的肌肉、身材的比例、肤色与肤质、情绪的展露和身体语言，都能带给观众一份美感和吸引力。国外也有许多这类个人魅力型的演员，他们多半能成为超级巨星，虽然他们在每部戏中展现的都是自己而不是剧中人。

客观地比较之下，我早已认清自己是"摄影机不爱的演员"——我的脸不是"巴掌大的小脸"（这是非常关键的上镜条件），体重则必须维持在四十五公斤左右，脸部在镜头上才能呈现出美感。此外我的气质带着几分冷艳，身材却不够女人，然而我对自己不满意的程度还不到需要丰臀隆乳的地步，所以演出的尽是一些非玉女非艳星的尴尬角色，譬如《梅花》中跳海自杀的女老师、《筧桥英烈传》中高志航跳河自杀的贤妻、《花非花》中特立独行的舞女、《跟我说爱我》中的叛逆女画家、《酒色财气》里偷汉子的老兵之妻、《借尸还魂》中的女鬼、《六朝怪谈》中与白马做爱的少女等等。

我在准备这些角色的时候，通常是一星期之前或当天才拿到剧本，甚至没剧本就开拍的情况也有。角色的历史背景与心理刻画只有简单的交代，导演运镜的方式也多半得靠剪接串联短镜头，因此演员在演出时情绪动不动就被切断。通常是走几步路到达定点，回过头来转成最上镜的四十五度角，做出沉思、默想或独白的内心戏。每当演员需要和伙伴演出对手戏时，往往由副导演伸出拳头来顶替，因为他或她上厕所或休息去了。所以你不论是哭、是笑、是说，还是默然无语，面对的经常是一只拳头。

当时流行的爱国战争片、神怪片和武侠片经常会运用到特技，演员在土法炼钢的爆破技术和高来高去的吊钢丝中饱经忧患。我曾经把《七月幽灵》这部片子里的惊险爆破过程写成杂文发表在报纸的专栏中。当时负责的技师是一名退伍下来的军人，我和男主角石峰耳闻这位仁兄在《八百壮士》的拍摄过程里炸死了几名充当临时演员的士兵，所以在每个跟火药有关的镜头开拍前，都会以守望相助的心情彼此叮咛一番。

只见导演一声令下，我和石峰就开始拼了命地连跑带跳，在我们飞跃过土堆的那一刻，炸药果然被引爆，威力比我们想象的还大。智者常说：你恐惧什么，就必定会发生什么。但中镖的不是我而是企图保护我的石峰。只见他的西装裤上布满了小小的孔洞，当他把裤子掀起时发现腿上起码有十几处伤口，都是被炸药轰得四处乱窜的小石子击中的。当时的演员碰到这类问题通常很难获得赔偿，李涛的前妻张海伦在泰国拍戏时整只手都被炸掉，后来自杀身亡了。像这类的不幸事件在这个工作领域里是层出不穷的。

另外有一回在澎湖的望安岛拍摄《六朝怪谈》的外景，这部片子的导演王菊金说服了几位艺文界的友人客串演出。片子的构想不差，工作人员和演员的组合也不俗，唯独经费有限，必须以最节约的方式进行拍摄。剧情取材自魏晋南北朝的传奇，总共分成三个部分，调子采用日本怪谈的模式，我负责演出第一部分的女主角。女主角小茵和她的宠物白马之间的情感非比寻常，竟然达到以身相许的地步。原来白马不是禽兽而是有灵之物，深夜里它化身为一名书生和小茵完成了男女大事。家里的长辈觉得人兽之间似乎有异，便自作主张宰掉了白马。白马的皮被剥了下来铺在院子里晒干，这时待嫁的小茵前来看它最后一眼，没想到马皮竟然飞扬起来将小茵重重裹住，悬在树梢结了一个茧。这个故事叙述的就是茧的由来。

如同其他影片的拍摄过程，《六朝怪谈》也需要克服各种人事问题、技术问题与沟通问题，工作人员和导演相处得并不愉快。我记得为了拍摄马皮飞起来裹住小茵的画面，导演绞尽了脑汁，最后决定由女主角裹着马皮自行转圈子，再以摄影机的高速镜头呈现快速旋转的效果。我全身裹在马皮里，两只手臂完全不能动弹，两脚既要在凹凸不平的地面旋转，又要维持住身体的稳定度，果然不出我所料，转了没多久就出事了。我一个没站稳，整个人笔直地倒在地面，头部刚好撞到一块石头，当场晕了过去。

我晕过去的时候竟然进入了濒死经验——脑子里快速地浮现一连串的人生倒带镜头，每个镜头似乎都在与人争吵，我想如果那一刻我真的咽了气，神识一定会奔往内在次元的修罗道。结果那一个"为艺术牺牲"的镜头在银幕上只出现了几秒钟的时间。

《借尸还魂》叙述的是台湾民间的一则鬼事再添加一些编导的想象，我饰演的是被鬼魂占据肉身的女主角。我记得这部戏拍摄的时间是11月左右，当时我重感冒发烧到三十九度多，但是为了赶工，仍旧得熬夜到清晨。这部戏里有许多画面都需要杀生。导演为了制造血腥的场面，在剧本原有的架构之外又添加了许多杀鸡、杀鸭、杀鹅与杀蛇的镜头，甚至还准备杀猪。我发着三十九度的高烧，穿着半透明的白色纱质长袍，站在冰冷的溪水中，手上举着菜刀，跟在一群白鹅的身后，做出杀红了眼的表情。我那时和李敖刚刚离婚，正在打官司的阶段，心里已经是一肚子火了，再演出如此无意义、如此令人作呕的戏，更是火上加油。拍了几天之后再也按捺不住了，我告诉导演说虽然我不必亲手杀生，但拍电影有许多取巧的技术，并不需要草菅任何生灵，如果还要继续拍这类镜头我就宣布罢工。

当时的合约大都是一面倒向资方的，我喊罢工其实要赔上一大笔钱，然而我真的是忍无可忍了——一部大烂戏在电影院顶多上映几天就下片了，值得这样杀杀砍砍吗？后来导演权衡轻重之后决定不再添加杀生的镜头，于是保住了几头猪的命，虽然那几头猪最终还是会变成人类五脏庙里的祭品。此戏上演时树诚兄去看了，多年后他告诉我说，在这部影片里我把那名充满怨气的女鬼演得入木三分。我告诉他当时我不是在演戏，是真的怨气冲天。

几年后在香港和一群宝贝蛋演出《大笨贼》这部戏，男主角是许冠文，女主角是我。有一场戏里许冠文幻想自己是骑着一匹白马的王子，我则是坐在他身后的公主。我们两人骑着马正有说有笑时，马儿突然受惊而扬起了前蹄。许冠文控制不住它，我顺着马屁股四脚朝天地摔在地面，许冠文八十七公斤的躯体配上重力加速度整个摔在我身上，当场我就动弹不得，连站也站不起来了。工作人员赶忙请来一位跌打名医，这位广东老太太烤了一帖狗皮膏药贴在我尾椎部位，一个钟头之后我才能站起来走动，第二天便搭飞机回台湾，第三天又赶赴新竹登台。新竹的一名年轻的跌打师父替我推拿了一个星期疼痛才有改善，但从此之后右半边身体经常隐隐作痛，直到三十多岁遇见一位气功高人——唐师父，他以徒手吸出了我尾椎部位的淤积物，疼痛才痊愈的。结果那个再度"为艺术牺牲"的镜头连一秒钟都没出现，原来整段都被导演剪掉了。

十五年的从影历程我拍了近四十部令人哭笑不得的影片（倒是很贴近人生），以我四岁就开始看西片所培养出来的鉴赏角度，这些影片中只有《海滩上的一天》堪称佳作。导演杨德昌是我们这个世代的知识分子，比较能掌握受存在主义与个人主义影响的一代人跟受制于拥有及物化观的上一代人之间的冲突，也较有能力处理现代女性的省思与成长。他给了我充分的时间让我去酝酿我所饰演的钢琴家角色，同时还为我请了两位恶补演奏技法的老师，一位是尚未出道时的黄韵玲，另一位则是"胖子"范宗沛（现在已经是杰出的电影配乐师了）。他们协助我在一个多月的时间里重复再三地模拟肖邦练习曲《冬风》中的一段。对于几乎完全不会弹钢琴的我而言，这真是一项艰涩的挑战，然而两位小老师的功力很高，后来在银幕上呈现出来的画面颇具说服力。此外这部采取同步录音的电影也用上了我"白雪公主"程度的德文。我的发音一向称得上标准，拍摄时又有老师指导，最后银幕上呈现出来的德文对白也颇有说服力。整体来说，这部电影终于让我尝到了专业和自重的滋味。

当时台湾的电影工业在几位新锐导演的努力之下，新浪潮的趋势已经逐渐明朗化。我记得我们在中影看毛片时孝贤正在剪接《风柜来的人》，老杨看到孝贤所采用的超级长拍画面，禁不住兴奋地大喊："你敢这样搞啊！那我也要这样搞！"我站在一旁欣赏他们因大胆忠于自己所流露的快意，心里生起了一股悸动，湿霉的空气中似乎飘拂起了宜人的熏风。那一刻我才开始深自反省，其实十年来我对自己的演艺工作从未有过真正的尊严感，我时常一边演出，一边跳出剧情暗自嘲笑对白的荒唐和肤浅，那是一种毫无创造力的反应。我在这个领域里占了十年的一席之地,然而我到底贡献了什么?我能为我的演艺伙伴们做些什么呢?我开始正视这些问题。

舞台表演者的圣经

不久在"新闻局"的一次晚宴里,我结识了《六月六日断肠时》的英籍女演员达娜·温特(Dana Wynter),这位知性而颇有风度气质的女士相当吸引我的注意。那顿漫长的晚餐给了我足够的时间和她交换心得。我们谈得很投契,我向她表达了自己对演员工作的挫败和期许,她似乎很能理解,她十分关切地建议我可以去纽约的 H.B. 工作室进修。她说这所小型的演技学校是由杰出的德裔女演员乌塔·哈根(Uta Hagen)及其夫婿所创办的,它融合了"由里而外"和"由外而里"两种主流表演方法而自成一格。

所谓"由里而外"的表演方法,其传承的创始人是斯坦尼斯拉夫斯基(Stanislavsky),近代将其发扬光大的则是李·斯特劳斯伯格与斯特拉·阿德勒(Stella Adler)。师承李·斯特劳斯伯格的西方演员为数众多,其中较著名的有马龙·白兰度(Marlon Brando)、詹姆斯·狄恩(James Dean)、保罗·纽曼(Paul Newman)、简·方达(Jane Fonda)、阿尔·帕西诺(Al Pacino)、达斯廷·霍夫曼(Dustin Hoffman)、杰克·尼科尔森(Jack Nicholson)等,他们透过长期训练(通常需要五年左右),不断地探索个人经验里的某些特定的情绪和感觉记忆,当他们演出时便试着唤起这些记忆和想象,借以诠释角色的心理状态。这个途径虽然成功地培养了许多杰出的演员和超级巨星,然而不幸的是它比较不强调肢体训练或外在技巧,因此某些"方法演技"的演员总是在演出自己,而表演教室则变成了心理分析的治疗中心。

"由外而里"的表演方法本是英国舞台训练的传统。演员必须熟练发音技巧、肢体动作、化装术和服装道具的运用,透过这个途径也培育了许多才华横溢的英国演员,譬如我最欣赏的瓦妮莎·雷德格雷夫（Vanessa Redgrave）、彼得·奥图尔（Peter O.Toole）、艾伯特·芬尼（Albert Finney）、杰里米·艾恩斯（Jeremy Irons）、亚历克·吉尼斯（Alec Gennis）等。这个途径被诟病的地方在于它的机械化和流于表象，然而真正杰出的演员总是能自然融合这两种途径在其演出中。H.B.工作室所提供的演技训练就是要结合这两种方式，使其成为一个完整的途径。

达娜·温特回到爱尔兰后很快地寄给我一本乌塔·哈根所著的《尊重表演艺术》，我至今都感念她的诚恳与关怀。这本书被誉为"美国演员的圣经"，全书分为三个部分，第一部分主要在厘清我们对演员和演技的概念，并探讨方法论上的替换、情绪记忆、感官记忆、即兴排练，等等。第二部分阐明的是目标训练，也就是演员在私下独处时要利用生活里两分钟的时间，借由周遭琐碎的事物和心理真相来进行自我的演技训练。在这一部分，乌塔也提出了舞台剧的三种登场方式、面对第四面墙（观众席）的心理建议、独白和对剧中人行为的揣摩等。第三部分探讨的则是剧本和角色的研究及发现方法。乌塔强调的是从"根本上"去创造一个角色而不添加人工或虚假的矫饰。乌塔认为伟大的演员下意识地贮备了类似这本书中的精华，不过我们还是得学会其中的技巧作为工作的蓝图。

我从头至尾详细地读完这本演员的圣经，那真是一次启蒙经验，我为"顶着脑袋去演戏"的台湾电影界汗颜，也为自己的怠惰和不敬业感到责无旁贷。东方直观民族凡事模糊化的笼统化作风，在西方理性检验和精益求精的方法论映照之下，显得多么粗糙而草率，于是我决定将《尊》书译成中文，提供给国内的演艺伙伴和有志成为演员的后进作为参考。时至今日，这本书仍然是国内能找得到的少数探讨演技的著作。某些导演譬如李安，甚至要求他戏中的演员以《尊》书作为演出前的家庭作业。

《尊》书出版前一年我只身前往纽约进入H.B.工作室进修。我在纽约索霍区最热闹的West Broadway买了一间二十多坪的小统舱。我把这间可爱的工作室漆成了蓝、黑、红、白四种鲜艳的色彩，组合成一个现代感的空间——这是我拥有的最亮眼的家。在友人的协助下以DIY的方式把房子布置妥当，便开始每天上课磨练演技，重温做学生的感觉。当时我的指导老师是威廉·希基（William Hicky），他后来参与了《现代教父》（Prizzi's Honor）和《玫瑰的名字》（The Name of the Rose）这两部电影的演出。他在《玫瑰的名字》中饰演一名修道院里的老先知，以灵视帮助肖恩·康纳利饰演的圣方济会修士探案，最后侦破了修道院里的离奇谋杀案。我非常喜欢这部戏，剧情主旨是要透过谋杀案揭发传统宗教组织刻意掩盖神秘奥义的阴谋，同时也技巧地批判了苦行禁欲的扭曲和病态。H.B.工作室里的学生称威廉·希基为比尔（Bill），他的年纪当时已经有六十出头，加上长年酗酒，看起来瘦骨嶙峋，潦倒而略带神经质。然而他真是一位充满着睿智的好老师，学生们的演出如果有任何矫饰或模仿的成分，他在演出后一定加以揭露和纠正。我记得那时我的演出伙伴是一名希腊青年，我们用英语发音合演了《奥塞罗》和《小偷的嘉年华会》，颇获老师的好评。

演员的深意

在这段期间我开始思索演员的深度定义到底是什么。无论是东方还是西方，演员在社会形象上和人类内心里都承载了人性错综复杂的种种投射。他既是人人羡慕的名利典范和过度被注目的焦点，又是轻易被藐视和嘲弄的对象，即便是最杰出的演员也难逃这样的命运。他赤裸地站在媒体白纸黑字的布阵中，时而被枪林弹雨轰得遍体鳞伤，时而受宠若惊地登上了天；他似乎是拥有最多群众力量的人，又似乎是毫无权力或重要性的局外人。他总是在政客与财阀主办的晚会里饰演募款的甘草角色，即使在大银幕或小荧光幕上他也只是一个媒介，一个传达他人的人生观的工具。那么，演员这份工作的意义和重要性到底是什么？我后来发现这个问题的答案还是人类学者和心理学家回答得最深入。

在原始社会里演员是以萨满或巫的形式展现的，那时他的功能乃是充当神与人之间的媒介。他是最早期的歌者、智者、舞者、文化传递者、占卜者、医者和人生顾问。他透过宗教仪式来治疗和转移人们心中的恐惧及困惑，甚至直接成为无形能量的管道，展现出神力，譬如日本能剧、印尼及西藏的仪式舞蹈，都存在着这样的神秘性。换句话说，在原始社会里演员曾经拥有过神权以及崇高的地位，东西方皆是如此。但自从西方正统基督教会兴起后，巫的传统就被逐渐贬为异端，人神中介的角色开始由牧师取而代之，演员的崇高地位从此沦为娱乐他人的艺匠。在东方世界里，演员也逐渐沦为戏子、俳优、以及卖淫、无情和伪善的象征。

然而真正杰出的演员都具有丰富的心灵世界，有神秘体验的也不乏其人。他们似乎达到了心智与情感之间的整合及平衡，因此能展现出高等形态的理解力与流畅无阻的情绪表达。当我仔细反观自己时，我发现十五年来的演艺工作，我的焦点竟然不是情绪与情感上的表达，而是智力活动。我在拍戏时手上几乎永远有一本书相伴，内容不外是哲学、心理学、玄学或宗教。戏剧中的演出似乎并不是我心中的重点，知性活动反而是我所热衷的。乌塔·哈根曾经说过："一个知性的演员可能将真实的演出冲动过分理性化。"很显然我就是属于这种类型的演员。我发现自己无论多么卖力演出，银幕或荧光幕上的我还是清淡如水，而且我关心理论和形上思维远远超过戏剧上的表现。当我开始清楚自己的特质和潜力时，心中最深的召唤就变得清晰可闻了，我知道自己必须全力投入于智慧的探索而不能再自欺欺人了。于是我告诉老母从此之后我不再为金钱工作，我要做我真正想做的事了。那一年我刚满三十五岁。

第五章 爱的试炼

《梅花》和《笕桥英烈传》上演后我的知名度已经高涨，走在路上连小学生都会喊我"梅花"或要求我签名。有一天在四维路的家中接到张艾嘉打来的电话，她说Don昨天晚上在艾迪亚出现，一直打听我的电话号码，但没人肯告诉他；朋友们私自做了保护我的决定。Don曾经是她读美国学校时的老师，她说如果我想见他，可以在她母亲的杏林餐厅里会面。我一方面感谢艾嘉的热心，一方面怀着悲欢离合的心情答应赴约。

走进杏林餐厅，Don已经在座，他消瘦的脸颊显得更窄了。我坐定下来，两人相视无语，阔别了一年感受虽然未变，但人事早已全非。我们听着餐厅里的音乐，眼泪在千头万绪的情绪下止不住地流着。Don告诉我自从接到我的最后一封信，他的生活便开始失序，香烟啤酒无法离手，晚上经常失眠。后来他从老挝转到香港，替联合国难民组织的杂志做编辑，这份工作待遇不差，他很想存一笔钱为我们的将来打基础，他似乎有预感我很快会返回台湾。但是他在香港的生活起居仍然很不正常，过了没多久他就突然中风，全身瘫痪了一阵子，最近才恢复一些，这次过境台湾无论如何要见我最后一面。他说到处都看得见我的照片，我对他而言知名度已经太高，他消受不起了。我看着他，一边落泪，一边苦笑，不知为什么，我们都没有再多说任何话，只是以深幽的眸子融解了彼此的灵魂，让它流向它想去的地方。

一段刻骨铭心的宿缘就这样在生命的流程里滑落。多年以后我和林云二哥到华盛顿 D.C. 参加里根（Reagan）就职大典，我忍不住还是打了一通电话给 Don。他人正在弗吉尼亚父母的家中，一个半小时后他来到二哥友人的住处和我见面。他的脸颊显得比以往更窄，头发也稀疏了一些，他说岁月在我的脸上没有留下什么痕迹。我们坐在玄关的长椅上相对无语，眼泪还是止不住地流。一个多小时的车程我们便到达他父母的那幢林间木屋，他说小鹿夜里时常出没。我们在"秘密花园"般的庭院里散步，感受仍然和初恋一样。回到他的房里我开始强烈地渴望他的身体，他满脸严肃地看着我，然后很认真地对我说我在他心中的分量太重，他无法以一夜之情随意处置。他开车送我回去的路上我们没有只字片语。第二天晚上在一起吃了一顿中式晚餐，第三天我就惆怅地离开了。后来我替"新闻局"主持中华民国电视大观，前往美国二十几个城市接受媒体访问，母亲陪我同行。到达 D.C. 时我还是忍不住打了一通电话给 Don。我告诉他我对他仍旧难以忘怀，他说他也一样。离开 D.C. 之后，我每到一个城市第一件事就是拨电话给他。抵达三藩市的那天我和他通电话时他告诉我说，早上他翻开报纸的占星专栏看到太阳在双鱼座的人那天会彻底了结一段旧有的恋情，他看了心里很不是滋味，虽然他一点都不相信占星之说。我回到台湾半年后又打了一通电话给他，他说他正在和一位外向热情的美国女记者交往。她的外向似乎能平衡他过度内向的习惯，因此关系发展得蛮好。很奇怪，我听了并没有失落的感觉，只是祝福他一切顺利，然后这段因缘就正式画上了句点。

Don 和我的关系有一种神入的品质，不用言传便能深入于对方的心灵。如果我们能放弃自保，说不定可以两忘。然而多年来我们一直徘徊于真爱的门外，不愿接受它的鞭笞与试炼，因此我们的人生始终是纪伯伦所说的四季不分、欢笑无法全然、哭泣也不能尽兴。我们唯恐惊扰到意识底端的幽冥，唤醒了那些沉睡的鬼魅；我们宁愿压抑和闪躲，也要维持虚假的平静。当一个人无法彻底面对内心的真相时，上瘾症便逐渐形成，我日后的男友不断其实是有心病的。

和 Don 分手后随着知名度的提升，我变成许多男人心目中虚拟的梦中情人，直到今日都有人告诉我当年有多么为我着迷。然而这个由我、媒体和众人共同塑造出来的假象，却成了我的亲密关系中最具破坏性的第三者。这个完美的假象太容易引发人性中深埋的占有、嫉妒、不安全、恐惧、暴力、衡量和权力斗争；这个假象曾经令餐厅的侍者用扁钻刺伤我身边的男性友人，也曾经令四名陌生男子围殴我的一位男友，"她"更是我的亲密关系中"绿帽恐惧症"的肇因。

我记得法国杰出女演员让娜·莫罗（Jeanne Moreau）曾经说过一句豪气万千的话，她说她一生交往的男友无数，她恨不得能拥有一幢上百个房间的大厦，把她曾经爱过的男人悉数豢养在里面。我虽然从未扳着手指和脚趾仔细数过我的情人们，但是我想在中国女人里面我的两性经验算是相当丰富的。然而真正影响我的成长、促使我产生转化的，严格讲起来只有三位。这三位之中最令我"感恩"的应该算是《快意恩仇录》的李伯爵了。

李敖与我

自从和李敖离婚之后，他写的书已经引不起我任何兴趣，但为了细述我们之间的陈年往事，还是去买了一本《李敖回忆录》，内容果然不出所料，仍然以一贯颠倒黑白的说话方式和精密的资料来合理化自己幼童般的生存欲望。到今天他都无法诚实面对自己的人格失调[1]，令我不禁莞尔。诚如他在回忆录中的记载，我们第一次见面是在1979年的9月15日，地点是萧孟能先生花园新城的家中。在这之前"李敖"两个字对我而言早已不陌生，不但不陌生，简直就是中国文人里面最令我崇拜的偶像，而且这股痴迷的崇拜是自小种下的因。

当年李敖的父母住在台中一中的宿舍里，离我们存信巷的老家很近，我时常听光夏表哥和母亲谈论李敖的奇闻逸事，譬如他不肯在父亲的丧礼中落泪，不愿依规矩行礼，甚至还传说他曾经从台北扛了一张床回家送给李伯母。当时我心想：不知道这怪人的庐山真面目会是什么模样。此外我时常看见李伯母穿着素净的长旗袍，头上梳着髻，手里卷着小手帕，低头深思地从长长的沟渠旁走过。母亲曾经低声对我说："这就是李敖的母亲，她一定是去看电影，李敖在文章里提到过她妈妈喜欢看爱情文艺片。"后来听父亲说他和李敖的爸爸过去是同事，感觉好像更熟悉了一些。

在萧家见到李敖的第一眼，我的心里颇感意外。大学时读他的文章，主观上认定他应该是个桀骜不驯的自由派，没料到本人的气质完全是基本教义派的保守模样——白净的皮肤，中等身材，眼镜底下的眼神显得有些老实，鼻尖略带鹰钩，讲话的声音给人一种声带很短的感觉。他的嘴形因下排的牙齿比较突出，令我联想起附小的同学简明彦。他看到我们母女俩，很规矩地鞠了一个九十度的大躬，后来母亲告诉我他那个躬鞠得还怪吓人的，这个年代已经没人行这么大的礼了。他的穿着很保守，两只手臂的比例稍短了些，手形也比一般男人小，整体看来带点阴柔的气质。当天晚上我穿了一件淡柠檬绿的棉质长袍，光着一双大脚，连拖鞋也没穿。李敖一整晚都盯着我的脚丫，我以为他在检查些什么，后来才从他嘴里得知他有恋足癖。他的身边站着他当

---

[1] 人格失调：根据斯科特·佩克（Scott Peck）医师的诠译，人格失调者凡事不肯负责，每当与外界发生冲突时，总是一口咬定错在别人。

时的女友，刘会云，娇小细致的她看起来和李敖相当登对，整个晚上我都很自在，这证明李敖和我并不是一见钟情，否则我不可能轻松得起来——男女之间的化学反应是颇令人紧张的。后来李敖送了我一本他的新书，书中他为我签下的那行字（"正红旗下的梦游者"）令我不禁生起了一些遐想。

过了没多久，有一天李敖约我出来喝咖啡，我们谈到我在《工商日报》的专栏里为他写的那篇《特立独行的李敖》以及其他的琐事，我发现我们之间真正能产生交集的话题并不多。后来他带我到他金兰大厦的家见识一下十万册的藏书。他用深色木材沿着客厅的墙面做出一整片书架，地板用的也是深色木材，整体看来是个气质严肃的家，可墙上挂的竟然是从《花花公子》杂志里剪下来的裸女照片，这样的组合令人感觉有点不搭调。我告诉他裸女照片看起来有点廉价，破坏了这个家的气质，他说这些照片和画像都是他最得意的收藏品，已经伴随他多年了。我发现他是一个想怎么样就怎么样的人，别人发展出来的美学和设计理念与他无干，他关着门自有方圆。当他介绍浴室时，我看见他在浴缸旁装了一个电暖炉，我告诉他这个构想很仔细，冬天里洗澡出来感觉一定很舒服。进到卧室，抬头一看，天花板上竟然贴了一整面的镜子，又是一项出人意外的装潢，有点像《花花公子》的老板休·赫夫纳（Hugh Hefner）和某某文豪一起做出的室内设计。

我们后来坐在沙发上聊天，聊着聊着他突如其来地吻了我。我记得他吻我的方式是我这一生从未经验过的——他接吻的时候头摆的角度是笔直的，不知道是不是太紧张，他竟然忘了接吻头得歪一点才行，否则鼻子怎么处置呢？我发现他连做这件事的章法和一般人都不同。只见他笔直地冲着我的鼻子压了下来，猛力地吸我的上唇（因为够不到下唇），我被压得差一点没窒息，心想此人也太土了点儿吧。后来我去洗手间照镜子，赫然发现上唇和人中之间被李先生吸出了一圈赭色的吻痕。我赶紧拿出粉饼遮掩，以免回家被老母发现。那天晚上我们有没有性爱我已经记不得了，可能是因为他接吻的方式太令人难忘了。

往后的三四天里我随时都得补妆，以免露出那一小圈已经"红得发紫"的吻痕。老母一直没说些什么，但是以她那对闪电眉下的透视眼，不可能察觉不到那么离奇的吻痕。

李敖的土令我觉得十分新鲜，他人格中的冲突性更是令我好奇。我一向有搜奇倾向，愈是矛盾、复杂，愈是像谜团一般的人，我的兴趣愈大。当然猫通常是被好奇心害死的，但哲学上不二论也是这么被发现的。当我们开始进入状况时，我曾经问李敖他的另一位女友刘会云该怎么办。李敖说了一句令我绝倒的话，他说他会告诉她："我爱你还是百分之百，但现在来了个千分之一千的，所以你得暂时避一下。"我听了之后不免心生疑惑，继续追问李敖什么叫做"暂时避一下"，李敖说："你这人没个准，说不定哪天就变卦了，所以需要观望一阵子。我叫刘会云先到美国去，如果你变卦了，她还可以再回来。"李敖的多疑与防卫令我很不自在，他对女人招之即来、挥之即去的态度也令我不安，但是人在充满着期望与投射时通常是被未来的愿景牵着走的，这些重要的小节也就用立可白粉饰掉了。

10月中旬我和宝哥（葛小宝）到印尼登台，母亲陪我同行，前后总共二十一天的时间。我心里百般不愿和李敖分开那么久，但当时的酬劳很高，我和宝哥各唱几首歌，主持人访问几句，说些笑话，轻轻松松一天可以净得台币十万元。于是我们一站又一站地马不停蹄，每到一站我都和李敖通长途电话。二十一天下来我花了十万台币的电话费，李敖也打了台币八万元。宝哥每天都问我："你的敖今天怎么样啊？"母亲那时还是"举双手双脚赞成"的阶段，她认为台湾唯一配得上我的男人只有李敖。

二十天好不容易熬过了，回台湾时李敖亲自到机场接我，记者显然守候已久，看见我们立刻蜂拥而上，当时我们的恋情早已轰动海内外。回到世界大厦的新家，发现李敖不但帮我们安装了新的热水器，买了新的录影机，同时也打点了楼下的管理员，他的周到和仔细令母亲非常满意。只要母亲不阻挠，我的两性关系一定顺利些，这一点李敖是非常清楚的。不久我们决定同居,那时李敖已经准备送刘小姐一笔钱,请她到美国"观望"一阵子。我把衣物都搬到金兰大厦,两个人开始过起试婚的生活。

当李敖觉得一切都在掌握中情势很安全的时候,他真的是这个世界上最宠女人的男人之一。每天早上我一睁开眼睛,床头一定齐整地摆着一份报纸、一杯热茶和一杯热牛奶。那时他早已起床(他的生理闹钟每天都按时把自己唤醒),一个人在书房里集中精神搜集资料、做剪贴,开始一天的写作活动。他的生活方式像一部精准的机器,在例行公事中规律地运作着。他不抽烟,不喝酒,不听音乐,不看电视,不打麻将,可以说没有任何娱乐活动而只有工作。他认识的人不少,但深交的朋友几乎没有,我问他为什么不多交些朋友,他说他对人性抱持悲观的态度,就算最亲信的人也可能在背地里暗算他。我当时的生活和外界的来往仍然频繁,他因为我的关系生活圈子稍微扩大了一些,否则他可以足不出户,窗帘遮得密不透光,连大门都不开,甚至曾经在墙壁上打过一个狗洞,让弟弟李放按时送报纸和粮食,过着自囚的生活。他的才华和精神状态令我时常在崇拜和怜悯的两极中摆荡。我想带给他快乐,不时地放些我爱听的音乐,跳我自己发明的女巫舞,在他面前嬉戏。那种时刻我确信他是快乐的、不设防的,他脸上自然流露的老实和羡慕,透露了这些讯息。他告诉我他的脑子里只记得Denny Boy这首歌,其他的就完全不熟悉了。

在感性层面李敖抱持的是传统未解放的男性价值观,似乎只有性这件事是优于其他各种感受的。然而他的性,也带有自囚的成分,即使在最亲密的时刻,他仍然无法充分融入你的内心。多年的牢狱生活,他已经太习惯于意淫,但意念是物化的,因此在最基本的人之大欲上他是相当物化的,精神层面的展现几乎完全被压抑了。换言之,你感觉不到他内心深处的爱,似乎展现忘我的爱对他而言是件羞耻的事。如同许多在情感上未开发的男人一样,性带给他的快感仅限于征服欲的满足。那是一种单向的需求,他需要女人完全臣服于他,只要他的掌控欲和征服欲能得到满足,他对于那个关系的评价通常很高,这点你可以从他的回忆录中饱览无遗。我的幸与不幸都在于我很早就性解放了，而且涉入的第一个两性关系无论在身心灵任何一个层面，都曾经是深情的、融入的。但是从父权的角度来看，女人具有丰富的两性经验的确不是件好事，人一旦有了比较，确实不容易认命。两性之爱很难没有条件，它是人类唯一的第一手经验，也是人能达到至乐最快速的途径，所以它容易使人上瘾。正因为它带来的快感太过强烈，你很难不对它产生期望。

只爱一点点

每当我期望和李敖达到合一境地时，却总是发现他在仰望天花板上的那面象征花花公子的镜子，很认真地欣赏着自己的"骑术"，当时我心中的失望是可想而知的。白天他写作，我喜欢坐在他的大腿上和他撒娇，逗他开心，晚上入睡时我喜欢搂着他，和他相拥而眠。这样的示爱举动不是单方面的事，它需要流畅的回应与共鸣，但李敖在示爱上既保留又腼腆。你别看他在回忆录中把自己写成了情圣，甚至开放到展示性器官的程度，其实所有夸大的背后都潜存着一种相反的东西。研究唐璜情结的精神医学报告指出，像唐璜这类型的情圣其实是最封闭的，对自己最没有信心的。他们表面上玩世不恭、游戏人间而又魅力十足，他们以阿谀或宠爱来表现他们对女人的慷慨，以赢取女人的献身和崇拜，然而在内心深处他们是不敢付出真情的。对这样的心态诠释得最好的，我认为就是李敖自己在牢里所写的一首打油诗《只爱一点点》：

不爱那么多，
只爱一点点，
别人的爱情像海深，
我的爱情浅。
不爱那么多，
只爱一点点。

> 别人的爱情像天长,
> 我的爱情短。
> 不爱那么多,
> 只爱一点点。
> 别人眉来又眼去,
> 我只偷看你一眼。

在这首诗的后面,李敖又说了一些他对爱情的观点,替唐璜情结做了进一步的诠释。他说:"我用类似登徒子(philanderer)的玩世态度,洒脱地处理了爱情的乱丝。我相信,爱情本是人生的一部分,它应该只占一个比例而已,它不是全部,也不该日日夜夜时时刻刻扯到它。一旦扯到,除了快乐,没有别的,也不该有别的。只在快乐上有远近深浅,绝不在痛苦上有死去活来,这才是最该有的'智者之爱'。"

上述的观点确实是李敖的精神指导原则。但这个指导原则完全是建筑在二元对立上面的——只能有快乐,不能有痛苦;只能有秩序,不能有混乱;可以潇洒地玩世,但不能有人性的挣扎。

一向自视为超人的李敖在人生观上其实并不超越,他和众人是一样的。他虽然以"智者之爱"作为期许,但从古至今凡能全观的智者都觉察到二元对立便是人性中的颠倒及各种病态的根源,对立性愈大,病情愈重。

多年来李敖以他的文笔、才华、博学和发展到某种程度但离究竟还远远的观察及强势推销,成功地在自己身上铸造了一个神,一个时代的叛逆英雄,一个五百年来的白话文豪,于是如我等意志薄弱、叛逆、自认为独特又心怀救赎之梦的读者,便如他所愿地把他当偶像一般开始崇拜。然而偶像是只适合远观的,一旦生活在同一个屋檐下,所有琐碎的真相都会曝光,因此在同居者的眼中既没有伟人,也没有美人。

与李敖同居除了深刻地感受到他的自囚、封闭和不敢亲密外，还有他的洁癖、苛求、神经过敏以及这些心态底端的恐惧。譬如我在屋子里一向不穿拖鞋，喜欢光着脚丫到处走，因此脚底经常是灰黑的，李敖对这件事的反应就非常强烈。灰黑的脚底对他来说简直是一项不道德的罪名，连离婚后都时常向人提起，当做打击我的话题。另外他对别人的排泄物要求也颇高，如果上大号有异味，又是另一项值得打击的罪过。我记得有一回我的妇德突然发作，想要下厨为他烧饭，但除了为 Don 煎过年糕之外，母亲一向不准我进厨房，因此那一天当我把冰箱里的冷冻排骨拿出来熬汤时，我并不懂得先化冰的手续。我兴高采烈地把排骨往开水里一丢，正准备熬排骨汤时，李敖气急败坏地冲到我的面前，暴跳如雷地对我说："你怎么这么没常识，冷冻排骨是要先解冻的，不解冻就丢到开水里煮，等一下肉就老得不能吃了，你这个没常识的蠢蛋！"他说得没错，我确实是个缺乏生活常识的人，在母亲的掌控下我没进过厨房，没上过菜市场，也没去过邮局，连支票怎么开我都不知道。李敖说话总是振振有词，但也总是轻忽了据理力争背后的情感才是人性最宝贵的品质。他的暴跳如雷和言辞中的鄙视令我觉得那锅排骨汤比我的存在重要多了，于是我转头走进卧室，拿了几件衣物放在箱子里，一语不发地回家了。李敖后来心软了，把我从世界大厦接回金兰，两个人又重修旧好。

还有一天我把洗干净的切菜板搭着纱窗晾干，李敖走到厨房时看到这个动作，又是一阵歇斯底里的嚣叫："你看到没？这片纱窗已经松了，这么重的切菜板搭在它上面，不久就会把它压垮的。然后板子会从十二楼掉到地面，再加上重力加速度，这时如果刚好有人走过，他的脑袋一定会被砸出脑浆来，那时我们就得赔大钱了。"他无远弗届的危机意识令我目瞪口呆，我心想这样的日子怎么过得下去，于是收拾收拾衣物拎着箱子又回世界大厦了。如此来来回回地往返于世界和金兰之间不知有多少趟。

有一天我很沮丧地走出金兰，李敖的邻居看到我的神色不对，于是好意地对我说，他们和李敖已经做了好几年的邻居，可能比我更了解他一些。他建议我不要以常人的标准要求他，应该把他视为一个需要帮助的坐过牢的病人，可能还容易相处一些。经过旁观者的提醒，我开始确定李敖是需要帮助的。然而我不是医生，他又那么强硬，我能帮到什么程度呢？从那天之后我开始学习以冷静的态度面对他，我发现他确实有些反常的身心现象。譬如他非常怕冷，冬天一到，他身上穿的衣裳多到令我笑弯了腰——他通常要穿两件卫生衣加一件毛背心，再加一件棉袄，外加一件皮袍，头上还得戴一顶皮帽。台湾的冬天哪有这么冷啊，这身行头到东北还差不多。我问他为什么需要全副武装，他说老天爷会暗算他。后来他告诉我说他在受预备军官训练时，大伙儿有一回行军到坟堆里夜宿，清晨快天亮时他突然被一股寒气冻醒，冷得浑身直哆嗦，自此以后每到冬天他都严阵以待地怕被老天爷暗算。

我最近读他的回忆录，其中一段写到他就读北京新鲜胡同小学的事："二年级一天上课的时候，我坐在教室左后角的最后一个位子上，突然全身似为鬼迷，神智清楚，可是不能动弹，好一阵子才过去，至今记忆犹新。三十年后，我睡在警总军法处地板上，半夜忽醒，又有此一现象，我知道这是一种'梦魇'（nightmare）经验而已。我生平不信怪力乱神，但新鲜胡同小学的许多教室倒颇有一股阴气，有时令人发毛。"

从上述这段文字，回想他当年的"寒冷恐惧"，令我不禁怀疑，他根本是灵学和超心理学中所说的"灵媒体质"。也就是说他先天是个极度敏感的中介体，一般的男人敏感度低，很难感应到无形的能量，只可惜他的科学程度还停留在"五四"时代"赛先生"的阶段，否则他对自己的敏感和不稳定的精神状态，可能以截然不同的神秘主义的观点加以转化，而不是以强制的二元对立予以封锁、压抑或逃避。多年之后我发现自己就是灵媒体质，而且透过生物能医学的仪器检验证实了这一点。

李敖除了有"寒冷恐惧症"之外，还有"绿帽恐惧症"。占有欲和嫉妒是人之常情，但李敖的占有欲是超乎常人的。他的歇斯底里倾向总是令我神经紧张，我记得曾经在一个星期内全脸密密麻麻地爆满了青春痘。我和他很少有户外活动，有一天我需要出去慢跑，促进一下血液循环。慢跑了一小时后我回到金兰，李敖问我出去做了什么，我据实以告，他听了很不开心地说我出去慢跑一定会跟路上的男人眉来眼去，所以不准再跑了。

有一天我在他的抽屉里无意中翻到一本旧笔记本，字迹狭小而歪斜，内容看起来像是一个感情受重创被女友抛弃之人所发出的仇视女性的怨言。虽然李敖后来练就了一手胡适体的好字，但我猜想那个旧笔记本上的字迹应该是他早年的。不久我找到一个机会询问他的友人有关他早期情感经验的真相。他的朋友告诉我李敖在台大时曾经为罗姓女友的离去服过三次安眠药，但是都被同学发现而送进医院洗肠获救。我读他的回忆录，这段往事他倒是如实地写出，不过只提到一次的自杀经过。他坦言自己有三四年之久未能成功地靠新情人取代旧的来转化最大的困境。我认为李敖在初恋时受到的创伤严重地影响了他日后对待女人的态度。其实他和我一样在初恋后都陷入了很长一段时间的上瘾症，唐璜情结就是最典型的上瘾范例。

我愈是了解他的成长背景，就愈能以冷静的心情面对他的歇斯底里倾向。有一回他和我吵架，他拿出一把大剪刀，把我刚从张木养那儿买来的一件古董上衣咔嚓咔嚓便剪成了两半，我为了制止他继续闹下去，很快地抢下那把剪刀用刀锋对着自己的心脏，他见势马上冷静下来。但是长夜漫漫，我不知道他会不会一波未平一波又起，于是趁着他不注意，光着脚就溜出了大门，在路上拦计程车时路人纷纷投以好奇的眼光看着我的脚丫。还有一次我和他坐在车里正要开车上复旦桥时，我告诉他我想和他分手，他扬言要撞安全岛和我同归于尽，我不动声色地坐着，他看我没反应便打消了同归于尽的念头。他的精神展现使我认清，人的许多暴力行为都是从恐惧、自卑和无力感所发出的"渴爱"呐喊。我来来回回地搬出搬进，其实就是想再努力一次，看看有没有办法包容他、安慰他、给他一些快乐，然而后果总是令自己失望。

我很气馁自己的有限、狭隘和无法宽恕，但我真的是自身难保，尽力了，还是自身难保啊！

从结婚到离婚

和世界缔结金兰本来已是个遥不可及的梦，再加上老母的阻挠，事情就更复杂了。话说李敖拿了一笔钱给刘小姐，请她到美国"观望"一阵子，但一阵子过后李敖突然又心疼起这笔钱来。有一天老母在金兰和我们聊天，李敖话锋一转突然对老母说："我已经给了刘会云二百一十万，你如果真的爱你的女儿，就该拿出二百一十万的'相对基金'才是。"老母一听脸色大变，撂了一两句话转头就走，李敖的脸色也很难看。第二天我回世界大厦，母亲斩钉截铁地对我说："李敖已经摆明了要骗我们的钱，你可是千万不能和他结婚啊！"我听了心里很不舒服：当初举双手双脚赞成的人是你，现在举双手双脚反对的人也是你，我又不是你们之间的乒乓球，嫁不嫁该由我决定才对。本来对这门婚事心里是很犹豫的，现在为了争取自主权，反倒意志坚定地非嫁不可了，于是穿着睡衣跷家回到金兰。五月六日的早上在李敖家的客厅里，由《中国时报》主编高信疆和作家孟绝子证婚，我的新娘礼服就是那身睡衣，婚礼过程中还得派人紧盯着门眼，怕老母半路阻挠。至于婚后所发生的事，李敖又运用了他高度选择性的记忆力，只记录我父亲请我们吃了一顿友善的晚餐，却忘了结婚证书在当天下午就被我撕成两半的不友善举动。

事情是这样的，当我们决定结婚时，李敖答应了我一个条件：结婚的当天下午必须由干爹陪同我们回世界大厦，和老母重新建立良好关系。我不可能有了丈夫从此不与母亲往来，如果要往来，关系还得维持和谐才行，否则我不又成了夹心饼，两面不是人了。婚礼结束后余纪忠先生请我们吃午饭，饭后回到金兰大厦，没想到李敖竟然坐在马桶上要我给他泡一杯茶喝，嘴里还得意扬扬地说："你现在约已经签了，我看你还能往哪儿跑，快去给我泡茶喝！"我起初以为他是闹着玩的，后来看他脸上的表情非常认真，我想这个人真的是有精神问题，于是到抽屉里把结婚证书拿出来，站在他面前刷的一声就把这"合约"撕成了两半，然后对他说："你以为凭这张纸就能把我限制住吗？"没多久干爹来访，李敖很不客气地对干爹说他怎么可能去跟一个莫名其妙的老太婆赔不是，干爹气得脸都涨红了，我只能陪着干爹返回世界大厦。过了几天李敖打电话来谈判，他说如果他愿意站在我家门口挨胡老太的骂，骂足一个小时后我愿不愿意和他回金兰，我说："好，我答应你这个条件。"

不久李敖果然登门造访，手上还带了一盒礼物，老母门一开一看是李敖，二话不说劈头就骂："你这个没人性的东西，还好意思上门来？……"老母骂足了一个小时，李敖动也不动地站着。后来时间到了，他看了一下表示意我跟他一起回去，我履行承诺，拿着箱子又跟他回金兰了。

我在前文说过，我的人生没事则已，一有事就是骨牌效应。本来已经远赴南美智利的萧孟能先生突然在 2 月多回到了台湾。他人在国外时，李敖、我和李放曾经到他花园新城的家搬了许多古董和家具回金兰。我当时问李敖为什么把东西都搬空了，他说为的是替萧先生处理财物。萧先生在天母有幢房子取名静庐，李敖说为了便于处理，必须把这幢房子暂时过户在我名下，我没有多心，不久他就办了过户手续。这段期间李敖时常和李放通电话，李敖讲电话的态度非常神秘，声音低得连我这么好的听力都听不见他的谈话内容。我好奇地问他到底在搞些什么名堂，他说他在处理萧先生水晶大厦的买卖事宜。萧先生回台湾后第一件事就是找李敖，李敖避不见面，但我并不知情。他找不到李敖，只好把我母亲请了出去，向老母告知他花园新城的房子已经被退租，古董和家具全都被搬空了，天母静庐也换到了胡因子的名下，委托李敖处理的水晶大厦更是被法院拍卖了。一向对李敖"言听计从"、"没有任何怨言"（李敖自己在回忆录中的用语）的正人君子萧孟能，是《文星》杂志和文星书店的创办人，也是李敖多年共患难的战友，他和我一样是个不折不扣的生活白痴，我们都因为懒于处理人生繁琐的事务而成为不怕麻烦之人的掌控对象。

母亲听完了这些事的始末，立刻打电话到金兰找我，约我回世界大厦和萧先生及他的女友王剑芬见面。6 月 10 日那天，萧先生坐在世界大厦家中的客厅里当面告诉我说，他因为和李敖多年共患难，可以说是完全信任彼此的交情。李敖在处理财务方面比他高明太多，所以他大小金钱之事全部交由李敖总管，李敖要他签什么，他就签什么，连问都不问一声的。剑芬在一旁说萧先生的行为简直跟大白痴差不多，我说我很了解他。剑芬接着说道，还好她当时提醒萧先生把李敖亲手写的一张长达十八英尺的财物清单复印了一份拷贝，如果他们要告李敖侵占，那是唯一的一份法律凭据。后来在闲聊中萧先生提起一件事，他说那些被搬走的古董他都可以不在乎，只有一小块红绢布的乾隆御批是真正值钱的传家之宝，这才是他唯一心疼的东西。我突然想起李敖曾经很得意地给我看过一块红绢布的乾隆御批，他说十年前他从牯岭街的古董商那里以五百元的低价收购了这个宝贝，因为那个老板不识货。我听完萧先生的话心里已经有了谱。李敖总说他不重视动机，只重视真凭实据，然而任何一个神智清明的人都知道动机才是最重要的。这时我对李敖最后的一丝幻觉都被打破了。智者说得对，要想维系一份情感，期望愈少愈好，若是没有任何期待，便能无条件地爱，但是我必须承认我年轻时对人性的期望恐怕是太高了。我幻想中的李敖是个具有真知灼见又超越名利的侠士，而不是一个多欲多谋济一己之私的"智慧罪犯"。于是我暗自在心中打定了去意。

不久李敖又和四海唱片发生了纠纷。民歌手兼唱片制作人邱晨在媒体上看到李敖所写的《忘了我是谁》，很想把它谱成曲，于是偕同四海的廖董夫妇约我和李敖在财神酒店谈出版这首歌的事宜。邱晨问李敖对歌词的酬劳有什么要求，李敖说没问题，比照一般作者的酬金就行了。后来邱晨录完了音，唱片上市的第二天正准备把酬金给送李敖，李敖却开始避不见面。不久廖先生从国外回来，亲自带着礼物来见李敖，李敖说付款的时间迟了两天没照规矩来，所以要诉诸法律，不过可以私下和解，于是索价二百万元台币（看来他很迷信这个数字，大概是曾经比照此法成功地取得辜振甫的二百万台币吧）。廖先生要李敖给他一星期的时间做考虑，李敖答应了。廖先生趁这一个星期把所有发出去的唱片全部回收，并登报声明，经销商如果继续出售那张唱片，必须自己负法律责任。后来四海把那首歌的歌词改成了钱、钱、钱。

这段期间我已经心生警觉，懂得一些城府了。我不动声色地把自己的私章、户口名簿、画和衣物，一点一点地搬回家，等到搬得差不多了，就不再回金兰去住了。这时我开始提出离婚的要求，但李敖不肯，他说他要拖我一辈子，我心想他是很可能这么做的。没想到有天晚上他打电话来，要我到刘维斌导演家，他愿意无条件离婚。刘导演也是在台中新北里长大的世交，他的妻子孙春华则是我一直很喜欢的女人之一。

我到达刘大哥家，和春华聊了一会儿，大家便坐定下来。李敖拿出纸笔开始写离婚协议书，我心里有一种立刻可以得到解脱的期待感。他写到一半突然转头对我说，我必须把私章和户口名簿交给他，他好办理静庐的过户手续。他不知道我已经在李永然律师的协助下将那幢房子物归原主了。我告诉李敖说这么重要的东西我不能交给他，因为我不知道他会拿去做什么。这时李敖脸色一变，气急败坏地开始骂出各种不入流的话，他又跳脚，又比武，像疯了一般地要和我单挑。我先是静静地听着，听到忍无可忍的时候，拿起旁边茶几上春华养的一盆很重的盆栽，照着他脑袋的方向正准备用力砸过去的时候，刘大哥一把抱住了我，我用力过猛，反弹力当场令刘大哥闪了腰。两个人就这样闹了好几个小时，后来猛然意识到天都快亮了，于是独自走到饭桌一个人低头吃起春华为我们准备的宵夜（已经成了早餐），这时李敖突然变了一张脸走到我的身边，和颜悦色地对我说："因因啊！我们还是好好解决这件事吧！"我头都没抬地对他说："太迟了，我们走着瞧吧！"

8月26日萧孟能先生召开记者会，接着四海唱片公司和我又联合起来招待记者，公布了李敖的真相。第二天所有的报纸都登出这则消息，舆论为之哗然，我整个人充满着战斗意志。8月28日李敖在友人劝说之下决定和我离婚。他先举行记者会，并散发书面声明，写了五条文情并茂的感言。某些与我有交情的女记者朋友拿了这份声明，立刻赶到世界大厦对我说，如果我不能马上回李敖一份书面声明，第二天报上登出的内容必定是一面倒的，因为他的文笔实在"动人"。于是我在五分钟内含着眼泪回应了他的声明。那张纸我没有保留下来，只记得内容是希望他好自为之，从此不再遇见"试探"。当天下午李敖拿着一束鲜花,打着我送他的细领带,在律师的陪同下来到世界大厦准备和我签离婚协议书。当他和我握手的那一刻,我突然很清楚地意识到我们之间虽然历经一场无可言喻的荒谬剧,但手心传达出来的讯息还是有情感的,于是紧绷的斗志一瞬间完全瓦解。我的心一柔软,眼泪便止不住地泉涌,我为人性感到万分无奈。没有一个人不想爱与被爱,即使坚硬如李敖者也是一样,然而我们求爱的方式竟然是如此扭曲与荒唐,爱之中竟然掺杂了这么多的恐惧与自保。

李敖签完了离婚协议书,回到金兰不久便打了一通电话给我,他说他认为我们之间还是有很深的情感,他希望和我到一个没有人烟的地方,把周围这些恼人的事抛到一边,好好地安静一阵子再做决定。我一边落泪,一边满心遗憾地对他说:"玉已经碎了,恐怕很难再密合了。"接着他话锋一转立刻对我说:"静庐的所有权状在我手里,你在法律上已经触犯了伪造文书罪,律师有没有告诉你这件事?"我心怀警觉地对他说我并不清楚这里面牵涉到的法律问题,一切交由律师处理,不久他就挂了电话。后来我才知道那通电话从头至尾被他录了音。他让我认清警觉是必要的,人一怠忽危机就会出现。

向内心深处探索

离婚后我整个人好像经历了一次彻底的洗礼,体重瘦成四十四公斤,身上的肋骨一条条地露了出来,但精神很好,心情也出奇的平静。虽然饱尝此生第一次的大是大非,我对于人性却仍然充满着憧憬。我自比《鲁宾逊漂流记》里的黑人星期五,在扭曲的文明与天真的原始之间摆荡,心房的一角却总有一个不散的宴席,一场周五之后的周末狂欢。在《茵梦湖》专栏中我陆续写了《星期五的世界》和《母系社会》,借以抒发劫后的雀跃和领悟。我白天拍连续剧《碧海情涛》,专心地工作,几乎没什么念头,连晚上的睡眠也无梦,像是一种轻安的精神状态。就在那个阶段我开始练习瑜伽大休息式，整个人仰卧平躺，慢慢调息，再配合一些观想，让自己进入定境。

有一天傍晚，我在自己的房内，正进行这样的修习，似睡非睡时，我左边的耳朵突然传来一个女性的声音。那声音透露出来的品质，非常的成熟圆融，好像一切都已了然，有一种超乎物外的美。她像是在耳边，又像是在另一个空间，我想武侠小说中的"千里传音"，大概就是这种味道吧。"她"以英文重复地对我说"I want you to enlarge, I want you to enlarge, I want you to enlarge..."，声音从大到小，从近到远，逐渐淡出。我从似睡非睡的状态完全清醒过来，感觉很安详，并没有恐惧，但左半边的身体有点凉。我对刚才发生的事非常好奇，不知该如何加以理性的诠释。"她"是谁？是灵学所说的指导灵吗？还是我的潜意识希望自己能扩大？为什么用英文，而且是标准又悦耳的美式英文？接下来的一个多礼拜，每天晚上睡到3点，一定准时醒来。这时我的房间开始弥漫一团白色的气体，好像整个要把我吞没了一般。因为每天如此，所以我知道那不是我的幻觉。我虽然没有恐惧，但我觉得自己尚未准备好进入未知的次元。我似乎不太信任自己的感官，我理智的一面，开始打压我的感官经验，从此停止了大休息式的练习。多年以来，我发现自己下意识地不断求取知识，而不愿意透过禅定的有为法，进入意识扩张的次元。对于那一团白色的气体，我始终得不到进一步的认识，直到翻译印度艺文领袖普普尔·贾亚卡尔（Pupul Jayakar）替克里希那穆提所写的传记，才取得共鸣。她是这样描述的：

回到孟买，我体尝了一次非常深刻而又无法解释的经验。我的感官一反常态地产生了爆发性的觉受。某天晚上我正要入睡，感受屋里弥漫着一个存有，我被一团像胎液般浓稠的东西裹住，我觉得自己在逐渐失去知觉，我的身体不断抗拒这类似死亡的拥抱。不久，这无声的存有便消失了。一连三个晚上都是同样的情况，每次我的身体都奋力挣脱这短暂的垂死感受。不过我的心中并没有恐惧。第二天我把这件事告诉了克里希那吉。他告诉我不要执著，既不需要抗拒，也不要想留住它。

普普尔前两年已经过世,她留下的这一段文字,是唯一能令我得到共鸣的安慰。后来在肯·威尔伯(Ken Wilber)的超个人心理学著作中,才进一步理解,我当时的经验,可能就是神秘主义者所称的"原型经验",它有别于荣格所提出的"原型"。前者指的是物质万象从无中生有的第一种微细的形式,这些原型总脱离不了光体、明点、音声启示、五光十色的形状、彩虹光、声音和能量的振动。后者所指的原型却是人类集体经验中的基本神话结构,譬如智慧老人、妖精、自我、人格面具、母神等等。我觉得传统的佛经把这类经验完全归类为"受阴现象",抱持一概否定的态度,其实是不够科学,也不够开放的。我欣赏近代超个人心理学对于人类意识状态的研究精神,远甚于传统的既定模式。

就在我逐渐深入于内心次元的阶段,李敖开始控告我伪造文书,我不得不上法庭面对与我毫不相干的官司。上法庭和李敖打官司又是另一种震撼,他颠倒黑白的狡辩能力令我差一点对他行五体投地大礼拜。他为了抹黑我的人格,竟然印了书面声明分发给在场的各报记者,说我是索价一夜十万元台币的应召女郎(他知道当年我和宝哥在印尼登台的酬劳是一天十万元),所以我的证词不足以被采信。当时正直不阿的资深记者宇业荧就坐在我身边的位置上,他一拿到那张传单立刻让我过目,然后迅速地跟其他的记者朋友们商量,提醒大家不要上李敖的当。我在媒体上花边新闻颇多,但大部分记者都知道我是个只要爱情而不屑拿爱情换取金钱的浪漫派。后来李敖的声明报上只字未登。

每次上法院打官司,让我看尽人为了自保而不顾尊严和诚直的猥琐面目,心情为之大坏,这时好友王季庆送了我一本她的译著《灵魂永生》。这本"奇书"适时出现,它帮助我从截然不同的角度,看待人生的遭遇,促使我走上了向内探索的自我认识之旅。

这本奇书是由"赛斯"这个灵界的能量人格原素所写的,他借助美国女诗人珍·罗伯兹作为通往三次元时空的频道,传达了长达七年有关物质的性质、时间、实相、神的观念、可能的宇宙、健康与转世等等的形而上问题。我对于知识的态度一向开放，既不立刻排斥，也不立即肯定，我喜欢边读边检验，就像我对人生的态度一样——热情的投入与冷静的觉知双管齐下。赛斯资料高妙原创的科学、哲学与心理学的见解，立刻吸引我阅读的兴趣，虽然书中有许多非线形的"全像"奥义，但我还是耐着性子苦读，如同译者自己的坦言——脑袋都快读炸了。每当读懂了一段如天书般的唯心理论时，心中会生起一股知性上的快感。它并没有令我发出"我找到了"的感叹，那份心灵上最深的属于直观的震撼和感动，是巧遇克里希那穆提的教诲时，才姗姗来迟的。不过赛斯提出的有关"转世剧"和轮回功课的观点，当时深深打动了正在面临官司纠结的我。当人被卷入一场他所不熟悉的危机时，多半有一种生命不是操之在我的感觉，接着很自然就会怨天尤人。赛斯的话语使我从怨恨和向外抨击的"反应"，突然扭转成向内自省的"行动"。那样的扭转使我感到前所未有的独立、自主和责无旁贷。赛斯是这样说的：

> 请把目前的你自己当做是戏里的一个演员——这不能说是一个新的比喻，却是一个合适的比喻——背景设在20世纪，你和其他的参与者共同创造了道具、布景与主题，事实上，你们共同编写、制作，并演出了整出戏。但是你如此地贯注于你的角色，如此地被你所创造的实相激起兴趣，如此地被你角色中的问题、挑战、希望与忧伤所迷，竟忘了那是你自己的创作……

> 你看看身边的亲友、熟人和事业上往来的人，你就可以看出自己是个什么样的人，因为"物以类聚"。由于内在的相似之处，你们彼此吸引……

> 假设你恨某个人，你让那恨在你心中燃烧多少辈子，那恨就会把你和他绑在一起多少辈子。在此生及所有的来生中，你的注意力集中在哪些特质上，就会吸引哪些特质到你身上。如果你非常开心别人加诸你身上的不公平，你就会吸引更多这类的经验，如果同样的心态继续下去，它将反映在你的下一生中……

一个怀恨的人总是相信自己理当如此，因为他不可能去恨一个他认为好的东西，所以他认为他恨得很公正，但这"恨"会把他占为己有，生生世世跟随他，直到他学会只有恨的本身才是毁灭者……

你会与你所爱及所恨的人紧缚在一起，不过你将学习放松、放下、化解那恨。甚至你将学着创造性地运用恨，把它转向更高的目的，最后将它转变成爱。

几年的官司所累积的怨恨像个钩子一样，紧紧地钩住了我和我心中的李敖，后来我读了《灵魂永生》这本奇书，突然明白困境的编导者就是我自己，一切都该由自己负责，于是那个钩子就松了，整个人也跟着轻松起来。当时我正在香港拍《大笨贼》这部喜剧，每天我都捧着《灵魂永生》阅读，并试图说服许冠文也拿起来读一读。沈公子（沈君山先生）到香港见金庸，有一天晚上他和我在咖啡厅里聊天，我也兴致勃勃地和他讨论这本书，但显然引不起什么共鸣。虽然得不到智识上的共鸣，我的心情依旧轻快无比，时常一个人戴着随身听在尖沙咀的街头边跳边唱地走着，那份喜悦想必感染了不少路人，从他们脸上的微笑可以略知一二。

回到台湾后不久又接到了法院的通知，照样还是得面对现实中的纠扰，但心情已经大不相同了。我记得上法庭的那天早上，我和母亲到达的时间稍早了一些，法庭的门还没有开，我转过身望向外面的院子，发现李敖一个人坐在对面的长椅子上等候。我心中突然生起一种想法，好像我们俩共同演出了一场荒谬戏，为的只是要转化我们先天人格中的愤怒与嗔恨，好像那是我们在转世前就约定好的事。当时我并没有以我的理性检验去干预这个想法，我只是很自然地认为就是如此，于是不由自主地对坐在远方的李先生鞠了一个九十度的大躬（如同他初次在萧家见到我的举动）。李敖微微地有一些反应，但我不知道他明不明白我的举动里的意涵。下了法庭，我跳跃地走到他的面前对他说："我觉得我们俩无聊透了，放着好日子不过，这出闹剧可不可以不要再演下去了。"李敖脸上带着苦笑地说道："其实我也不想演，只是已经骑虎难下了。"

我觉得他终于说出了肺腑之言，那一瞬间我心里所有的怨恨彻底烟消云散。

没多久法官宣判我无罪，心中的钩子一松，外在的结也跟着松了。萧先生在李敖"真凭实据"的攻势下节节败诉，锒铛入狱两次，第三次他决定不再奉陪演出这场荒谬剧，于是偕同剑芬移民美国。每次有人提及李敖，他还是对李先生的才华赞不绝口，没有丝毫恨意，令剑芬更是觉得不可思议。李敖自己在那张长达十八英尺的真凭实据之下也因侵占罪成立而锒铛入狱一次，但他在回忆录中仍然把那次不名誉的牢狱之灾形容成"第二次政治犯入狱"。他深谙群众心理，在一切泛政治化的台湾，人心肤浅到只要是诉诸政治迫害，那股同仇敌忾的浑劲儿一被激起，谁还管"真相新闻网"谈的到底是不是真相，爽就好了！

官司过后，我竟然一连三次在台北东区不同的地点碰到李敖。我走过去和他握手打招呼，心里有一种"从未发生过任何纠葛"的诡异感，好像他只是我初识的一名友人，彼此说了几句问候的话便径自上路去也。十几年后当我的健康因剖腹产和畸胎瘤而坠入谷底时，李敖开始在他的电视节目和著作中不断地对我攻讦，令我不禁增生一份心理上的洞见——仇恨的背后永远有相反的情绪，好像他还是难以忘怀或仍然在恐惧着什么。我一直没机会让他理解我在这段因缘中的心理真相，这似乎是我对他的一种亏欠和未竟之责。但愿这一万多字的剖白能够让他清楚——"只有恨的本身才是毁灭者"。所有对他人的攻讦与不满基本上是毫无杀伤力的（如果那个人已经超脱了面子问题），这股力量在过程里伤害的只有自己。人即使拥有再多无知的支持者，终场熄灯时面对的，仍然是孤独的自我以及试图自圆其说的挣扎罢了。

与道友孙春华在埃及。

在吴哥窟。

第六章 外气与生理拙火的觉醒

《灵魂永生》像是一把独特的钥匙，开启了我向内探索的门，使我体会到心智的创造力，也让我更专注地朝着内在的召唤前进。在自我探索的途中需要各种助缘，其中最重要的一位道友就是目睹我和李敖协议离婚未成，为我们做"最后宵夜"的孙春华，另外一位则是气功大夫唐师父。

我在前文中提到在香港拍《大笨贼》期间，因为从马上摔下来而伤到了尾椎（以及第三节的颈椎），回台湾后虽然找了推拿师治疗，但尾椎部位的经络仍有些淤肿，因此右半边身体时常隐隐作痛。不久有人介绍我到辛亥路"双头甜"水果店旁的一幢老公寓，找一位专治跌打酸痛的气功高人——唐师父。我按照地址找到了"双头甜"，也找到了唐师父的诊所。

那是一幢简朴得近乎简陋的二楼公寓，里面坐了一些求诊的人，有的人肩颈部位贴了厚厚的一片黑褐色药饼，我问他们那是什么东西，他们说那是唐师父徐州老家三代相传的秘方——由红薯制成的药饼，可以把肩部穴位里的淤塞物吸出来，我看了觉得很稀奇。进入唐师父的推拿室，见到一位年长的女士正在接受治疗，仔细一瞧竟然是叶曼居士——叶阿姨。我曾经在《十方》杂志里读到叶阿姨某次打禅七突然瞎猫碰死耗子，尝到了"推河车"的滋味。照理讲她的经络已经畅通无阻，为什么还会坐在这里接受气功治疗呢？我心里正暗自思忖着，叶阿姨突然开口说道："我这个病是打坐治不好的。"我被她的"心通"能力吓了一跳，不敢再多想什么，老老实实地坐在旁边等待唐师父治疗。叶阿姨的疗程结束之后，唐师父要我躺在按摩床上，他以气功点穴的方式为我进行治疗。他的方法和一般的按摩推拿截然不同，患者不但没有痛感，而且非常舒服，有一种神清气爽的感觉。治疗结束后他给我开了一些泡澡的草药粉，要我回家自己进行药浴，它的功效是促进血液循环和排毒。这样双管齐下地治疗了一阵子，有一天唐师父说他要为我运气，把尾椎穴位的淤塞物用徒手吸出来，我怀着未知的心情接受他的"吸淤大法"。过了几秒钟的时间，唐师父要我坐起来看他的手掌，只见他的掌心全是灰灰黏黏的东西，他说这就是穴位里的淤积物。他问我感觉有没有轻松些，我说确实轻松多了。他说用一次"吸淤大法"不知要耗掉多少元气，我仔细看了一下他的脸，发现他的头发竟然全体竖立，就像卡通影片里的人被电击后的反应。我问他感觉如何，他说有点眼冒金星，我心里很过意不去。后来听说许多官场上的要人经常派车子来接唐师父出诊，不知道他如何应付得了那么多的病患。

几个月之后唐师父在某家美商公司开静坐班，我成了班中的学员，我们不仅练习静坐，还接受唐师父的外气灌顶。当场气动的人有两位，我是其中的一个，从此以后我的外气就开始不能控制地在身体里流窜。

外气汇入中脉

那段时期我每天在家规律地练习静坐，一边进行《尊重表演艺术》的翻译工作。

我第一次盘坐不到五分钟，身体便大幅度地前后摇摆，第二天换成大幅度地左右摇摆，第三天则开始绕圆圈。母亲经过我的房间，探头进来对我说："你小心别走火入魔啊！"我没理她，继续打我的坐。接下来的日子里，外气摆动的频率开始增加，不但静坐时摇个不停，连洗脸、刷牙或站立时都无法停止；此外身体的虚火变得很旺，经常口干舌燥，脸上的皮肤总是粗粗的。我读南怀瑾老师所写的《静坐修道与长生不老》，了解这些现象是因为身体的经络已经堵塞，气通不过，有阻力，才形成摆动。

那个阶段我开始和华淑君老师学瑜伽，我的身体一向没有多余的脂肪，柔软度也很好，所以进展得不错，华老师对我寄予厚望。但是我对于身体的锻炼兴趣不浓，学到一个程度就失去了动力。1987年的春末，华老师邀请了世界知名的瑜伽老师Swami Vishnu Devananda到台湾讲学，我是那次会议的特别来宾，会后私下请教了大师有关外气的问题。这位印度的瑜伽士很诚恳地告诉我，身体的气脉从瑜伽的观点来看，最重要的是中脉和上面的七个能量中枢，我的外气摆动不停的情况，他认为是一种"走火"的现象，也就是能量没有汇进中脉，在细小的旁支流窜，因此打通的速度很慢，而且很不舒服。他坦言没有能力帮我把外气汇入中脉，我只好靠自己的造化慢慢磨了。这位瑜伽士相当幽默仁慈，在美国有不少的追随者，曾经在60年代造成过一些风潮，他给我留下了相当好的印象。我记得他提到对人类和地球的未来感到悲观，我心中涌现的哀伤他似乎能体会，那一刻我们之间的情感交流是毫无阻碍的。

既然没有人能帮我解决外气的问题，我只好靠自己打坐了。某一天晚上我入睡后梦到刮台风，醒来时"咻咻"的风声仍然持续，我仔细一听那风声，竟然是一种内音，是无数细小经络里的气在快速流窜时的内在振动。那是我从未有过的经验，虽然早在二十岁时，我就是孙超（著名结晶釉陶艺家）实验针灸术的最佳天竺鼠。第二天早上我突然接到春华打来的电话，八年前我和李敖在她家协议离婚不成，差点没把她的花盆砸烂，也差点没把李敖的脑袋砸烂，这件事还历历在目。八年不见，突然听到她独特的嗓音，觉得非常意外。她在电话里告诉我，她觉得我已经准备好了，要到家里来为我做一件事，我问她是什么事，她说一切等见面再说。

春华一六九的高大身躯，飘飘然走进门来。她上身穿着白净的衬衫，下身穿着宽大的长裙。我从路上抱回来的那只流浪猫"大白痴"，一看到春华就像见了克星，浑身的毛全都竖了起来。我问春华她身上是否有"气"，她示意我到后面那间大一点的卧室，有话要私下对我说。她说过去八年里，她的人生经历了一连串的巨变，就在她坠入谷底时，某天在一间佛教书屋巧遇一位来自新竹的师姊。那位师姊把她带回新竹的家中，唤醒了她身上沉睡的潜能——拙火[1]。我立刻告诉她我的外气问题非常困扰我，她说她就是要来为我解决这个问题的，因为她已经有能力把外气汇入中脉。我觉得此事太不可思议，然而从小就听父母说过乐老师的奇闻轶事，所以也就自然接受了。我一向觉得和春华之间有一种说不出的缘分，她的气质、用字遣词、举手投足之间散发的禅定美感和自然流露的赤子之心，总是强烈地吸引我的注意，她现在不请自来，恰巧是我最需要帮助的时刻，我只能说宇宙的安排永远是超越人算的。

春华要我全身放松地躺在床上，她以自创的方式为我松筋，接着要我站立起来。她在我下丹田的部位隔空比了一个"开马达"的手势，突然一股能量从身体中央的管道往头上冲，眼泪立即流了下来。春华说她已经为我把火点着，以后就要靠自己去体会了。我们走出卧室进入客厅，和母亲坐在沙发上聊天。春华告诉我们这几年发生在她身上的一些奇妙的遭遇，母亲也兴致勃勃地回忆起在上海结识乐老师和朱大夫的轶事。从那天以后，春华与我便经常保持联系，我们昵称彼此为"八生八世"的同修。当天晚上我静坐的时候，发现身体的外气摆动已经停止，代之而起的是一种可以控制的自律动功——颈子缓慢而柔软地随着内在的一股趋势，自然地形成瑜伽的颈部运动。

当我用意志力让这个转动停止时，它立刻可以停止，但身体一放松，那股趋势又

---

[1] 拙火：分成空性中生起的拙火与生理拙火。根据克里希那穆提的教诲，生理拙火的觉醒，可以增加觉知的敏感度，但是无法使人开悟解脱，他的看法和神秘主义者 Da Free John 相同。

带动着肉体形成自律的运转。运转的方向不拘形式，顺时针也可以，逆时针也可以。那时我手边或坊间都没有从科学或医学的角度客观解析"拙火"现象的书籍，只有一本天华出版社翻译过来的由戈毕克里希那所写的《拙火》。那是作者的主观体验，看起来这股能量如果是自动生起而不是由他人引发的话，在过程中确实有大死一番的磨难和危机，然而危机过后却是各种潜能的开发。另外我也参考了《静坐修道与长生不老》，但书中对中脉七轮以及拙火的着墨不多，我只好暂时放下认知的渴望。

深埋情绪的释放

随着能量的增强，我的身体开始出现各种自发的瑜伽体位法、随兴的舞动以及类似太极的招式。每当我做出一个动作，便立刻拿出瑜伽范本对照。我发现自己还是比较倾向心智的活动，虽然身体的锻炼也有直觉的本能。我见过春华的自动瑜伽、拳术和舞蹈，我觉得她在这方面的潜能开发，几乎已入化境。我曾经观赏过许多人练瑜伽，但没有一个人的体位法比春华做得更美，她从未正式拜过师，但她的动作竟然毫不勉强吃力，全然地自发、自然与对称。她告诉我自从修习密宗"自他交换"的观想之后，逐渐可以和周遭的客体调成同步——别人缺氧，她打哈欠；别人感冒，她流鼻水；别人肠胃不适，她的肚子也跟着不舒服——似乎人我之间的界分不见了，肉体不再是一堵铜墙铁壁，而成了一副绝佳的感应器和接收器。我记得她每次帮我调气时，总忍不住张口打哈欠，眼泪随着哈欠直流，她告诉我这表示我的身体缺氧。她说的一点也不假，我因为长期营养不良，缺乏固定的运动，又有鼻塞的毛病，体质确实缺氧。另外有一回光夏表哥从夏威夷回台湾，我带他去见春华，春华马上感觉得出表哥那天的肠胃不适，我看着她奔进洗手间的模样，觉得人类的潜能真是不可思议。但是我的佛道常识提醒着我，特异功能只是道途中的旁支，不可过于执著。

练了几个月之后，各种深埋的情绪开始曝光、释放。我逐渐察觉自己和父亲一样，都是压抑愤怒、哀伤和恐惧的能手,我们习惯性地在人前维护自己的平静与尊严,力求人际的和谐,大部分的负面情绪都往内压。就因为没有适度的宣泄,在生活里情绪才会突然失控,爆发出巨大的情绪能量。

母亲在这一点上比我们父女要坦率得多,她总是有话直说,有气则发,所以她的能量比我们高,也比我们流畅,但也因此造成了我们的压力。这时我意识到自己迫切地需要一个独处的空间,世界大厦的家只有母亲的气味,我的创造力在这个空间里是很难充分开展的。从某个层面来看我很羡慕父亲,至少他和母亲的功课已经暂时中止,剩下我独自一人继续面对这股难缠而又顽强的能量(她对我也有同感)。

自从我进入演艺这门行业之后,几乎没有什么私人生活可言,我在媒体的渲染下好像身边永远有男人陪伴似的,其实我和异性生活在一个屋檐下的时间,十几年总共加起来大概还不到两年。母亲守了三十多年的活寡,我大部分的时间也是寡宿。我经常想借着两性关系脱离母女相依为命的无奈生活,但叛逆了无数次最终还是回到原点。平常我不是拍电影、拍电视、拍广告,就是登台、主持节目、接受访问,再不然就是出外景、参加影展、宣慰侨胞或演讲。我辛苦工作赚来的所有收入悉数交由母亲管理,她省吃俭用以本金生利、利生本金,我们的生活终于可以不愁后半辈子的吃穿,父亲也不必再把薪水全部交给母亲(从我一开始赚钱养家,便要求母亲放父亲一马,后来母亲终于答应了)。

表面看来一切已经获得改善,应该皆大欢喜才对,没料到金钱上的富裕仍然无法带来宽大的心胸。

母亲对于金钱的执著并没有减低,连上西餐厅吃块牛排都舍不得,买来的新毛巾她也舍不得用,全都叠在抽屉里,偶尔拿出来欣赏几眼,用的还是那两条像抹布般的旧毛巾;五斗柜里的罐头放了十年还不扔,豆芽剩下两根也算一道菜,残余的口红仍然用簪子挖出来当胭脂抹，一抹抹了六七年。我提醒她钱已经够用了，不需要再这么紧缩地过了，她的辩白是："就因为这么紧缩，才有钱的。"我问她："你不觉得这是一种本末倒置的生活方式吗？赚钱的目的是要提升生活品质，不是要你变成它的奴工。"她立刻把话锋一转，声称自己身体健康完全是因为粗茶淡饭，所以还是要继续节俭下去。

然而问题是，她节俭的势力范围总是扩张到我身上。我辛苦工作了十几年，回家吃饭经常面对的还是那两根豆芽；我每个月两万块的零用钱，数十年如一日从未因"表现良好"而调涨过，需要置装时还得大费唇舌，甚至起争执。那段期间我突然对金钱生起一股莫名的反感，觉得金钱只进不出是一种罪过，于是开始大量捐献。心理分析说得真是正确，总是向右走的母亲，一定有一个向左走的女儿。母亲对我捐钱的行为愤怒不已，但我的理由十分堂皇，她也拿我没辙。

随着拙火的启动，我的能量开始增强，我想脱离母亲独立生活的渴望也日益壮大。我愈来愈无法自欺和倚赖，也愈来愈不愿忍受她永无止境的唠叨和负面的精神状态，于是我鼓起勇气告诉她我要找房子搬出去住。母亲听完了我的话，闪电眉高高挑起，语带威胁地说："怎么啦？你这个不孝的东西，老太婆已经让你嫌透了是不是？要找房子可以，五分钟远的路程之内你要是能找到一幢合适的房子，我就出钱给你买下来。"我知道她不愿意我离开她的视线范围，但是我去意已坚。我心想我非得在五分钟的路程内找到一幢房子不可。那个周末，就在五分钟路程还不到的四维路巷弄内，有一家小型建设公司正在促销一幢八层楼的公寓，我经过时看见他们的样品屋，室内的格局、采光和建材都不错，我心里禁不住暗自呐喊："真是天助我也。"

一年之后我搬进了采庐，正式过起独立自主的生活，我的零用钱从两万元涨到了四万元。三十六年拱手让出自主权的日子终于结束。

三从四德与忠孝之道是权威的一方编织出来的骗局和陷阱，也是一个不假思索的程式和限制双方成长的禁令。权威的一方在这个禁令下可以尽情地停止成长，巩固自己的旧习气，下一代如果对人性和心理欠缺洞察，一定会被这些腐旧的习气熏染、洗脑，恶性循环地继续活在萎缩、自保和不安的病态中。然而放眼望去，周围没几个明白人，所有的知识系统，包括我曾经涉猎过的心理学、哲学、玄学和各种杂学，在我看来都不够究竟，似乎只有佛道智者，那些已经大彻大悟之人，才算是真正窥见了人性的最深处。我觉得自己必须找到完整的心灵地图，才能建立正确的人生方向。这股巨大的渴望和不满促使我步上了"五十三参"[1]的寻道之旅。不可否认的，寻道最便捷的途径还是得透过人这个中介，从遍访名师的学习过程中逐渐找出自己的一条路。

---

　　1 五十三参：形容行者勤求解脱之道的决心和诚意。

与曹又方在一起。发现克里希那穆提之后,我经常与她商议克氏著作的引介及翻译工作。

在意大利参加工作坊,与 Norma 一起走过火堆。

第七章 五十三参

回想起来我第一个结识的解惑者应该算是林云二哥。那年我十九岁，正在辅大念书，隔壁法文系有位同学名叫叶政圆，他人很温和，没什么攻击性，我们很自然便成了好友，在他的引介下我结识了不惑之年的林云二哥。那时他尚未成为公众人物，看上去是位深思寡言内心世界不易测度的中年人。他拿着一个放大镜，上面有一颗迷你型的小灯泡，很仔细地研究起我的掌纹，然后慢条斯理地开始剖析和预言我的性格与命运。他说我是个"知其不可为而为之"的人，时常因碍于情面而吃亏，人生的阻碍不断，但日后的知名度是超越国界的，我的情感世界里有许多异国因缘，但也是波折连连。他说我应该有两个同父异母的兄弟，我告诉他这是除了至亲之外无人知晓的事。他能看出道钧、道扬的存在，证明他的掌纹学的确有自家绝活。后来他到香港中文大学教书，我们便失去了联系。几年后他开始以民俗学、风水和密宗苯教的术数为人解惑、解心结，我们才又有了见面的机缘。这位李敖口中的"妖僧"其实是一位深具观察力和判断力的高人，多年来他所教导的方法虽然不是我追寻的目标，但每次旁观他和周遭簇拥的追随者之间的互动，真是佩服他因机施教、适时点拨的全观能力。他的柔软、稳定、宽大和善解人意的能力，绝非那些攻击他的人所能度量的。我认为他是我在道途上的第一位解惑者，也是曾经给予我无私的支持和关怀的兄长。

第二位有缘的密宗导师是红教宁玛派的嘉楚仁波切。1984年底我正在香港拍摄《平安夜》，某天傍晚刚拍完我死亡的戏，回到旅馆便接到林云二哥的电话。他告诉我有一位大圆满修行人很值得参访，那天晚上这位高人将举行灌顶法会，二哥希望我能参加。我走进法会的现场穿过客厅时，见到法座上的嘉楚仁波切，心里忍不住暗自窃笑。他的长相十分古怪有趣，有点像外星人加兔宝宝的组合。他的脸孔充满着喜感，头形圆满，手势优美，那股发自内在的美，吸引了我的注意。密宗的仪式和法会给我一种文化上的疏离感，眼前的这位老师却令我觉得亲切。晚餐时我有一个机会和他私下谈话，我坐到他的身边，充满着好奇地提出了一个颇为唐突的问题。我问仁波切我与母亲是什么样的宿世因缘，仁波切带着满脸促狭的表情回答我："说不定她曾经是你的女儿？"接着菜饭已经上桌，谈话的机缘就此打断。

1985年我的好友丁乃竺邀请仁波切到她阳明山的家中传法，我再度有机会和仁波切见面，当天乃竺可爱的姊姊乃筠坐在一旁替我翻译。仁波切直截了当地告诉我他对我的观察，那些话语帮助我建立了一些自我肯定，使我的解脱之心更为坚定。多年来他偶尔应邀到台湾弘法，每次见到他都有些收获。他率直的话语里总是有洞见，顽皮嬉笑之间流露着真实的关怀，你可以感觉他有多么希望学生们能全神贯注地步上解脱之道。他给我取了一个有趣而传神的外号——面条，意思是这根瘦巴巴、滑溜溜的面条许多人都想用筷子把它夹住，但终究被它溜掉了。我三十八岁那年进行了十个月非正式的闭关，促使我做决定的人就是嘉楚仁波切。当时我在三藩市演讲，刚好仁波切也在湾区，他看到我深陷度众的大梦中，忙得连小命都不保了，便适时地提醒我：誓言固然要完成，身体还是得先照顾好。他告诉我再不闭关充电修养，健康很快会出问题。我一向服气他的观察，于是照他的话在四维路的家中闭门自修和翻译了十个月。他从不讲教条或勉强你修某种特定的方法，而是客观地给予最实在的建议，而那建议往往就是因缘的自然示现。

另外一位与我有短暂师徒之缘的老师也是在乃竺家结识的。某一天红教的贝诺法王在丁家弘法，我上山去参与那个法会，下午有位蒋波仁波切也来会见法王。我记得当蒋波仁波切刚一推门进入玄关时，我连他的长相都还没看清楚，便觉得有一股想要流泪的冲动，我在丁妈妈面前掉了几滴眼泪，丁妈妈看到我的反应感到很稀奇，于是对我说："Terry，你和这位仁波切一定非常有缘，你应该多接近他才对。"不久乃竺陪我到淡水参访蒋波的道场，我记得一走进他的起居室弯下身向他顶礼时，浑身的气突然往头顶冲，完全无法用意志力加以控制。我在他的面前就像一名创伤儿童见到了父亲，号啕大哭了十几分钟，那时我才发现自己从小到大压抑了多少的哀伤。蒋波仁波切无语的悲悯，令你感觉终于有人无条件地接纳你了。他散发的人性品质是充满着残酷与暴力的世界所罕见的。他的神态中自然流露的理解与浑身散发出的治疗能量，令你觉得自己的委屈不需要言语的倾诉，他一眼便完全了然。他告诉我，也许我们曾经有过师徒或亲属的因缘，如果我对密宗有兴趣，可以护持他建立深坑的道场。可惜深坑的道场成立后不久，他就意外地圆寂了。近年来听说他已经转世，然而我对转世之说仍抱有存疑的空间，所以没有再涉足于他的道场。

在显宗方面，春华引介我参访过圣严法师、证严法师、星云法师和唯觉法师，每一位法师我都皈依，也私下交谈过，他们都有某种程度的洞见和智慧，但是他们的道场太庞大，信众的人数过多，老师不可能有充裕时间私下细解真理，而我急迫的求道之心无法在这样的形式中得到满足，于是我决定依法不依人，开始靠自己阅读古老的典籍。

阅读各家典籍

如同大部分的真理追寻者一样，我一开始读经不外乎就是《心经》、《金刚经》、《圆觉经》、《华严经》，等等，此外还有春华送我的一大沓助印的善书。这些经典里所采用的语言既简练又玄奥，你很难立刻理解。东方人喜欢意会而不强调言传，于是你只好人云亦云地说服自己：也许真的不需要理解，只要每天把经典当早课晚课不断地诵念，有一天自然就领悟了。但是诵念了许久，仍然不见悟的踪影，这时你不禁开始怀疑那些强调意会的人可能没一个真的领悟了什么，他们只是满口佛言佛语似懂非懂地炫耀罢了。至于法师的诠释和注解，听起来也都是一些道德常见罢了。难道甚深的真理就仅止于此吗？除了因果、布施、诸恶莫作、众善奉行之外，还有没有更深的道理了呢？不二法门指的究竟是什么？不思善、不思恶指的又是什么？如果没有善恶、是非、对错，人类又能依恃什么而活？无眼耳鼻舌身意、无色声香味触法是什么样的境界？禅宗的参话头到底在玩什么把戏？公案和机锋转语把真理引到了玄之又玄的境地，难道古代的智者真的那么残忍吗？生命的苦难有那么多余暇可以拖延、揣摩和猜测吗？我对传统的这套宗教作风逐渐起了反感，我不相信没办法找到一看就懂的真理。

有一天我从书架上拿出一本中英对照的《老子道德经及庄子全集》，英译者是James Legge。以前我读老庄虽然能领会，但还不到完全对焦的程度，没想到这本书令我对老庄思想产生了清晰而完整的理解。我阅读铃木大拙以英文著作的《禅与心理分析》、《基督教与佛教的神秘主义》、《开悟第一》以及《禅与生活》等书，也比较能理解禅的精神内涵。有了这样的认识，我感觉在英文的著作里或许能找到我想追寻的究竟真理，于是决定再回纽约索霍区的"小家"住一段时间。

1988年的初夏我刚过完三十五岁生日，便搭乘飞机直奔纽约。再度回到SOHO，心情非常愉快。我住的那一区离纽约大学附近的西东书局很近，我喜欢散着步到那儿去找书。我饥渴的心就像一块干瘪的海绵，恨不得把整间书局里的智慧之水全部吸光。

我从五花八门、九流十家的道书中凭着感觉挑选我觉得有挑战性的著作，譬如《宝瓶同谋》、《拙火经验》、《意识光谱》、《秘密教诲》、《物理之道》，拉马纳尊者的著作，艾丽斯·贝利的自动书写，等等，我都买回去阅读。《宝瓶同谋》使我理解60年代嬉皮士的蠢动已经逐渐深化成意识范型的转变。多年来西方知识分子致力于东西研究以及各类知识系统的整合，随着人脉的日渐伸展，西方人的意识变革已经明显地汇成一股趋势，各方的同谋者汇集起来在松散的结构下推动着全球的觉醒。我心底的那个隐隐约约的召唤和誓言，在这个令人振奋的讯息中开始变得如雷贯耳。是的，推动宝瓶时代的心灵解放，就是埋藏在我DNA中的那个古老的召唤。

追寻者的日子是最快活的，终极目标在远方遥遥地招着手，真理似乎是唾手可及的。我每天早上起床做瑜伽，替自己准备一顿丰盛的早餐，到超市捧回一大包的新鲜蔬果，泡一杯在中国城买的江南龙井，一边品茗，一边埋首于启蒙的文字里。这种既中既西，又古又今的混沌，令我觉得自由而适切。午餐时刻我到West Broadway的日本料理店叫一客百吃不腻的California roll，或者到附近的素食餐厅用头脑说服自己：淡而无味的生菜沙拉是有益身心和灵魂的——这么做满足了我各种潜藏的洁癖。晚上偶尔和好友Anne到埃塞俄比亚餐厅放任地享受一餐手抓饼夹红烧牛肉的异国烹调。我热爱国外的生活方式，但因缘总是把我拉回到台湾。

有一天我买了一本书，书名是《时间是个幻觉》（Time Is an Illusion），作者是Chris Griscom，她和名演员雪莉·麦克雷恩（Shirley MacLaine）是死党，在新墨西哥州的Galisteo设立了一间"Light Institute"，以针灸术引导患者进入前世回溯。这个领域我从未接触过。既然五十三参，就要参到底，于是我买了一张机票，寄了五百美金的诊疗费，便只身前往这个陌生的小镇。

我被"Light Institute"安排住在一位专门设计银饰的艺匠家中。她的室内布置完全是新墨西哥风——印第安人手刻的原木家具，粗朴而厚实；Kilim毛毯上有我最爱的色泽；耀眼的阳光从天窗放肆地洒落下来，温暖了地上酣睡的黑狗，女主人告诉我，它的名字叫 Peggy。我这名"猫人"以往只要遇上狗族，一定遭到它们龇牙咧嘴的威胁，Peggy 是我遇见的最友善的狗。它亦步亦趋地跟在我的身后，或者安详地趴在我的脚边，等着我用手温柔地抚摸那身美丽的皮衣。我觉得 Peggy 也是我的老师，它解除了我多年以来对狗的恐惧，这份恐惧来自童年时母亲讲过的一则遭遇。

母亲当年在四川歌乐山独居时，隔壁有人养了两只大狼狗。有一年母狗怀孕产下一窝的小狗，母狗每天尽忠职守地护着它的狗仔仔，渴望拥有孩子的母亲，寂寞地站在窗前望着那幅天伦图。某天有位住在附近的太太到隔壁做客，她听说母狗生了一窝小狗，兴奋地走近前去观赏，没想到母狗以为陌生人来意不善，拼了命地往那位太太的身上扑，一边扑，一边用尖牙撕咬对方的衣肉。母亲站在窗前目睹那名女子由洁白变成血肉模糊，急得一个人在屋子里又骂又叫。

我听了也跟着急，我问她为什么不跑去救人，她说："傻孩子，那母狗已经疯了，跑出去等于送死。"

她说这句话时，眼眶里都是泪水。母亲的回忆透过她鲜活的表情和语言，感染了我幼小的心灵，从此以后我看到狗，便自动生起一股莫名的恐慌，全身的汗毛好像不听使唤地竖立。恐惧的意象锁在细胞的记忆库中，始终没有机会解除这个密码。眼前的 Peggy 以它的忠诚和温柔，融化了我的防卫机制，我们成了形影不离的好友。

Galisteo 夜晚的繁星，把银河挤得水泄不通，空气中飘浮着阵阵的骆马味。寂静像是一片黑幕，衬托着此消彼长的虫鸣，我脑中神经里的蝉鸣，也加入了这一场即兴演奏会。这真是一个连污染都不在的偏远小镇。你走的国家愈多，愈是惊叹人类四海为家的迁徙本能。我独自一人以耳根圆通和这片陌生的天地进行着无言的交流。

第二天前世回溯的治疗正式开始。我从住处沿着村里的小径往诊所的方向走，途中经过一幢农舍，里面养了六七只大公狗。Peggy 显然是这个村子里最受欢迎的母狗，它无论走到哪里，总是引起公狗强烈的反应。那一群大公狗看到 Peggy，立刻摇着尾巴迎上前去，我对狗的防卫机制虽然已经改善，但是在四处无人的野外，面对一群大型的公狗，仍然心跳加速。我慢慢地往前走，故作镇定地回头喊着："Peggy！Let's go."说也奇怪，那群公狗不知道是感应到了我的恐慌，还是知道我要带走它们的女友，只见其中的两只盯着我的腿追了过来，它们发出攻击前的"呜呜"声，龇着尖牙，眼看就要咬到我的小腿了。这时我想起第一天在"Light Institute"遇见一位老师正在教小朋友驯马。她说动物只有两种反应，一是攻击，二是逃亡；这两种反应的背后都是恐惧，如果人类想解除动物的攻击性（也包括人性中的动物攻击性），最好的方法就是深呼吸，保持心情的平静。于是我开始深呼吸。很奇妙，那只几乎咬到我小腿的公狗，突然放缓脚步，停了下来。我头也不回地继续往前走，不久 Peggy 尾随而至，我看到前面的某户人家已经在望，终于松了一口气。这个事件让我体会到"禅定能制暴"。

　　那一天为我进行回溯的是一位穿着粉红丝质衣裤，披着白色雪纺围巾的白人女士。我看着她浑身上下的入世气息，信心怎么也提不起来了。我的直觉告诉我，这位"粉红女士"可能无法带我进入任何一个前世，我只好忠于自己的感觉，走进 Chris 的办公室要求换人，刚好 Chris 本人正推门进入办公室，我敏感的知觉立刻感应到她所散发的治疗能量，她很快地答应换一位助手为我进行回溯。

　　第二位助手是印度籍的心理治疗师，她引领我进入一间有喷水池和天光的房间，我们席地而坐，透过交谈熟悉彼此。接着她带我走进一间摆着按摩床的宽大房间，她示意我闭上双眼平躺在床上，以深呼吸和观想来放松自己。她要我想象净光从头顶洒进体内，把所有的障碍和浊气从脚底洗刷出去，我发现这个观想的方式和道家的"洗髓功"十分类似。然后她开始为我按摩腹部，她在肋骨的下方以及肚脐的四周施以缓慢的深压，我觉得那些部位都很疼痛，她说这表示我还有许多深埋的情绪需要释放。接下来她以精神暗示导引我沉入幽幽微微的冥想。安静了一阵子，她暗示我已经回溯到入胎状态，她问我有没有任何心理的反应，我不知道是自我压抑，还是根本"没事"，脑子里空空洞洞，什么反应也没有，但是我求和谐的老毛病又犯了，我觉得没有反应会令她失望，于是勉强挤出了一两幅"人工影像"，她说这可能是回溯的第一个也是最近的转世。

我告诉她"那一世"我是北京天桥卖艺的少女，我今生的父亲在那一世也是我的父亲，他手上好像拿着一个钵，站在人群前面收银子。我在叙述时心情和以往演戏时一样，觉得这个剧本写得实在太过于拙劣。接下来印度女士又问我还出现了什么画面，我勉为其难地发出呓语：一场洪水淹没了我们的农庄，父亲和我在洪水中各奔东西，从此流离失散，没有再见过面。

接下来我又在她的追问下呢喃出第二个转世，但剧情糟得必须患健忘症。两个前世好不容易诌完了，印度女士开始当真分析起我的潜意识。她说从那两世的意象看来，我与父亲的关系都是骤然中断的，因此我今世的亲子和两性关系，必定受到了前世的影响，也有骤然中断的现象。乍听起来这些话都与事实相符，但这些事实不用她说我也知道。无论是 Chris 自己写的书，或是雪莉·麦克雷恩的著作，强调的都是这间中心所用的独特针灸术。她们声称当金针扎进眉间轮的穴位时，接受治疗的人会自动出现过去世的意象，雪莉在书中还绘声绘影地描述她进入亚特兰提斯那一世的景象。

然而眼前这位女士所采用的显然是"自由联想"，既没有针灸，也没有真正的前世画面，只有我缺乏想象力的"胡"诌。我按捺不住开始坦白抗议，我说你们做了不实的广告宣传，基本上已经是欺骗的行为。印度女士辩解了一些护卫己方的说辞，我觉得没有讨论的余地，于是我告诉她，我虽然是个对金钱随兴处置的人，但此刻我要以负责的态度，要求你们退还我已经开出的五百美金支票。印度女士气得脸色都变了，她说她在这间中心工作了几年，治疗过从世界各地前来求诊的人，其中不乏知名之士，前几天才有一位来自欧洲的音乐家，就在我躺的这张按摩床上突破了严重的心理障碍，感动得痛哭流涕。我说对一位从未深入过自己的人，"自由联想"可能很有效果，但是对长期向内心探索的人来说，你们的方法是很浮面的。她听了当场拂袖而去，我也独自回到住处找 Peggy 玩耍。那天晚上印度女士拿了一张五百美金的支票，当面交还给我，我告诉她，我很欣赏她的诚实与自重。

第二天我从一位来自德国的求诊者口中，得知粉红女士和印度女士递了辞呈，不久将离职返回自己的家乡。我发现自己多年来一直在做"踢馆"的无聊事，像我这样性格的人，实在不宜涉足别人的殿堂。没有人喜欢探索和检验，多数人要的只是臣服罢了。我决定自己只身孤独地自力求济。

我找到了！

就在我打消所有他力救济的意图时，某天我逛完纽约的 Bloomingdales 百货公司，正在路上散步，抬头看见前面有间小型的书局，是我一直想探个究竟的探索书屋（Quest Bookstore），我怀着兴奋的心情推门而入。这间书屋也是著名的通神学会办公室所在地。我漫无目的地浏览着书架上各式各样的宗教、哲学与玄学著作。当时我并没有戴眼镜，远距离的东西是看不清楚的，可我被远方书架上的一张照片莫名地吸引着。我眯着眼睛走上前去，发现那张照片上的人物是一个看似女孩的印度男孩，书名是《克里希那穆提：觉醒的岁月》（Krishnamurti: The Years of Awakening）。此人是谁我那时一无所知，看见那个旋转书架上全是他的著作，显然是位有分量的人物。书架上的每一本书都是以他的照片做封面，他的脸从年少到老迈变化大得惊人，好像每个阶段的他都不是同一个人，尤其突出的是普普尔·贾亚卡尔所写的《克里希那穆提传》的封面照片。那张照片上的他应该是五十岁左右，我觉得那是我见过最俊美的一张脸——这张脸似乎不容许一丝一毫的含糊与妥协,透彻的眼神像是在遥望着另一个世界。通常这样的眼神里总带点梦幻成分,他的遥望却是警醒的、了知的。我只能说我被那张脸迷住了,旋转架上的书我全买了下来,回到SOHO的家中开始一本本地阅读。克里希那穆提的书中没有任何媚俗的废话,句句正中核心,一针见血地点穿了人类的自欺与无明,他的洞见已经探照到人类意识的底层。如同世上无数受到他话语感召的人一样,我知道五十三参的旅程已经到了尽头。我找到了!

克氏的教诲看似哲学、禅、中观与佛家的原始观点,但是其涵盖的层面以及微细的程度又似乎超越了以上的范畴。基本上他是一位无法被归类的老师,他的教诲简化地说就是最究竟的真理。因为究竟真理已经超越自我中心的活动,深入于真空无我之境,所以是不能言传的。传统宗教组织对于无法言传的真理多半以直观的"悟"来下手,但克氏的解说方式却是从反面切入,以现代人易懂的语言工具透过对谈层层揭露意识中的真相。既然无法从正面说明,那么就从反面一一破除各种幻觉、象征、名相、意识形态、价值观、教条、理想、时间感、挣扎与二元对立。当所有的无明之网被解开时,不需要任何刻意的修炼或锻炼,也不需要再建立任何观点与概念,人心自自然然便能安住于解脱的空寂状态。当机缘成熟时,开悟的熏风会不请自来,这便是克氏所谓的"无为之道"。但无为总给人一种不知该如何下手的感受,似乎太过于轻松了,习惯于有所作为的人类很难体会只是存在的那种心境,而总想抓住些什么,追求些什么,于是能量就在这个过程中逐渐耗损。然而凡是能抓得到、追得着的都不是真相,都只是我们认假成真的幻影罢了。克氏的话语促使我反思自己追寻真理的过程。没错,追寻的本身就是在脱离事实的真相,虽然追寻也能带来希望、快感,追寻也能满足自小就有的征服欲,但追寻毕竟投射了时间感和未来的幻觉,故而忽略了当下的真相——真相包括内在与外在的种种情境,亦即内心或意识里的思想、情绪和身体的觉受,以及外在发生的事和各种关系的互动。

对于"当下"的体悟,传统的宗教组织通常是透过禅七活动由法师引导学生逐步深入，但是广为一般大众所熟悉和认同的，却是周边的宗教仪式、象征某种美德的善行以及退而求其次的方便法门。克氏以毫不妥协的精神，首先揭开的无明之网就是从古至今流传最广、最久远的"方便"之说。克氏指出，人类心灵演化的终极境界便是证悟实相、真理与至福，而传统的修证和冥想途径最常见的却是持咒、念佛、观想之类的方便法门。克氏认为这类的方便法门不但无益，而且有害，他在《人类的当务之急》这本书里非常透彻而详尽地指出了什么才是真正的冥想，什么是错误的冥想。他说："冥想既不是重复诵念，也不是神通经验，更不是刻意止念。咒语和念珠虽然可以使妄念安歇，然而在本质上这不过是一种自我催眠的形式，还不如服镇定剂算了。"

我回想起自己一开始接触宗教时，法师教给我的几乎都是持咒和观想法门，再不然就是透过随息、数息来集中焦点和妄念。一开始这些方法都很有效，奔驰的思维活动很快就安静了下来，但不久又恢复了原状，于是我又得重新数息、持咒，就这样重复再三来来回回地角力。过了一段时间之后我开始产生怀疑：难道这么做就可以解脱了吗？答案是，它不但无法帮我解脱，还进一步制造了更大的矛盾，因为我和人说话时心里想的是咒语，在进行某件事情时也无法全神贯注于眼前的工作，心里老是挂念着修这件事。克的话完全印证了我的疑惑，于是我继续阅读，看看他还要揭发些什么。他说："盲信和抱着教条不放的人无论如何也进入不了冥想的领域，逍遥自在才是冥想的首要条件，而它意味着彻底放下社会的假道德与价值标准。这便是冥想的起步"，"冥想就是当下自发的天真情境，这样的心永远是寂然独立的"，"一旦身为印度教徒你就无法独立了，同样的，其他教徒也都无法独立。一个因承诺而受到束缚的人怎么可能寂然独立呢？寂然独立意味着不受影响、天真、自在与圆满。假如你真的能寂然独立，就能大隐于市，而且永远会做局外人。能够寂然独立，才会有完整的行动及合作的精神，因为爱是完整的"。

阅读了克氏一长串的见解，我很庆幸自己是个滑溜的面条，我的心至今没有被任何人或任何组织所制约，同时我也意识到独立的追寻过程远比加入某个组织要辛苦和不安全得多，然而真理这朵深山中的百合绝非一蹴可及的，没有一点实验和冒险的精神恐怕是很难找到的。接着克氏更进一步地引申自由与暴力的关系。他说："自由就是一种无限的空间。当空间不够的时候，暴力一定会出现"，"社会文化的范围过于狭窄，里面毫无自由可言，因为缺乏自由，所以才会失序"。这些话让我开始思考我们从小到大所受的教育确实是没有空间的。父母不尊重你的自主权、成长权和试误的权利。师长则一味地灌输你各种是非、黑白、对错的观念；他们在上课时你只有听的份，过程里既没有讨论，也不鼓励质疑，若是学生有所质疑，多半被视为叛逆分子。台湾地区政治在国民党解严前连言论的自由都不完整，更何况设立一个反对党来制衡执政党了。婚姻制度则使得自由恋爱变成了毫无弹性的终身承诺。怪不得家庭、学校、社会，处处都有暴力和失序的现象。

克里希那穆提的洞见

克氏的真理显然是以人为本位的，他不像传统的宗教导师总是致力于集体秩序的维护，总劝人忍辱、持戒、行善，臣服于社会认同的美德；他更深一层地洞悉到人心若是没有自由的空间，就会因压抑和不忠于自己的真相而滋生出暴力及失序，而集体的秩序也会跟着瓦解。毕竟所谓的国家、社会和民族这些宏观名词，不过就是许多被压抑的个人组合而成的。然而从古至今个人对抗集体的战争一直没间断过，世界并没有因反叛和革命而获得改善，人类也没因此而真正转变。在这个宏观的议题上，克氏也有他的洞见，他认为人类的自我感和与其他生命之间的关系创造了社会和宇宙，因此个人就是宇宙。他认为社会运动和政治改革都无法彻底转变这个世界，除非每个人快速地产生突变。他说："制度永远不能改变人类，制度永远是被人类改变的。"有人问他小我的力量如何能改变社会和宇宙，他回答说："滔滔的恒河之水是由无数的小水滴汇聚而成。所有改变人类的重大运动都是从某个小我开始的。"

然而小我又要如何开始呢？这"如何"二字一出口，已经暗示了方法与追求之心，克氏敏锐的心智立刻照见这其中的陷阱。他说："如何二字指的并不是方法，而是一种探索，但改变到底是什么？真有改变这回事吗？还是只有在完全改变之后，你才能问这个问题？……改变意味着从现有的状况转向另一个不同的情况。这个不同的情况到底是现有状况的反面，还是截然不同的另一种东西？如果它只是现有状况的反面，它就根本没什么不同……譬如冷、热，高、低，正中有反，反中有正，因为有对比，它们才会存在。然而凡属于比较级的东西，即使有程度上的不同，骨子里的本质还是相同的，因此改变成相反的情况其实就是根本没变。即使改变的举动能带给你一种上进的感觉，仍然是个不折不扣的幻象。"

这一大段话令我开始省思传统修炼的问题。当我们努力在修的时候，心中其实充满着想要变成某种理想状态的欲望，这份欲望的本身就会令我们原地踏步。怪不得我接触过的某些努力打坐或打七的老参，并不给人一种人格成熟、智慧明透的感觉，反而有一种较量和竞争的世俗感，比不修的人还要封闭、狭隘。多年之后台湾开始有人引介上座部的原始佛法，譬如佛使比丘和阿姜查的著作，许多人才恍然大悟，原来佛陀在两千五百多年前提出的观察——人类是颠倒的——指的就是人心中想要变得更好的欲望。

与佛法印证之下，人们开始明白克氏的教诲与佛家的精神基本上是殊途同归的，你甚至发现连老庄的洞见与克氏的全观也是旨趣相通的。接着克氏指出神圣的真谛，他说："你把人生划分成神圣与凡俗，道德与不道德，这种分别之心才是不幸和暴力的温床。万事万物都是神圣的，否则就没有一样东西是神圣的。""神圣的东西没有任何属性。寺庙里的石头、教堂里的神像，这些象征都不神圣。人们因错综复杂的欲望、恐惧和渴望而称之为圣物，但这样的神圣仍停留在意念的领域里，它们是由意念造成的，但意念是毫无新意，也不神圣的。""神圣（holy）这个字本来源自于完整（whole），意思是健康，神智清明。……在意念中运作的心智不论如何渴望神圣的事物，仍然是在时间的范畴内活动，在支离破碎的范围内活动着。那么心能不能完整而不破碎呢？"

这些话提醒了我，也令我意识到自己的思维活动总是落入批判、嘲讽和对立，这些瞬间显现、永无止境的微细冲突，如果没有反观的能力，基本上是完全被我们忽略的。这样的忽略和遗漏就是佛家所指的不知不觉与沉睡不醒。克氏所说的完整而不破碎的心，指的就是不拣择、不谴责、不判断、不比较、不分别、不诠释的觉察或觉知，亦即纯粹的观照，以佛家的术语来说就是中道实相观、如实正观，或是禅宗的"至道无难，惟嫌拣择"以及"直下觑透"。克氏强调的是万缘放下，这万缘放下在传统宗教组织的错误诠释之下，使人们以为修道就是要弃世、禁欲、离群索居、苦行自虐，因而形成了严重的圣凡之分，对尘世经验生起自惭形秽的丑恶感和罪恶感，似乎只有宗教组织和这些组织里的人才是圣洁无罪的。此类思想助长了宗教组织过度膨胀的文化地位，从古至今有五千多场（现在还在激增中）因信仰和宗派的不同而引起的战争，这真是人类的无明和作茧自缚的极致展现，因此克氏大胆地指出："这个世界一向惯于遵守传统的途径，其实我们内心的不安就是由此开始的。因为我们追寻的总是别人的许诺，我们不假思索地追随别人所担保的无忧无虑的精神生活。我们大多数人都反对暴君式的专断体制，内心却接受了别人的权威或专制，允许他们来扭曲我们的心智和生活，这真是不可思议的事。但如果我们开始全盘地拒绝，不是在思想上，而是在行动上拒绝所有的宗教权威、所有的礼仪和教条，我们立刻会发现自己陷入孤立状态，而且开始与整个社会为敌，而不再是受人敬重的高尚人士了。然而只要一涉及面子问题，就不可能接近那无限的、不可臆测的实相了。"

我在阅读这句话时眼泪禁不住地泉涌，这是一个多么无求的心灵啊！如果一个人还有丝毫的顾忌，都无法揭发真相到如此透彻的程度，这样的慈悲是不易被落在面子陷阱里的人了解的。

中国这个古老的民族数千年来最大的包袱就是面子问题，不但向外驰求物质享受和面子有关，就连所有的伦理、道德和教条之中都混杂了面子的成分；愈是争强好胜，愈是完美主义的人，愈是要面子。我回想从小到大的成长过程中有多少的人际纠纷是因面子受损而引起的。奇特的是，面子只是我们制造出来的意象或形象，为什么我们会把它当真，甚至不惜牺牲性命来护卫它？是不是因为人心之中都有自卑和自我否定的倾向？然而这份自卑必定是从想要变得更好的欲望而来的。在这个问题的探讨上，研究量子力学的科学家戴维·博姆（David Bohm）与克氏进行了一场完整而细微的讨论，后来结集成《超越时空》这本书。博姆认为人类一旦有能力制造更精良的器具，便推而广之地认为自己也需要变得更好，人类的思想很自然地总是投射出更高的目标。接着克氏提出了时间感的问题，也就是佛家所说的过去心、现在心与未来心。人一开始瞻前思后，就会产生期望与懊悔，于是内心的交战、挣扎、冲突与困惑便接二连三地涌出。追踪到这里，我们已经发现自我中心或"我"便是所有问题的根源，接下来的问题则是，这个我要如何脱落呢？

"如何"二字一出现，我们又回到了方法的问题。从古至今的宗教人士都企图透过某些方法来打破自我的牢笼，体悟宇宙无限的大能，他们尝试苦行禁欲、离群索居、禅定冥想，所有能努力的都努力了，但没有任何努力真正达到了目的。博姆接着问道："是不是因为所有的努力仍然局限在'变成'的范围之内？"克氏回答："没错，不过人们始终没有领悟到这一点。他们必须把这一切都放下。"这里指的就是放下心中的时间感，只进行每一个当下纯粹的观察和聆听。因为克氏不强调刻意修炼（刚才提过刻意修炼之中一定有"变成"的欲望，所以仍然陷在自我中心的活动里），他指出只有在日常生活自然进行的活动中维持开放而纯粹的看与听，才有可能无为地领悟当下。他说："聆听的时候脑子里有没有声音，还是完全没有任何噪音或妄念？假设你想表达某种超越文字的东西，但如果我不能完全安静地聆听，我就无法了解你说话的深层意涵。现在就是当下这一刻，里面尽是一些时间感和思想。思想一旦止息，当下就有了截然不同的意义。换言之,当下就是空无,空无就像零这个数字,它包含了所有的数字在内,因此空无就是万有。但是我们非常害怕进入空无状态。""空无包含了整个宇宙,里面不再有我的琐碎渺小的恐惧、痛苦和焦虑。空无意味着整个宇宙的慈悲,而慈悲即是空无,因此空无就是无上的智慧。"

克氏所指的空无和佛道两家的究竟真理如出一辙,那是一种大智若愚、化繁为简的状态,因此克氏又说:"如果一个人真的能够简单,他就能了解错综复杂的人生。但我们的起步就是复杂的,所以我们永远无法认识简单。我们的脑子受到的训练就是去认识复杂的东西,并且还想得到解决这些复杂问题的答案。我们无法认清单纯的事实是什么。"这些话使我联想起老子所说的"为学日益,为道日损,损之又损,以至于无为。无为而无不为"。复杂的知识系统并无罪,但是在人尚未认识自己的真相之时,这些知识只会使事情复杂化,然而一旦体悟到损之又损的空无及无为,知识就成了可以活用的工具,换言之,是人在运用知识而非被知识所役用。

克氏对人类的性欲、贪、嗔、痴、恐惧等自然展现的能量,抱持的仍然是一以贯之的中道,既不排斥,也不压抑,更不耽溺,只是随顺这些能量的示现,佐以纯然的观察或看。如果当下看破排斥、压抑或耽溺都是自我中心的活动,当下立即转成空无或无我,此乃转识成智、烦恼即菩提的风味,而空无之中自有至真、至善、至美与大爱。

克氏如同一位慈悲而激进的智者,在上提下拉、节节逼近的揭发中,帮助读者顿悟和产生突变,进入他已经置身其中的无路之国和不可思议之境。我的心被他的赤诚震撼得颤抖,多年来我对人性的疑惑和观察,终于在他的字里行间获得了澄清与印证。我对这个世界彻头彻尾的不满如同火山灰一般开始尘埃落定。千年老妇终于觅得了归途。

然而,这萧伯纳口中最卓越的宗教人物、亨利·米勒最想结识的人物、赫胥黎心目中的佛陀再现以及纪伯伦心目中的基督化身,在台湾人的意识里却是个不存在的或无人知晓的陌生人物。我决定回台湾后，一定要和曹又方、简志忠与王季庆商量如何有计划地译介克氏的教诲。

投入环保运动。

第八章 生态与环保意识的觉醒

1989年的1月2日,我买了一本新出刊的《时代》杂志,发现封面依惯例选出的"风云人物"竟然被"风云星球"取代了。那张照片上的地球吸引了我宏观的双眼,怀着好奇我翻开了第一张彩色跨页。赫然出现眼前的竟然是在漫天浓烟里燃烧的巴西热带雨林,紧接着是孟加拉的水患,北达科他州(North Dakota State)旱裂的地表,空气污染的北京城,干瘪的莫桑比克饥民,免疫系统被污染的海水破坏而孤独陈尸于沙滩上的一只海豹,西德某座看似乱葬岗的玻璃瓶废置场,二十年后可能因不良灌溉计划和水坝工程而消失踪影的白令海……这一连串精彩的摄影杰作呈现出的竟然是人类文明的愚昧和无望。我心底深处的那股莫名的救赎激情再度被点燃,于是开始仔细地阅读《时代》花了三十三页篇幅深入报道的地球浩劫。一个月后全球同步播出了电视专辑《跨越疆界》,其他的媒体也开始争相报道温室效应、臭氧层破洞、核电厂危机、生态失衡、环境污染等各种文明发展的报应。

那段时期我一边和曹又方、王季庆进行新时代出版品的翻译和引介计划，一边接触林俊义、杨宪宏、方俭等致力于生态环保运动的友人。克氏的教诲开始在我心中发酵，但最重要的是我终于脱离了对母亲的依赖，搬到四维路的采庐，过起了独立自主的生活。

我对于居家的室内设计与布置有份天生的敏感度，新房子里的色调一律采取冷色系，白墙、浅灰色的地板、蓝灰的沙发椅，一张超长的黑色写字桌上铺了一块印尼的手织布，开放式的榻榻米间以两片透明纱作为隔屏，五十坪的房子里只有一间卧室、一间更衣室、两套卫浴和一个开放式的小厨房。设计师庄展华先生是稀有的诚直之人，我此生第一个属于自己的空间，就是在他的紧缩预算下完成的。

独居生活

搬进这幢极简主义的新家，我的感官每天都充盈着美与祥和。演艺工作已经完全停止，平日里的活动大多是演讲、参与环保运动，以及撰写方智"新时代系列"的第一本著作《古老的未来》。

这时体内的生理拙火已经运行了一年，春华告诉我可以开始替人发功治疗。我从纽约买回来的几本有关拙火的书籍中，Lee Sannella 这位医学博士所著的《拙火经验》，提供了科学与灵学的观点，使我认识了生理拙火觉醒后的各种现象、征兆、症状，以及它和心灵演化的关系。在过往的历史中，只有古文化、传统密教和少数与世隔绝的人了解身心的转化过程；有关此过程的记录，一直是采用个人主观的语汇，因此充满着含糊的神秘色彩。西方研究人类心灵现象的人，并不看重这些记录，因而阻碍了有系统的比较和发展。70年代以后，情势开始改观，一是因为西方世界有密集身心灵转化经验的人显著增加，二是因为西方科学家对于"意识"的长期禁忌终于解除，现代物理学不再反对宗教的世界观，心理学也从机械论和化约论进展到人本典范和超人本的超个人心理学。主观的神秘体验开始结合客观的科学检验。这一直都是我对自己的成长所抱持的期许和方向，我认为只有如此才能避免落入个人梦呓、宗教迷信或自恋式的妄想症。虽然有关拙火现象的科学研究还在发展中，但内容显然比传统的论述要客观、微细而完整得多。

从这本书的个案观察，我得知生理拙火可以促成特异功能和潜能的开发，也可能引发神秘经验或类似精神分裂的状况。譬如北极地区的巫医和喜马拉雅山的行者，因为他们的"神奇热能"，而展现了超乎想像的御寒能力。西藏的"拙火瑜伽"是六大开悟法门之一，"拙火瑜伽"的大师，可以在极低的温度中把身上的湿布"烘干"。这使我联想起自己在纽约时，因为生理拙火的觉醒，而改变了以往怕冷的体质。身上的热能使我有严重上火的感觉，不但口干舌燥，脸上脱皮，而且根本无法穿厚衣裳。以往如果在纽约过冬，非得穿毛皮大衣才敢在雪地里行走，生理拙火觉醒后，居然一件薄大衣就能御寒，而且待在室外比在室内舒服。然而那上火的燥热感实在不怎么怡人，多年后这个现象才解除。此外我发现睡眠的时间逐渐减少，皮肤产生粗糙、脱皮、滑嫩、发亮、麻、痒、抽动等变化，心情上开始出现自发的喜悦，与他人的情感交流以及情绪表达也都比以往流畅。

《拙火经验》中某些个案描述自己在过程中出现狂喜、内明、单眼（第三眼）、大身、开喉、自疗、创作力增加、灵魂出体、融入蓝光、灵视、梵音等神秘体验，但也有人经历了严重头痛、神经紧张、身心失衡、沮丧、恐惧、哀伤、思维紊乱、无感、皮肤异常、失眠、记忆力丧失、身体局部麻痹、耳鸣、颈部和背部酸痛等症状。然而曾经有过各种拙火经验的神秘主义者 Da Free John 却指出，灵修最难的还是关系的互动，"自我"在关系的对待上具有本能的退缩与自保倾向（譬如我在初恋经验中的反应），只有打破这一堵围墙，心灵才能无限地伸展，无惧地拥抱所有的生命。他说："你们一直在收缩自己的情绪能量，但无论你怎么努力地思想、考量、经验、渴望、开拓和操控，你都无法改善这份收缩的倾向。拙火觉醒也影响不到它，它和拙火毫无关系。你的拙火经验纵使多到令你打哈欠，仍然无法影响这份收缩的倾向。""我们真正的责任是觉醒，超越自我，超越身心的现象，证入身心的自性。"他的话语使我联想起克氏所说的不压抑、不逃避、不拣择、不谴责的觉察，这样的觉察之中完全没有收缩倾向，也没有自我感：只有无我的观察，才是真正的解脱。克氏的一生都处于猛烈的拙火过程（空性中生起的拙火有别于生理拙火），从他的传记中，你可以一窥各种的神秘体验，但他的教诲是全然理性的，从不强调拙火或其他的灵修副产品，最重要的还是回归到不二的觉察或无我的观察。

接触从事环保运动的几位友人是人生经验中崭新的一页。我发现林俊义教授、宪宏和方俭的心智对我有强大的启蒙作用，我喜欢听他们说话，欣赏那份科学的求真精神。虽然我发现自己已经逐渐走上"为学日益，为道日损"的向内探索，但精确不苟且的微观、宏大的视野和超越小我的生态精神，仍然能启动我的脑细胞，扩展我的关怀层面。在方俭的发难下，1990年我们成立了"地球日"组织的台湾分会，我们抢救森林，抗议核能电厂的废料处理，关注氟氯碳化物是否该禁用，推动垃圾回收，勘察污染废水排放的情况。九月中旬我随同一群环保运动者到高雄后劲溪和楠梓区观察当地遭受污染的实况。莎拉台风过境后溪水夹带着大量的水草和垃圾，形成了罕见的污染奇观。台塑厂排放的废水在黄浊的溪流里汇成一道鲜明的棕红，但厂方仍矢口否认设有暗管。此外我们还得知中油公司的地下油管漏油，附近的居民却不知情。1983年5月的某个傍晚，十三邻的一位老太太点蚊香不幸引起石油爆炸，屋内器物全毁，老太太的手脚也被炸伤了。无辜受害的老太太后来连一点医药费也没拿到，而十三邻的地下水在六年后仍旧是点火即燃。1988年8月15日，同地区的一名工程师林英杰在宿舍里点烟，再度引发爆炸，全身百分之八十被炸伤，一年后身心仍然无法复原。

投入环保运动满三年时我已经深深察觉到，如果政府和企业团体不采取积极行动，环保运动最终只能制造一些媒体上的噪音，发挥不了正面的作用。而且从事这项运动的人士并不是个个具有深层生态意识,某些人的心理和精神状态与他们所反对的"旧人类"如出一辙——同样地热衷于权力,也同样充满着愤怒。爱仍然是人类最艰难的课题。与其将有限的精力投注于一项敌对的运动,不如致力于唤醒自己和他人心中的真爱,于是我决定专注于灵修和翻译克氏的著作。

十年后的今日,林俊义教授、宪宏、方俭与我虽各自发展出大异其趣的创造性,但是对于生态和环境问题的关注永远是我们志同道合的议题。

在父亲的告别式中,我长跪于地,母亲站着答礼。

第九章 丧父

自从父亲离开我们与他此生最有缘的女人生活在一起,到现在已经二十多年了。这么漫长的岁月里我们父女见面的机会不多,但彼此的内心并没有难以承担的挂碍;母亲对这位第三者始终无法释怀,她不愿意我经常探望父亲,如果我主动打电话给他,她也有微词。我对这位第三者抱持的却是截然不同的观点。华阿姨是位经营餐馆业多年的江南女性,独立豪迈之中带有双鱼族牺牲奉献的倾向。从小父母双亡的父亲其实人格里有一部分还停留在幼童阶段,他需要的是母性的滋养、呵护与宠溺。这一部分的创伤如果无法疗愈,那份深切的渴望若是没获得满足,他是很难在这个世界正常运作的。华阿姨扮演的角色就是父亲最需要的治疗者与再生母亲。每次我看到他们互动的模式,都会暗自生起对人类心理创伤的感叹。父亲和华阿姨生活在一起没几年便瘫痪在床上不愿意动弹。我用"不愿意"这几个字,是因为你不难洞悉他想重拾襁褓阶段被命运剥夺的母爱。他拒绝下床走动,他不肯好好地吃饭、上厕所、洗澡,他的吃、喝、拉、撒全部由华阿姨一手包办。华阿姨喂父亲素食,规定父亲念《金刚经》和《地藏经》回向[1]给冤死的祖母。父亲一不高兴就像恃宠而骄的逆子，用他的断掌打华阿姨或是拧她的大腿。华阿姨全盘承受了，因为她了解他的需求，也心疼他的不幸。爱与理解从来都是不可分割的。对这样的一位第三者，我还能有意见吗？

1988年底我从纽约回台湾后，父亲的健康数度危急。我去医院看他，华阿姨在一旁落泪，她告诉我父亲在危急时嘴里总是念着我的名字。虚弱无语的他，直觉仍然相当敏锐，我的心事他一眼就看穿了。我握着他的手，望着他满头的银发和光滑的皮肤，一切尽在不言中。1989年阴历三月初十是父亲虚岁八十五岁的生日，三月初八则是我的生日。春仲，在我们的生日还未来临之前，某一天夜里我接到华阿姨打来的电话，她要我赶紧到她们家，她说父亲一口气上不来，心脏已经停止了跳动。我赶到她的住所，进入卧室，坐在父亲的床边，握着他余温犹存的双手，在泪眼模糊中安静地端详着他的宝相。感觉上他的神识还没离开那个空间，大概是在等待我的出现吧！我心里暗自思忖：他早就准备好离开这个苦难的人世，沉重的情债终于还完了。

我的释怀多于哀恸，回到家里我把父亲的死讯告知老母，老母用高度的意志力压下了三十多年的恩怨情仇，面无表情地走进自己的卧室。半夜里从她的房间传来了断断续续类似梦呓的咒骂，我从床上爬起来有点不安地走进她的卧房。她矮小的身躯在超大的床上缩成了胎儿形状，整个人不能控制地颤抖着，僵硬干涩的嘴里不停地咒骂："你这个老鬼……你总算死了……我活得比你长……我赢了……"我没有干预她的宣泄，默默地把门带上，心里怀着上一代的生死之恨，孤独地走回自己的房间。

举行告别式的那一天，与父亲有交情的老委员及友人络绎地进入第二殡仪馆的景行厅吊祭父亲的遗容。母亲坐在椅子上，我长跪于地答礼。念祭文的专人以职业化的哭调唱诵着父亲的生平事迹。他在呜呼哀哉的开场白之后，紧接着一连串的歌功颂

---

1 回向：佛教用语，指用意念传送给某个想要帮助的人。

德——父亲三十多年没有开口质询被他粉饰成谠论流徽，母亲三十多年的麻将生涯被他改写成相夫教子。母亲耐着性子听着听着，突然忍不住低声骂了一句："一派胡言！"我看着这场与事实大异其趣的荒谬剧，儿时的老毛病又犯了，开始浑身颤抖地暗笑不已，母亲竟然也跟着笑了起来。母女二人身穿葬服，长跪于地，悲剧演着演着又成了喜剧。还好我们动作不大，只有干哥哥小龙发现了我们反常的举止。祭文好不容易唱完了，小龙强掩着脸上的笑意走到我们母女身边，歪着嘴低声对我们说："稳着点，太不像话了。"接下来老委员们在父亲的棺木上覆盖党旗，以隆重的葬礼替父亲盖棺论定。据说是否应该覆盖党旗，委员们曾经有番争论。我心想，一生淡泊名利的父亲只恨不得快点回到灵界喘口气，他才不在乎那副化了浓妆的皮囊上是否覆盖着青天白日满地红呢。男性总是借着党国来逃避自己的真相，如果连自知之明都谈不上，还能谈宏观的国家民族吗？事实是，自知之明远比立国平天下难得多。大题目总是有面子的，自知之明却是一种把面子掀掉的举动。我心里正想着这些形而上的问题，突然颈子上有个东西在爬动，我反手一抓，竟然是只又肥又大的黑毛虫。它可能是从旁边的花篮里爬出来的，可是怎么会一路爬上了我的颈子？这件事太离奇了，于是我低声告诉老母。老母的反应神速，她立刻对我耳语："胡赓年八成转世成这只毛虫了！"我可怜的爸爸必须被贬为毛虫才能泄掉她三十六载的活寡大恨，但是她的语气里有一股胜利的童稚般的喜悦，令我忍不住再度笑了起来。人生无数场的悲喜剧总是在最意外的时刻上演。说老实话，我赞同希腊左巴对死亡的乐观态度，葬礼应该在月光美酒翩然起舞中完成——逝者终于可以休息一阵子，反省一下，换一副身体再来。

父亲过世之后，"立法院"发下了一笔二百多万的抚恤金，我试着揣摩父亲的意思，决定把这笔钱交给华阿姨，聊表感激之情。我把这个决定告诉了母亲，出乎我意料之外母亲竟然答应了，但是她主张先把钱汇进我们的银行，一周后再转入华阿姨的账户。一周之后我询问母亲是否已经转账，她的脸色突然一变，表情坚决地说道："我怎么可能把这笔钱平白送给那个破坏家庭的女人？"我听了气得连话都说不出口，一股巨大无边的怒火攻上我的心头，我把老母压在沙发的一角，开始一泻千里地对她大声训斥。

我告诉她华阿姨这十几年的日子并不好过，她的后半生有人替她扮演这个艰难的角色，她应该感到万幸才对；这笔小钱是不足以答谢人家的。接着我开始指出她人生观的扭曲和她教育方式的错误，我鼓起勇气把半生的怒气一吐为快，我说："你的气焰凭什么那么高？你一生都在麻将桌上，毫无建树地混了一辈子，却总是骑在别人头上。如果你真的那么优秀，为什么不出去找份工作，像华阿姨和潘阿姨那样？你以为自己的才分比这些女人高，我却觉得她们比你强多了！……你的一生都活在恐惧和自保中，这已经够惨了，还要把心里的恐惧投射到你下一代的身上，处处设限，让人家无法自在，无法快乐。你完全不清楚你的女儿是什么样的人，你只想把她教育成一个道道地地的凡夫俗子，成天赚钱，存钱，赚钱，存钱。我告诉你，你根本大错特错了，钱是解决不了痛苦的。你的痛苦有没有因为钱多就解决了，你自己还不清楚吗？你的问题根本不在钱多钱少，最重要的是你太没有爱了，既不懂得爱别人，也不懂得爱自己……"

我像训女儿一样足足骂了她一个小时，母亲一语不发地听完我的话，第二天就把钱汇给了华阿姨。当天晚上我觉得自己的身体开始有点不对劲，好像快要感冒似的。第二天早上起来感觉左边的颜面神经有点麻痹，照镜子一看才发现左半边脸已经眼歪嘴斜。洗脸时眼睛无法完全阖紧，水会流进眼里；刷牙时牙膏从嘴角流了出来；喝水时只能靠半边嘴唇小心翼翼地吸进去。我心想这下可惨了，后半生如果都在眼歪嘴斜中度过，那不是太恶心了吗？老母趁火打劫地说："你瞧，这就是不孝的现世报。"这句话唤醒了我，真实的正义之中既没有暴力，也没有怨恨；虚假的正义之中一定有暴力，也有怨恨。那孝悌之道只是母亲不知自省的借口罢了。这样的双向观察使我免于再度落入愤怒的陷阱里，不过当务之急还是要赶快找医生治疗这个怪病。

见了好几位西医，都说周边神经麻痹是无药可医的，只有等它自己慢慢复原了。后来有人介绍了一位台中的中医，这位医师告诉我说这个病叫做"神经感冒"，针灸可以帮助它快点痊愈，即使完全不医治，一个月后也能不药而愈。我等了一个月，情况果然好转，不过完全恢复却是三年之后的事了。这件事让我体悟到克氏所说的，情绪能量必须在每个当下透过不谴责、不压抑的观察，将它完全燃烧、释放，如果一味地压抑和累积，一旦爆发出来，就是对人对己的重大伤害。我发现自己在处理情绪能量上还有一大段的路要走。

第十章 闭关与反观内照

不久我的生活又忙碌起来，善门大开便很难再关上了；我不会拒绝人的那份天性使得情况更加严重。我马不停蹄地演讲，发功，从事环保运动，替人解惑，两年下来，我有限的能量已经快用光了。即使自己天生是个导体，拙火起来之后随时可以替人发功，但自己的身体还是得妥当地照顾才行。我在时间和能量的分配上一直过于轻率，对自己有一股莫名的信心，以为凭着正向思考就能创造正向的情境。但现实并不全是唯心所造的，生活中需要觉察和注意的细节太多了，譬如环境、饮食、起居作息、睡眠、姿势和运动等，都会影响到我们的生命品质。人一旦陷入利他的理想主义里面，这些重要的利己细节很容易就会轻忽掉；和群众接触是件令人亢奋的事，也是一个很深的陷阱，怪不得克氏一再提醒，救赎者终有一天会成为别人的噩梦。就在这个阶段，我应卫理同学之邀到三藩市湾区演讲，刚好嘉楚仁波切也在湾区，于是我们见了一面。他建议我进行一段时间的闭关。他的提醒令我意识到事态有点严重，于是决定在四维路的家中进行非正式的闭关。我预定一年之中不接电话，不看电视，不见任何访客，但是我需要一位护关的帮手。这时我想起高雄有位护士小姐曾经北上来见过我，她似乎有意当我的私人秘书。母亲很喜欢她，我也觉得她是一个能干、忠诚，又具有服务精神的女孩。于是我打了一通电话给她，问她愿不愿意和我在一个屋檐下度过一年自囚的生活，她一口答应了。不久她就带着一个大皮箱北上，准备和我一起闭关。

我认为拙火的觉醒虽然可以使人知觉敏锐，但也可能过早引发一些特异功能或是让强烈的情绪集中曝光，若是没有长期的追踪和引导反而会造成负面的影响。我心里暗自决定出关后不再随意替人发功，最重要的是我看见自己在做这件事时容易产生权威欲，这是我最不愿意落入的上一辈人的陷阱。

闭关的第一个月我想试试禁语的滋味，因此把生活里的琐碎需求都写在小纸条上，交给翠英过目；她负责出外采买，我则只管打坐和练自律动功。我每天一上座就是四十分钟，然后下座活动一下筋骨，再上座四十分钟；一个早上要静坐两三个回合。吃完中饭后休息一会儿，看一两个小时的书，下午三点以后和翠英一起去"猫空"爬山，大约走两个多小时的山路，晚饭前才回到家中。

我发现禁语能使妄念快速安静下来。第一个礼拜还是有些心猿意马，一会儿想到老朋友，一会儿又计划出关后到某某国家旅行，平日里不联络的友人这时也变得情谊深厚起来，似乎即将告别人世，心里有点依依不舍。一个礼拜后妄念完全安歇了下来，打坐时心里很空，偶尔冒出一两个单字，但照妖镜一照，它们便现了原形。我后来发现大休息式的静躺对我比较适合，我总是愈躺愈清醒，打坐久了反而昏沉。通常我喜欢采用耳根圆通的倾听——试着把所有声音都听进去，而不刻意分辨声音的类别及属性，这也是一种无拣择的觉察方式。真的进入情况时你会发现分别心会制造大小声的错觉，分别心一旦停止运作，雷声竟然和楼上的水滴声一样大小。这段期间我开始有能力洞悉每一个念头的本质而不再被念头欺骗。

爬山对身体是极好的一项运动。第一天我和翠英顺着猫空茶区的山路勇往直前地行进，走到坡度较陡的那一段时，两个人的小身体已经快支持不住了，只见我们累得上气不接下气，脸色惨白，浑身的衣服都汗透了。十一月天能出一身大汗，实在非常有利于我们的湿寒体质，两个小时的大量运动促进了我们的血液循环和心肺功能；两个多月下来我们的身体已经有了明显的改善。我注意到人的能量在饱和状态时内心的冲突很容易就统一了，好像每个念头、每个举动、每份情绪都是妥当的，适切的。那种感受非常自在，有点天上天下唯我独尊的味道。然而我心里清楚这种状态距离无我的境界还有一大段路要走呢。我记得过年期间翠英回高雄和家人团聚，我则到世界大厦和老母过年；我高昂的能量很快地影响了母亲，她满脸笑容地看着我随乐起舞。自从我搬出世界大厦开始过起独居生活，母亲的心态也有了改变，她语重心长地告诉来访的友人：时代到底不同了，孩子毕竟有自己的意见，上一代得学着尊重下一代的独立需求；不过背地里她和翠英聊天时还是嘴硬，认为我学佛修道这一生就算完了。她说她最怕我将来变成布道家宋能尔这类人或者被冠上"胡居士"的名号。其实你如果不是她的女儿，你会非常喜欢甚至激赏这位说话一针见血、性情痛快淋漓的老人，我有许多朋友后来都成了她的密友，但是身为她的女儿，同时还热爱自由的话，日子可就不好过了。

　　闭关两个月后我的能量已经恢复正常。克氏的教诲虽然已经有两本翻成了中文——《人生中不可不想的事》和《重新认识你自己》（Freedom From the Known），但对照原文后发现还需要重新细润。在重译的过程中我决定干脆自己着手翻译算了。

　　第一本我想翻译的就是《般若之旅》，英文原名为 Exploration into Insight。这本书的内容我仔细读完之后，感觉完全与佛家的智慧不谋而合。以往我接触过的老师和经典都无法解释清楚的般若智慧——譬如"五毒即五智"、"烦恼即菩提"——此书都有周详而细腻的心理动力上的探讨。为了提供数百万佛教徒接触现代化究竟真理的机缘，我决定采取佛家用语来译出此书（克氏基金会在此书出版后曾经和我讨论过译文佛化的问题，最后大家还是认同了这个做法的妥当性。此书是目前方智出版社发行的克氏二十三本著作中相当畅销的一本)。在翻译的过程里我有一种感觉,似乎半生以来涉猎过的心理学和宗教知识,以及从小到大体会过的人性深处的恐惧、暴力、冲突、绝望等等的苦难,为的就是让我能理解究竟真理。我坐在那张超大型的黑色书桌旁安静地进行翻译,突然觉得这就是我该坐的位置,所有的矛盾似乎都统一了;我和翠英两人戏称自己是藏经阁上译经的出家人。说真的,我觉得这项工作我已经做过无数次了,感觉上是那么得心应手,毫无怀疑。情况最好的时候我的翻译有如自动书记一般,看一句原文,不需要动念,便自然书写出译文。当我们内心的波动彻底静止时,外面的世界好像也停止了活动。偶尔我抬头看一眼翠英,很狐疑地问她:"你觉不觉得外面的人好像都消失了,这个世界只剩下了我们俩?"翠英说她也有同感。这位与我有深厚宿缘的年轻女孩就这样莫名其妙地步上了道途,人生真是自有安排,自有奥秘啊!

《般若之旅》第一章探讨的是没有观察者的观察(无我的观察),参与者透过逐步的揭露来了解"自我"这个观察者的结构——它不外乎是一些意念的组合,内容大多是自责和辩解等等。传统的修行方式都是以充满道德谴责的方式来对治当下这一刻的烦恼,于是产生了具有自我感的观察者而非纯然无念的观察。譬如我说:"我想开悟。"如果以纯然的观察来照见这句话的真相,你会发现它的背后就是贪。理想主义就是被我们合理化的一种贪念,愈是合理的贪念愈不容易被察觉。然而我们为什么会贪?贪是什么?对自己不满意,想要变得伟大?当我翻译到此处时,已经清楚地照见自己那股巨大的救赎欲望其实包含着一种英雄主义式的贪欲,一种想要做伟人的企图,还夹杂着未解决未转化的哀伤。我发现这样无情的观照既能带给你发现真相的感动,又会使你坠入什么都抓不着也摸不着的空虚。原来人类向往的终极解脱——空无,竟然也是人类终其一生努力逃避的一种"无所造作"的恐怖情境。这"不执著"三个字被一般人琅琅上口地滥用成一句轻松的口号,孰不知这不执著是生命中多么不可承受之轻啊!我能完全放下这股巨大无边的救赎欲望吗?我真的能面对那撼动自我的孤独吗?我能把所有戏剧化的情绪归于平静吗?我能真的没事吗?这些问题问得我自己低潮了好几个星期,突然有一天答案不问自明地浮现了——只有深入于自己的内心,才能晓得真相是什么。

就在那一阵子,我一连做了两天非常清楚的梦。第一个梦境中克氏穿着一件白色长袍,拉着我的右手往山上走。他的脸孔就是五十出头时拍摄的那张照片的模样,我们的关系好像是一个过来人领着一个还在学习中的人,一同往上走。快要走到山顶时,左边有条岔路,岔路上有团树丛,树丛后面有一群女人正在叽叽咕咕地讲着话;只听得到她们的声音,但看不见人影。克氏示意我朝那个岔路的方向走,他自己则头也不回地往山顶走,顷刻间便消失了。第二个梦境,克氏、普普尔与我坐在一个客厅里,三个人很认真地讨论着一些有关教诲的问题,其他的细节就记不清楚了,但画面非常清晰。那段时间,我给屋子里唯一的另一个人——翠英写了一封八张纸的信,剖析她的心理状态给她听,帮助她克服心中的不安和恐惧。两个来自不同背景的陌生人,在毫无暖身的状态下突然关在一个只有五十坪大的空间里,一关就是一年,确实有点强人所难。幸好我们因缘深厚,在日后多年的相处过程中虽然也有许多摩擦,但因为我们真的在致力于恐惧的转化,所以关系愈转愈祥和。

《般若之旅》的第二章探讨的是觉知、意识与脑细胞的关系,参与者提出了佛家的"无始无明"之说。人类的愚昧和无明是找不到起点的,我们不知道从何时起开始有了设限的自我感,这个自我感一旦被打破,我们就从牢笼中解放了,但是我们所有的行为、思想及本能都在保护这份自我感,并且还致力于牢墙的增厚,使它成为一堵连兰博的重型机枪都轰不破的铜墙铁壁。克氏指出,寻找无明的起点是没有必要的,最重要的就是认清无明只是想获得更多经验的需求罢了,而只有无目的、无拣择的单纯观察才能止息那些永无止境的需求。需求止息了,截然不同的境界才会出现。最后参与者开始探讨宇宙大能的问题,克氏指出这大能是无所不在,而且随时都存在的,只因为我们的需求无法停止、念头无法静止,因此接不上这个能源。如果行、住、坐、卧都能安详地观照自己,心中的冲突就会停止;冲突一旦消失,便能随时处在无限的能量中。

在第六章里克氏指出了人类趋乐避苦的倾向，这个观点和佛陀的观察是完全相同的。克氏说："我们可以用苦难这两个字来概括所有的孤独、执著、依赖和冲突。"只要我们在生命中一遇到巨大的打击，所有的苦难全都会曝光，但为什么只有当自己遇到打击时才觉得痛苦，别人的痛苦或集体的痛苦为什么打动不了我们？原因是我们的心太不敏感了，它已经沉睡多年。其实我们不需要借助任何打击来唤醒我们，因为存在本身就是一种苦难。这个观点和佛陀指出的苦、集、灭、道四圣谛中的苦谛又不谋而合。佛陀和克氏都是极度敏锐的生命，他们天生灵敏的知觉令他们感同身受地体会到了其他生命的苦难，那是一种同体大悲，一种无法度量的深刻体受以及对生命真相的洞见。当你看到一个在越战中丧生的男孩时，你立刻能洞悉到真正的杀手就是国家主义，然而这孩子的母亲竟然认不清这个真相。如果你替她认清了这个真相，你一定会受苦，那么你要怎么办？如果你看到苦行禁欲和经典中的教条就是那个想求解脱的出家人的牢笼，你该怎么办？大部分的人都会采取外在的行动来帮助那些受苦的人；但克氏很快地指出，外在的改革、社会慈善工作、奉献及牺牲，都是使人退化的主要原因。如果连我们自己都退化了，还有什么能力帮助别人，因此人类的当务之急就是止息自己的痛苦。如果自己的痛苦不止息，所有理想主义的行为基本上都只是一种逃避而已。接下来要参的问题就是：痛苦该如何止息？答案是你只能回过头来彻底面对它，若是能毫不逃避地面对它，如实地观察它，那个由念头组成的自我或观察者就会停止活动，然后自我的实存感就会消失，剩下的便只有被我们称为痛苦的那股巨大的能量了。既然念头都停止了，"痛苦"这二字也就跟着止息了，于是这股能量在没有任何标示和名相的情况下便自动转成解脱的热情，此乃禅宗所说的破名相障、转烦恼为菩提的真谛。

我一边翻译，一边消化、整理、做笔记。这些惊人的洞见，让我完全领会了百无禁忌与了了分明的解脱滋味是什么。

第七章，参与者探讨的是"能量与修行的关系"。此章中有人提出有关"拙火"的问题，这是我自己亲身体验过、目前仍然在进行中的能量，我很好奇直言不讳的克氏会有什么看法。克氏说欧美有许多拙火研究的中心纷纷成立，主持人是那些声称拙火已经觉醒的上师。科学家也开始对这件事感兴趣。他们认为只要透过某种瑜伽的修炼，或是某种呼吸的方法，就可以把拙火唤醒。他认为这可能只是一种生理上的能量，名称也是"拙火"。但真正的拙火是在妄念止息之后，由空性中生起的大能。前者仍然局限在自我的范围之内，后者则脱离了自我中心的活动。有人问到如果唤醒生理性的拙火，能不能改变人的意识，克氏的回答是，如果这个人还是回到了旧有的状态，就不能视为真正的拙火。根据我自己的经验，我发现拙火完全不能帮助我断除烦恼，它只能使我变得比以往敏感，情绪的感受力比以往强烈，和他人的情感交流比较没有阻碍罢了。其实《拙火经验》的作者 Sannella 自己也认为，他所搜集的有关拙火的临床报告，只能被归类为"生理上的拙火"，而非"心灵能量"。克氏同时指出，生理拙火所引发的神通，必须搁置一旁，完全不能执著，"梅斯克林"之类的意识转剂所造成的现象，也完全不能依赖。这些观点和正统的佛家修行都是相通的。

在第十一章《绝望的本质》中，克氏提到基督徒所称的"灵魂的暗夜"或"灵魂的神夜"（the dark night of the soul），也就是当所有的希望和期望都结束时一种极度绝望、极度痛苦而又孤立无援的状态。出乎我意料之外的，克氏竟然称这种状态为一种灵修上的境界，似乎人必须跌入谷底方能重生，如同黄蘗禅师的述道诗："不是一番寒彻骨，哪得梅花扑鼻香？"换言之，当寒彻骨之境现前时，能不能安住其中，不试图逃脱；如果能够维持在那种状态里，便可能产生爆发性的突破。我在翻译这个章节时万万没料到未来竟然真的跌入了谷底。

当《般若之旅》译好（大约花了一个多月的时间）之后，母亲主动要求帮我誊稿，她一笔娟秀的字迹到了八十二高龄仍然工整如昔。誊稿的过程中她对我的寻道之旅开始刮目相看。以往她总认为宗教组织是敛财的单位，里面并没有什么真理；她犀利的双眼通常能立判真伪。有一天她很慎重地对我说："这个克氏讲的都是老实话。"我很高兴她终于赞同了一件我所做的事。其实我衷心希望她不但能面对外在的现实，同时也能面对她自己内心的真相。在她的余年中，真理如果能发挥一点作用，她痛苦的一生也就没有白过了。

第二本我想翻译的书是《超越时空》。这本书里与克氏对谈的伙伴，是物理学界举足轻重的科学家，戴维·博姆。他是20世纪主要的哲人之一，也是奥本海默的弟子，爱因斯坦的同事。他的代表作分别是：《量子力学》、《现代物理学的因果法则与或然率》、《相对论的特殊理论》、《秩序与创造力》、《整体性、隐含的秩序及科学》。我看过克氏与博姆对谈的录影带，博姆谦谦君子的气质在我的心中留下了深刻印象。我很想知道科学心与宗教心的交会能激发出什么样的火花来。在翻译这本书的过程里我的身体又开始产生不稳定的变化，通常是两天瘫在床上起不来，第三天却亢奋得睡不着觉。我只好躺在床上口述，由翠英速写下来，经过我修改之后，再由翠英誊一次稿。

我们的爬山活动照样进行，通常是一个星期两天。猫空茶园那时的游客还不算多，经常只有我和翠英在山上独行，两旁巨大而茂盛的蕨类和热带植物，呈现出深深浅浅的墨绿、翠绿与嫩绿。猫空还是有许多户人家养猫、养狗。沿路茶棚林立，走累了进去品茗，补充一点食物再继续上路。有几回晚上八九点钟我们还在山上健行，一路走下来竟然没碰到任何游客。整座山除了风声、叶子的沙沙价响、此起彼落的虫鸣和偶尔传来的狗吠，几乎听不到文明的噪音。山下的万家灯火令我意识到长年以来的感官记忆已不复存在。十几岁、二十几岁甚至三十出头时，只要一听到屋外传来的某种叫卖声，飞机划过晴空的音爆声，或是北风扑袭时从门窗传进来的咻咻声，我的意识里总会生起一些微细的反应、回忆及联想，里面夹杂着隐隐约约的哀伤与不安。几个月的闭关清除了许多微细的障碍；我脸上的肌肤、额头的光泽，显示出心泉已经逐渐明彻。

从大自然走进真理的话语中，是多么令人愉悦的一种时空转换。回到家我和翠英再度潜入《超越时空》的世纪对谈里。翻译到第二章《清除心中的陈迹》时，克氏和博姆探讨到空无就是宇宙心，亦即当一个人的心念活动完全止息之后，便逐渐融入于无始无终的宇宙意识，也就是真正的创造力开始运作了；然而这开始又不具有任何时间性。我很好奇，为什么一位以观察现象世界为志业的科学家，竟然会认为有一个不可思议、无法度量的境界存在，于是我重新找出《宝瓶同谋》来阅读。书中有一章的主题是科学未知领域的新讯息，其中一段提到了博姆的理论：这个看似稳定，可以触摸，可以看得见、听得到的世界，其实是个幻象。这个世界并不真的在"那里"——它是恒动的，有如万花筒一般。我们平常见到的事物秩序就像看电影似的，是一种言明的或开显的秩序，但这只是一种二手实相，另一种潜藏的秩序才是这二手实相之父。这另一种秩序，博姆称其为"隐含的秩序"（implicate order），他认为所有表面的物质和活动都是幻象，这个现象他称之为"完全变易"（holomovement）。他在 1978 年曾经说过："物质就像能量大海里的一圈小小的涟漪……这个隐含的秩序暗示着有一个实相远远超越了我们所谓的物质。物质只是这个背景中的一圈涟漪罢了。"

科学家凭着直觉发展出来的新理论改变了昔日的科学范型，虽然他们的科学训练并不具有神秘性，他们的心灵训练也不是来自某种宗教的世界观，但他们本身却是神秘家。不只博姆抱持神秘主义的世界观，就连爱因斯坦、薛定谔（Erwin Schrudinger）、海森伯格（Werner Heisenberg）、德布罗意、玻尔等，都有相同的观点。我在阅读以上的资料时感觉非常兴奋，人类的知识系统好像在一个宇宙加速器的推动下，正快速地印证着神秘家的内在实证。我感觉这样的对谈书籍应该是出版界最值得引介的，但不幸的是目前坊间所能见到的都是过于轻薄的著作或译作。我很想翻译《宝瓶同谋》这本重量级的新时代手册，但一个人的能力有限，我还是选择先引介神秘家的究竟真理，科学性的著作可以由更恰当的人进行翻译。后来我们找到了对于道、科学和文学都有敏感度的廖世德（阿德），由他翻译出了《宝瓶同谋》。多年后有些知识分子向我反映，这本书对他们的人生起了很大的启蒙作用。

《超越时空》是以博姆的逻辑推演向克氏的主观体悟进行挑战和辩证，过程非常有趣。我有时也不太明白自己是怎么回事，从小到大我对文学和小说的兴趣一直不高——我不耐烦一本厚厚的书里尽是一些琐琐碎碎的人事纠扰，发人深省的洞见可能还凑不到三行，而生硬的理论或抽象思想却能激发我的感性反应，甚至觉得非常具体。譬如眼前的这本书对许多人来说可能极为枯燥乏味（克氏的译作出版后反映呈两极化，有的人说看了想睡觉，有的人感到愤怒，有的人则感动得如获至宝），我却如同窥得密法般雀跃不已。尤其是第九章《老化与脑细胞的关系》，使我认清头脑如果时常保持理性思考的活动，比较不易萎缩退化，但如果陷入了例行公事，就会逐渐变得迟钝。例行公事指的是一种机械化的、一成不变的思考模式，譬如持咒、冥想、传教、务农、朝九晚五上下班的生活方式等等，只要陷入机械化的活动里，就无法用到脑子所有的潜力了。因此克氏说："那些经年累月枯坐冥想的人，可能是世界上最乏味的人了。其他譬如律师或教授之类的人也有相同特质。"换言之，如果思考者的心一成不变的话，理性思考也可能变成一种僵化的模式。接着博姆提出一件值得考虑的事，那就是"人类未组成群居的社会之前和大自然是非常接近的，他们根本不可能过着例行公事的生活"，因为那样的生活没有什么保障，所以脑子就变得十分活泼而机警，"换句话说，太有保障的生活反而使人神经衰弱"。但我们周遭的人或我们自己，不都是在追求使人变得神经衰弱但很有保障的生活吗？接着克氏提出外在知识与心理上的知识必须做个区分，因为前者是生活里不可或缺的，后者却会造成脑子的萎缩。所谓心理上的知识，指的就是成见——对自己的成见以及对各种关系的成见。阅读到这里，我做了一些重要的笔记，因为这些话令我清楚地看到，我对母亲的成见以及母亲对我的成见如何形成了我们之间的一种负面的互动模式。她永远认为我是糊涂无能的，我永远认为她是吝啬自保的，我们互不欣赏，各持己见，并且逐渐厌倦对方，于是其中的一方便试图脱离这层关系。听起来这也是所有不幸婚姻的模式，然而这个使脑子萎缩、令能量耗损的模式要如何打破呢？

克氏首先要排除的竟然是我一向最感兴趣的精神分析，他指出："人类一直透过分析、内省及自我要求来治疗自己。我个人从不采取这些方法，因此我把这些方法都否决了。"克氏的理由是："这些方法其实都在促成脑子的萎缩。我们必须随时采取行动，当下就把问题解决。"这些话听起来简单，做起来可就障碍重重了，因为两人经年累月形成的互动模式可不是当下立即就能打破的。譬如我发现，从我有记忆以来，母亲和我从未有过肌肤之亲，她从不搂我、抱我，在这方面的满足我都是从父亲身上得到的。等到母亲衰老以后，过街时偶尔需要扶我或牵我的手，那种感觉竟然是非常不自然而尴尬的。我分不清到底是我的抗拒令她尴尬，还是她的好强不服输令我不自然，总之那是一种很微细的精神互扰。像这样的模式若想当下解决，真的需要极大的理性、诚意、善意和对己对人的信任才行。我的头脑完全认同他的观点，也了解渐悟渐修是有害的、容易造成退化与耗损的，只有当下顿悟放弃自我的模式，才能从内在的知识障或成见中解脱出来。但我同时也很清楚我与母亲之间的业习非同小可，绝不是一时半时所能解决的。不过克氏的提醒已经深植我心，至于能实践到什么程度，只有在真实的互动中才能有所发现了。

《超越时空》完成之后，我又花了两个多月的时间才把《人类的当务之急》译成，因为在文字的节奏和美感上我做了一番苛刻的自我要求。翠英的听写速度愈来愈快，虽然她从事的是护理工作，但国文程度相当不错，她真是上天派给我的最佳帮手。

本来预计一年才出关，到了第十个月，我已经感觉身心灵各个层面都得到了足够的休息与补充，于是提早两个月出关。据说媒体曾经为了我有没有资格闭关而探访过一些法师，某些法师主张不破三关不能闭关。其实我的闭关和他人基本上是毫无关系的，我既不要向社会炫耀我的功力或功夫，也不需要别人的认可和赞许，事实很简单——我累了，该休息了，而且有位充满关怀的高人看出我的需求而适时提醒了我，故而促成了这次的"自囚"。我发现真正有慈悲心的老师通常是以人为本位的，以人的解脱和健全作为关怀的焦点，而不是以教派的规矩或僧团的权威性为重。

第十一章 穿越爱的试炼与母丧

结束自囚后,我的精神状态和身体的能量都十分高昂,许久不见的友人重新相会,感觉特别热络。一个多月很快就过去了,停顿的时间感再度流动起来。某天我的好友马文引介了一个犹太男孩和我认识,他的名字叫 Robert。我打开门看见他的第一眼并没有立即的熟悉感,只觉得他的长相斯文带着一股英气,笑起来有点腼腆。他在台湾学太极拳和中文,有一天在素食餐厅里吃饭,听见隔壁桌的马文提到克里希那穆提这几个字,他很想知道自己最欣赏的心灵导师在台湾造成了什么样的回响,就这样顺理成章地找到了译者。

头几次我们谈话的内容几乎都是克氏的教诲和禅,那段期间克氏的著作才刚翻译成中文,因此能和我对话的人为数不多;克氏既根本又激进的洞见能承受的人也实在是有限。Robert 给我的感觉就像志同道合的兄弟一般——我们认同的真理、思维的模式和用字遣词的轨迹都如出一辙,我们钻研的傻劲也十分神似。后来我们发现彼此对音乐和电影的品味也很接近,便自然而然产生了亲密的需求。十几年来我的两性关系通常是昙花一现便不了了之，除了公众人物的身份带给对方太大的压力之外，我对人格的挑剔和变化多端的情绪，老实说也没几个男人能招架得住。此外我情感生起的速度太快，清醒的速度也太快，一旦清醒，不消一两个礼拜，对方就完全从我意识的画面中淡出了。年纪渐长，对于两性关系已经不再抱持什么希望，Robert的出现重新点燃了我对爱的希望，但是两个人真的亲密之后问题却曝光了。Robert的两性经验相当贫乏，观念也出乎意料地保守，他说如果我们不同居、不准备结婚的话，他觉得自己在性这件事上被占了便宜。他的年龄只不过比我小两岁，人生的阅历却显然少了许多，我很讶异这位西方男子竟然抱持着东方传统女子的性观念。我很快地意识到两人在心理状态上的差距，这个差距令我产生了内心的交战和冲突——一方面我很有诚意和他发展成同修的关系，另一方面我却怀疑人的成长是否可能加速，如果不能加速，我有限的耐性是否经得起考验？我自己的成熟度有没有发展到无条件接纳他的地步？多年来我总是冲进冲出，一直没允许自己通过一些必要的痛苦与试炼，眼前这可爱的大男孩至少在智性上和自己是旗鼓相当的，也许值得勇往直前地投入一次，看看会激发出什么样的火花？当我的脑子出现种种的说服、分析和预设时，我意识到十个月的安详与宁静只是暂时的假象罢了。两性关系永远能打破假象，让你看见自己的局限和真相。十个月的饱足、高昂和健康不消两个月就进入了"能趋疲"，冲突和矛盾真的是能量耗损的主因。

12月中有人邀请我到温哥华一游，临行前的某个夜晚我和Robert坐在计程车里，我谈起了心中的矛盾。我告诉他我的直觉是我们的关系不可能走得下去，他看着我的双眼很诚恳地对我说，他见到我的第一眼感觉就像中了特等奖一般，我就是他长久以来所等待的理想对象。他希望我不要立刻跳下船去，至少再同舟共渡一段时间，给彼此一个深入相处的机会。我们的对话一向理性，面前的他眼神里竟然流露出哀求的表情，我不忍心直视一个自尊心极强的男孩在我面前掉泪，于是一把抱住他的头，低声地对他说："I'll try！"上飞机的那天我把四维路的钥匙交给他，我不在台北的这段期间请他替我照顾胡小猫和家中的植物。

在温哥华旅游的头一个星期,我的心经常陷入思考和思念,当地名不虚传的北国风光完全无法将我从意识的黑洞中勾引出来。当下和无拣择的觉察已经成了智者遥不可及的呼唤;我的心中充满着感性与理性的交战,只有靠每天的长途电话来统一这不可承受的进退两难之局。Robert腼腆的声音从电话的那一头传到了耳边,他说台北又湿又冷,老母看他没有厚大衣可穿,带着他到夜市去买了一件外套,他感到很温暖。我想起第一次他到家里来见我时,脚上穿的那双开了口的旧皮鞋和身上那件与他气质不符的夏威夷衫,心里一阵同情,决定到当地的百货公司替他挑选一些素色衬衫和外套,当做圣诞礼物送给他。我回忆起从前的两性经验,每当我统一自己的矛盾,决定全心全意地爱对方时,我胃部的那个硬结就松了,本来愁云惨雾的心情立刻变成天下无事的解脱状态。可我的显微镜总是能看到对方人格中的细菌,一旦看到这些东西,我的身份就从浪漫的情人转成了锐利的导师,接着就想掀开那些自欺、自大、自卑或自恋。我曾经仔细分析过自己,看看这份想要揭发的欲望背后到底是什么东西,是诚实,是关怀,还是因为怕对方的缺乏自知之明有一天会酿成不忠?但即使有自知之明的人也还是会变心的,因此我最怕的还是被对方的不忠所伤害,然而我们为什么会那么怕爱人不忠或变心?

过去我曾经交往过非常不忠的男友,也交往过有潜力不忠实的男人,我自己则是基本上忠实而随时有潜力不忠。可我发现自己偶尔的不忠并不是出于真实的需要或吸引,几乎都是一种自保或企图平衡自己而先下手为强,其中还夹杂着错综的恐惧、嫉妒、竞争和自欺。我从替人解惑的经验中体会到,伴侣不忠和变心是大多数男女一生中最深的隐忧,然而对方的不忠为什么会造成我们的伤害,伤害的定义到底是什么?是自尊心受伤了面子挂不住,还是因为第三者取代了自己的地位,使自己的独特性遭到了否定?如果有婚姻的协定,可能还牵涉到金钱、房产和子女的幸福面临威胁的种种伤害。然而进一步地深思之下,你会发现自尊心、面子、独特性、金钱、房子或幸福,基本上都只是我们认同的外在象征罢了。我们把这些外在象征内化成了自我的一部分,因而认定自我受到了伤害。如果真相是宇宙里根本没有一个所谓的我,那么还会有所谓的伤害吗？但我也很清楚地看到，这一连串的参究只是企图在说服自己勇敢地投入目前的两性关系，其实心底深处仍然有一个微弱的声音在自言自语：这个关系是凶多吉少的。

我想着想着，不经意地抬头一看，眼前的镜中人满脸都是细小的皱纹，头发也变白了许多。哇噻！冲突矛盾真的是女人青春的头号杀手啊！

两个星期一晃而过，圣诞节也在我的强颜欢笑中一闪而逝。我归心似箭地告别了温哥华的友人和他们的家人，搭机返回台北，然后迫不及待地把 Robert 和胡小猫拥入怀中。自此之后我交给 Robert 的那串钥匙便套进了他的钥匙环里。感性终究还是战胜了理性。

灵魂伴侣

自从我们正式同居之后，Robert 把永康街的那间分租来的斗室退租，开始和我过起夫妻一般的生活。我们有足够的时间了解彼此的成长背景，细谈之下才知道两个人的遭遇实在太像了。小我两岁的他从童年到中学都住在纽约，父母是犹太后裔，他是他们唯一的独子。母亲长得很美，掌控欲很强，父亲在他十四岁的时候意外身亡，造成他男性榜样的骤然消失，也导致母亲在心理上开始以子代夫。在一个失衡的家庭里长大，他逐渐变成了依赖迷幻药物的叛逆青年。

药物除了使他上瘾之外，有一天晚上竟然意外地打开他的觉知之门，使他进入了主客合一的神秘经验——他坐在书桌前听音乐，突然产生爆发性的觉受，自我的身份感一瞬间就不见了，眼前的每样东西都变成了"我"，"我"就是眼前的每一样东西。那是一个颠倒乾坤的经验，虽然事后他又回到了旧有的状态，但是他的人生从此以后改观了。他必须寻找诠释那个经验的解答，他在纽约四处探访高人，甚至不惜长途跋涉到祖国以色列，寻找犹太教的拉比，帮他解决那心中的疑团，但是都徒劳无功。返回纽约后，有人建议他去找旧金山的一位著名的日本禅师。他一见到这位禅师，便决定剃度出家，在僧团中扮演起大厨的角色。十个月后，那位禅师独具只眼，认为他应该还俗入世，在尘劳中接受更深的历练，于是 Robert 再进大学完成学业。毕业后在一位犹太朋友的调教下，学会了经商之道，存了一笔积蓄之后，决定到台湾来谋生，学太极拳和中文。在我之前他曾经交往过一位中国女友，他似乎比较信赖东方女孩的温柔与体贴，西方女子的强势作风令他感到威胁。

我发现自己在每个阶段都有不同的变化，随着内心的转变，吸引来的男人和我当时的心态往往有很明显的同质性。当时的我和 Robert 都把成长、灵修和自疗视为人生最重要的事，我们对各种教诲和真理的执著程度可以说已经到达钻牛角尖的地步了。周末他不需要工作，我们大部分时间都待在家里，两人可以花一整天在看书、讨论、辩论和分析上。需要一些感性滋润时便听一听 50 年代的爵士和 60 年代的摇滚。他喜欢和我分享他所崇拜的作者、乐团和乐师，时常放 Miles Davis 和 John Coltrane 的经典爵士给我欣赏，另外他还推荐了许多书籍，希望我把它们译成中文——譬如临床心理学家约翰·威尔伍德（John Wellwood）结集的《爱的习题》、《爱的觉醒》，艾伦·沃茨（Alan Watts）的《禅之道》，罗伯特·李森（Robert Leason）的《生活禅》，等等。

然而最能令我们产生共鸣的，仍旧是克氏的教诲。Robert 帮助我厘清了许多尚未通透的疑惑，肯定了我翻译苦工的价值，他是我可遇不可求的道友。我除了带给他智性上的激励之外，也提供了他最欠缺的物质生活上的安全感。自从和我同居之后，他的气色愈来愈好，人也显得更英挺了。平日里他的情绪几乎完全写在脸上，当他感到自卑时整张脸就像变了一个人似的，显得猥琐而暗淡，信心一旦恢复却又像个从容洒落的贵族。我很少见过一个非演员具有如此明透的情绪展现，他的脸令我产生了观察的兴趣。有一次深夜里我从梦中醒来，床旁的台灯弥漫出的晕光映照在他雕像般的线条上。我凝视着那张天使的脸孔，忍不住轻吻了一下他的额头，这时我察觉心中生起了隐隐约约的不安；美是令人不安的。我省思起自己年轻时被人称羡的美，也曾经令无数的男人和女人不安过。人心真是一个无解的谜，那比较之心总是以措手不及的速度涌现，当这些夹杂着恐惧和嫉妒的念头在运转时，身体、情绪和心灵都会开始紧缩，这份紧缩对我而言就是一种危机。我渴望的是完全放松之后的逍遥自在，我知道 Robert 也有相同的渴望。后来我们发现，自我紧缩便是我们之间最重要的课题之一，而这也是全人类在解脱上的最大障碍。

谭崔

我们的性爱一开始就受制于这份紧缩倾向。他的性经验并不丰富，对身体的控制也无法自如；他十分气馁自己的表现。男性对自己的性能力是否被肯定似乎都有神经过敏倾向。我告诉他以前我很重视性的量和尺寸的大小，但人生经验愈丰富，愈注重性的质和其中的爱意。我们都认为差不多是时候了，可以开始共同探索谭崔（Tantra）的奥秘了。凡事认真学习的他，趁着回纽约探亲拜访了一位他很欣赏的家庭医师。这位博学的犹太西医精通道家房中术与谭崔，Robert 请教他如何把性提升到灵的层次以及延长时间的技巧。这位医生告诉他关键就在于放松，无目的，觉察自己的呼吸，怀着浓密的爱意，缓慢地进入对方的身体，而不要把整件事转成动物性的欲望或意淫。我以前听人说过双修最重要的是双方的气脉必须畅通，能量才可能提升至中脉的上三轮（喉轮、眉轮和顶轮），脱离较低层次的下三轮（太阳神经丛、脐轮和海底轮）。

Robert 从纽约回台北之后，我们开始实验谭崔式的性爱。有一天晚上我们觉得彼此的状况都很好，两人之间有股静谧的张力，一份热恋中的温柔。就在这股温柔的张力中我们凝视着对方的眼睛，开始非常缓慢、非常清醒地注意着自己的呼吸，一边感受着身体的趋近。这个阶段我对身体的觉知已经从粗钝次元转向了精微的经络系统，当他进入我身体的那一刻,我很清楚地接收到一股能量。这股能量迅速地往我身体的上半部扩散,我的脸和手开始逐渐麻痹。我知道麻痹是头部通往两只手臂的经络不通而正在打通时的现象,以往我只要练习吐纳或气功,都会出现这种情况。随着他缓慢而温柔的律动,这股能量变得愈来愈强,强大到我的两只手竟然扭曲得变了形,整张脸的肌肉也紧缩成一团。他示意我深呼吸,不久麻痹感便逐渐解除。那次的性爱时间并不长,也没有局部的高潮,但两个人的能量交流成一个完整的圆,故而达到了不可思议的通经络效果。那一整晚我们亢奋得睡不着觉,第二天精神也出奇地好,两人的关系因而进入了另一个阶段——其中有感恩,有深刻的感动,也有一份圣洁的喜悦。十九岁初恋之后我再也没尝过这样的融合滋味,直到遇见 Robert。

经过一番省思,我发现 Don 和 Robert 都属于男人中少数具有心灵层次的异类。从世俗的角度来看他们绝不是有成就的人,但是从出世的角度来看他们却是比较上道的、已经在转化自我的人。然而人最难的一件事还是出入世之间的均衡发展。过于入世的人往往脑满肠肥、感觉粗钝,对于生命深处的问题从未静虑过,意识里较精微的层面也从未碰触过,但他们在俗世中的谋生本能、人际周旋和操控物质的能力,却是游刃有余的。过于出世的人则往往敏感得近乎神经质,宁愿耗尽所有的精力思考宇宙人生的大问题,费尽千辛万苦觅得一点精神上的神迹,也不愿把放在屋外的那把上锈的刀拿进来磨一磨。我发现自己的人生看似两方面都有了发展,实际上我的心是倾向于后者的。和 Don 已经失去了联系,不知道他后来的进展如何,眼前的 Robert 显然是过于出世了些,虽然他在谋生的实际行动上还算尽力,但只要一遇到社交场合或较为复杂的人际互动,脸上的猥琐和不安立即浮现。在二人小世界里他感到温暖自在,时常诙谐百出潇洒而自然,但只要有第三者出现,不论男女,都会令他感到不自在。为了让他自在,我把外界的社交活动几乎完全停止,将自己关在这二人小世界里,成天和他辩经论道。时间久了,我的"精神气喘病"开始发作,我觉得有点要窒息的感觉。我不习惯每天和一个男人关在屋子里你侬我侬,我的情感需求已经不像年轻时那么强烈,我需要的是一个能够转圜的空间。当 Robert 发现我需要空间时,脸上立刻出现被冷落的不安表情，那种表情会勾起我的紧缩，我的紧缩又会加重他的不安，这一连串的精神互扰很快就令人感到疲惫不堪，我有限的耐力面临了严重的考验。

真爱是什么？

有天晚上我在后面的小房间里烫衣服，Robert 在厨房里洗碗筷。我烫完衣服出来，看见他坐在客厅的沙发上沉默不语，脸上的表情很难看。我倚在他的身边，低声问他心情为什么突然变了，他说我把他视为理所当然的洗碗人，我反问他为什么我不觉得他把我视为理所当然的烫衣人和提供者。接着他表示他在这个空间里没有地位，我说那是自卑心理在作祟。他需要的是不断的安慰和鼓励，我却发现自己非常不愿意扮演慈母的角色。我像一个严厉的法师，要求他自力救济，靠自己的觉察来转化自卑和不安全的习性。我的抽离和严厉令他更加不安，他的不安又令我神经紧张，为了结束这种精神互扰，我快速地进入屋内，把他所有的衣物都拿出来，要他收拾行李搬出去住。他百般不情愿地收拾好行李，气呼呼地夺门而出。我惊觉到我的角色和年轻时已经完全倒转，我变成了一个大男人，而 Robert 变成了小女子。然而最重要的是，我发现真理和智者的话语如果不能落实在日常生活里，两个人充其量也只是满口佛言佛语的法执者。于是我静下心来，开始思考错综复杂的两性关系中的一些重要问题：

第一，人为什么需要两性关系？答案是有生理的需求和心理需求。在生理需求上我可以享受性爱的愉悦，但也可以长久过着"无性人"的生活而不感到困扰，因此我觉得心理需求比较大。然而心理需求的真相又是什么？是怕寂寞、怕孤独吗？其实从小我就是孤独的，即使处在两性关系中，我还是需要一个独处的空间和情绪上的转圜余地，所以孤独并不是促成我对两性关系上瘾的主因，那么主因究竟是什么？我认为是热恋期的那种"神圣的疯狂"状态，令我着迷的就是那份迷醉、至乐、强烈的爱意、看任何事物都顺眼的高能量状态。人处在那种状态里就像打了兴奋剂一样，不吃不睡也不会感到饥饿或疲倦,好像前途一片大好,所有的问题都不是问题了。不过目前的自己对两性关系开始生起了另一层次的向往,很希望能透过它来体尝到更深的爱,然而更深的爱或真爱究竟是什么?从小到大我们受过的教育里充满着不假思索的口号,人人都把爱挂在嘴上,把牺牲奉献视为真爱,但藏在牺牲奉献背后的却往往是掌控、倚赖、剥削和自命神圣。

我一边这样沉思着,一边从书架上抽出了几位心灵教育者探讨爱的著作,其中最能令我相应的是心理学家约翰·威尔伍德结集的《爱的习题》。这本书结集了不同领域的意见领袖对爱情的观点,其中有几个人的看法我特别能产生共鸣,譬如《心灵地图》的作者斯科特·佩克医师就认为坠入情网并不是爱,他怀疑那只是一种受基因支配的生物交媾本能(我认为还有更隐形的"因缘密码"),作用在于增加生殖机会,促进物种的生存能力。他认为坠入情网类似一种退化行为,因为与心爱的人合一,跟儿时与母亲合一的记忆可以互相呼应,令我们又重温童年的那股无所不能的快感。与心爱的人共处时我们往往觉得没有克服不了的困难。佩克医师的观点我十分赞同,从我自己的经验来印证,热恋的狂喜确实有点像两岁孩子的超人大梦,但不幸的是一个月后狂喜便逐渐减退,代之而起的就是我和 Robert 正在面临的,因意见不同、习惯不同、需求不同、作风不同所引发的嫌恶与冲突。换言之,我们彼此的接纳度不够,承受力不够,了解的程度也不够。我意识到这个关系正处于热恋消退、逐渐认识真爱是什么的阶段。

接下来我该问自己的问题则是:到底什么是真爱?克氏对真爱的定义是从反面下手的,他认为人类根本不懂得什么是真爱,因为那个境界已经超越了自我,所以他建议先找出什么不是真爱,透过破执的觉察也许真爱就能浮现出来。他在《重新认识你自己》这本书里曾经说过:"恐惧不是爱,依赖不是爱,嫉妒不是爱,占有控制不是爱,责任义务不是爱,自叹自怜不是爱,不被人爱的痛苦不是爱。爱不是恨的反面,正如谦卑不是虚荣的反面一样。"然而一般人的认识却刚好相反,总认为如果两人的关系之中没有占有欲和嫉妒,就是不在乎对方。我们总认为爱情一定要有强烈的感觉,否则就不算是爱情了，然而克氏和佩克医师都指出真爱并不是一种感觉。真爱不是一种欲望或欲乐，它往往是在感觉消退后才翩然而至的。克氏说："所谓的爱是属于不同次元的一种东西，但若是不知道该如何进入那美妙的源头，又该怎么办呢？当你不知道该怎么办时，就什么也不要做，不是吗？就是这样，什么都不做，然后你的心就完全寂静了，你知道这是什么意思吗？这表示你已经不再寻找，不再渴望，不再追求了。自我中心的活动一消失，爱就出现了。"克氏的这些话令我意识到自己在两性关系中总是不断地想立刻做抉择，或者想寻找更理想的状态，其实这些都是自我的欲求或逃避倾向，基本上和爱是扯不上关系的。佩克医师也对爱下了他自己的定义："为了滋养个人和他人的心灵成长而产生扩大心量的意愿。"这是很简单的一个概论，但是要实行起来可就得细心拿捏了。

我觉得 Robert 和我真是彼此最佳的一面镜子，我们都是喜欢用脑的人，也都是敏感、以自我为主、童年被爱得不够但又有诚意转化和成长的人，所以我认为这个关系一时还无法结束，一定有后续的习题要做。其实在大学时干爹已经告诉过我，从命理看来我在虚岁四十这一年可能会碰到一个与我很相似的男孩，但这一年有"三刑夫宫"之象，我会给他很难的功课做，同样的，他也会带给我难解的习题。至于后果如何呢，干爹是位高人，因此并没有给我确切的答案，他要我亲自体验了再做判断。

不久 Robert 找了一个借口回来拿东西，两个人一见面，很清楚地发现彼此还是有一份深情，于是他又把行李搬了回来，和我继续生活在一个屋檐下，从此之后我们开始认真调整生活的形态。他知道我喜欢有变化的生活，于是试着打开自己进入我的朋友圈中，把二人小世界扩大成正常的社交往来。其实这个阶段的我早已厌倦了虚浮的应酬活动，十个月的闭关筛掉了不少旧日的因缘。我一向被动，极少主动找朋友闲聊或话家常，可以说是对家常话题根本不感兴趣的那种人。我宁愿待在家里看书、听音乐、跳舞自娱，也不愿东家长西家短地饶舌，不过某些能深谈的朋友还是保持着来往。可能因为有语言障碍，Robert 觉得和这些人相处还是有点不自在。某天我听说我认识的一位仁波切又应邀来台传法，我想 Robert 一定有兴趣见一见这位带点顽童气质的老师，于是我们坐车上阳明山，到某位密宗信徒的家中与仁波切会面。仁波切一见到我便直截了当地告诉我说，十个月的闭关在我身上造成了显著的"净障"作用。他对着在场的乃竺说："Watch her light！"眼中充满着对学生的进展的肯定。他看到我吃饭时只挑素菜完全不吃荤食，便提醒我该摄取一些肉类，他说我的气太轻，吃素气容易往上飘，下盘气太弱，落实的力量不够。我当时完全无法接受他的建议，因为无论从慈悲或健康的观点，好像吃素都比较正确。但是多年后当我深入于肉体的调养时，才发现他的建议是颇有洞见的，与某些高明的中医或西方养生专家的观点不谋而合。

当天晚上 Robert 感到非常自在，他似乎只有在法师面前才能充分展现自己。仁波切看了我们几眼便调侃地问 Robert："你们西方人很善于提问题，但是问题提出之后就没有下文了。"然后他指指我，接着又转头问 Robert："这碗中国什锦面你吞得下去吗？"我听得出他话中有话，于是心里生起了一些预警，决定小心对待这个吉凶未卜的关系。

有一天我和老友龙君儿约定到她的"老房子"喝咖啡叙旧，Robert 和我同行。"老房子"里还有几位友人，其中一位是台湾的商界友人，年纪五十开外，和我只有数面之缘，他坐在我旁边的位子和我谈天。谈着谈着，我意识到 Robert 的情绪有点不对劲，转头一看，他脸上的猥琐和不安已经过于明显，我低声问他怎么了，他说他觉得非常嫉妒，于是我匆匆结束了谈话，向老友告别，尾随在 Robert 的身后走出了"老房子"。走到大街时 Robert 很坦诚地告诉我说，他刚才有一种身处地狱的痛楚感，我说我很高兴我们之间的沟通愈来愈开诚布公，只要沟通的品质良好，其他的心理问题都好解决。回家后我们一同阅读了有关上瘾症的书籍，我们都很清楚依赖和占有是上瘾症的基本征兆。依赖者希望不断地得到所倚赖之人的情感保证，他或她无法面对内心的那股巨大的不安以及怕失去对方的恐惧，故而更加逃避自己，倚赖对方。Robert 想要转化自己的诚意真的很高，他每天开始固定地静坐、练太极拳，可他的问题就出在过于认真，如果能轻松一点，不把自己看得那么严重，事情也许比较好解决一些。然而我知道，要一个童年遭遇不幸的人立刻长大可不是件容易的事，我只好耐着性子学习承担、面对和接受眼前不尽理想的情境。

母亲的水瘤

有一天我到世界大厦，母亲抱怨她肚子里老是胀气，我开玩笑地说："是不是已经成了气功高人，蓄足了一肚子的宝瓶气了？"她说："宝瓶气也不可能涨大到像是怀孕末期的模样。"不久有位时常与她打麻将的著名医师建议她去做体检。体验报告出来之后，才知道母亲的卵巢已经长了一个巨大的水瘤，于是翠英和我立即陪同母亲住院开刀。主治医师要我进开刀房看他们把水瘤从母亲的腹腔里取出来。医师问我敢不敢把水瘤抱在手里称一称，我把那个布满血管，裹着一层透明膜，状似异形的巨大水瘤接过来。我发现它的重量竟然比一个婴儿还沉，医师告诉我它足足有四公斤重。我看着昏迷不醒血肉模糊的老母，再看看这个即将送去化验的肿瘤，突然意识到身心真是一体的，心理的痛苦终究会在肉体上显现。母亲四十多年来无法自动入睡或排便，必须倚赖安眠药和运肠药过日子，虽然她看上去气势很旺，其实是高度的意志力在支撑着大局。这个四公斤的水瘤显然不是一朝半夕形成的，可能在母亲腹内的时日已久，只是她没有知觉到它的存在罢了。

我记得曾经看过一本有关身心灵整体医疗的书，作者认为卵巢是创造力的源泉，当创造力受阻时，卵巢就可能增生肿瘤。母亲年轻时是个冰雪聪明的女人，多年来虽然把大部分的时间消磨在牌桌上，但她的床头总是摆着一些诗词和文学方面的书籍，她对于名人传记、历史和政治也有高度的兴趣。住在台中存信巷时，她偶尔投稿到《畅流》杂志和《中央日报》，以"萧瑟"的笔名写了一些嘲讽辛辣的杂文，颇获编辑的好评。然而写作是一件相当耗神的工作，她敏感的神经系统经不起夜夜失眠和左思右想，只好放弃了这方面的潜能发展，继续回到牌桌上消愁解闷。我可怜的父母这一生就这么虚度了，但这也许就是他们潜意识里的需求吧。人生的缘与命是深奥无解的，我总是试图找出背后的逻辑和目的，想要在被动消极的因缘业力之中，发挥主动积极的自由意志。也许我太强求了，我需要学习的或许就是放下挣扎与奋斗吧！母亲的病痛引发了我的反观，我有一种预感：母亲和我的功课可能做不久了。

开完刀不到一个星期，母亲的体力已经恢复，她很快便出院回家休养。不久她发现自己的元气因动刀而受损，时常有一口气上不来的感觉。某天好友韩良露和朱全斌到四维路与我聚会，母亲也兴致勃勃地过来聊天，她很喜欢这两位热情的年轻朋友，她觉得她可以从他们那里学到许多新知和理财之道。韩良露相当了解我们母女的关系，她是我认识的朋友中少数可以融合热情与就事论事的人。她直言不讳地建议母亲应该开始训练我如何理财了。换言之，母亲应该把一部分的财产交给我处理，母亲却回答说只有等她死后才有这个可能。接着良露问她对自己的一生有没有什么总评，母亲坐在高高的主人沙发椅上，两条腿因为不够长所以有点悬空。她沉思了片刻，语重心长地说了一句："乏善可陈！"我听了眼泪差点没掉下来，这是我四十年来听她说过的最诚实的一句话。她似乎已经开始在做一种动作——一砖一瓦拆掉那堵建构了大半生的围墙。当一颗坚硬无比的心开始软化时，你会有一种不知所措的感觉。我怀着这份不忍，默默地看着那张大型主人椅中显得有点意兴阑珊的老娘亲。

美国西岸之旅

不久 Robert 和我决定到美国西岸做一次十大的旅游，我顺便和卫理的老同学叙旧，做一场非正式的演讲。我们沿着一号公路，探访了奥哈伊（Ojai）的克氏基金会、图书室和学校，圣巴巴拉市（Santa Barbara），大瑟尔区（Big Sur）的亨利·米勒故居，依萨冷学会（Esalen），卡梅尔市（Carmel）及三藩市等地。太平洋沿岸美不胜收的风光时而隐峻时而缥缈，我们的关系也和诡谲多变的风景一样，一步高来一步低。当 Robert 为了芝麻蒜皮的小事而斤斤计较时，我本来大而化之的心性也意志不坚地跟着计较起来。两性关系最难的一件事就是"不随境转"。如果解脱意味着不集中焦点于任何一个客体上，那么两性关系的本质就是把火力集中于你所执著的客体上，直到他或她烧焦为止。难怪自古以来的修行者对待这个关系的态度永远两极化——一种人避之而唯恐不及，另一种人则勇于投入，直到欲望燃烧殆尽为止。这两者在我看来都流于偏激。我的内心深处有一个模模糊糊的影像，好像我曾经验过一种没有目的也没有未来的爱，它不需要任何制度，也不需要什么承诺，它是独立存在、来去自如、无有牵挂的；然而这个影像似乎与今生无关。今生的我所落入的每一个关系都是纠缠的、牵肠挂肚的，我能不能进展到不随境转，不跟着对方起反应？其实我一点也不向往一般夫妻相倚相靠的寄生关系，我要的是一份解脱的关系，然而解脱的人还需要关系吗？也许 Robert 就是上天派来锻炼我心量的人吧！

回到台湾之后，母亲开始明示她对 Robert 的不满，她认为这份关系在现实条件上落差太大，对方不可能不自卑。她警告我不可以坐他的摩托车满街乱跑，否则我的"一世英名"将毁于一旦。母亲的话对我已经没有任何影响，即使了结了这份关系，也不会是如此形而下的理由。

以正念回应

春夏秋冬一闪而逝，圣诞节左右我到纽约小住了一些时日，Robert 不久也前来与我会合。他带着我拜访纽约的某个禅中心，我亲眼目睹了一群如果不在这中心挂单，就会落难街头的怪人。Robert 的老教母（中心的创始人）收容了这群各怀绝技的奇人异士。我发现自己的嬉皮士倾向已经无影无踪了，那只是一场逃避主义式的幻梦，真正的解脱，还是必须面对现实生活里的冷酷挑战。解脱是放下，不是放弃。Anne 的大陆友人和平与Robert一见如故，两个人谈起道来头头是道，然而现实生活却没什么着落。我和Anne看着这幅哥儿俩好的画面，互相交换了一个会心的微笑。

回到台湾之后，有人介绍我认识来自香港的一位年轻的铁板神算，我早就听干爹提过这个命理系统的运算方式。多年来我结交了许多研究命理的朋友，我认为无论子平、紫微斗数或占星学，都是相当深奥的知识体系，只可惜中国人欠缺纯理性的钻研精神，凡事都和实用主义或生存混为一谈，于是原本超然的学问便流于民间的江湖术数了。不过我结交的这些朋友多半是业余研究者，和他们印证人生的缘与命一直是我的兴趣之一，我总是边算边观察自己的人生。我知其不可为而为之的个性不可能被命理的逻辑掌控，只是好奇它的推演是否正确罢了。这回我花了九千台币印证铁板神算的准确度，结果出来的答案令我甚为惊讶。完整的一生批命我不想赘述，光是四十岁的流年诗句已经够你称奇了：

　　一字记之曰夷

　　缘来无法挡

　　一步高来一步低

　　道是无情却有情

　　谁郎是骄　谁郎是拗

　　务必郎历沧桑

　　正面立　善心直

　　三思三思

除了生辰年、月、日、时之外，我当时并没有提供算者任何有关我的讯息。只见算者的桌面上满满地摆了好几排"天书"，他帮你先找出正确的"分"之后，你六亲的生肖以及生平的重要现象和事迹便倾囊而出。前面这几句打油诗中的"夷"，指的就是夷人或洋人，"正面立，善心直"则是劝我以正向和善意来面对这一步高来一步低的缘分。妙的是我正准备找铁板神算批流年的前两天，Robert知道了这件事，他费了数个小时的唇舌，喋喋不休地批评算命是不合乎道与禅的。我很清楚他是害怕算出来的结果可能对我们的关系不利，而道与禅只是拿来保护自己的武器罢了。他不肯承认自己的真相，我也不愿意把行动的自由交给他掌控，于是两人起了极大的争执，最后他只好搬到外面暂住一段时间。他走后我把铁板神算的警句深深地看进心底，决定放下心中的暴力，以正向的善意面对这份关系。十天后Robert主动约我到外面吃晚饭，我们之间的心结在恳谈中逐渐解开，但是我们都认为两个人应该冷静一段时间，于是他决定回纽约探亲，过一两个月再回来。

母亲病危

Robert走后不久，2月中旬的某天晚上我听到母亲的电话留言，她说她病了，要我赶紧送她到医院。我跑到世界大厦，看见她脸色非常难看，立刻叫计程车送她到中心诊所。医生说她是心肌梗塞，需要住院观察和治疗。我马上打电话请翠英北上帮忙，那段时间我答应了一些演讲活动，无法立即取消，必须前往中南部，不过有翠英的悉心照料，我就放心多了。母亲在普通病房住了三天后病情突然加重，于是转往楼下的加护病房。我临时请高雄的主办单位取消我的演讲活动回台北陪伴老母。在2月底之前母亲的病情还算稳定，她的知觉仍然敏锐，头脑也很清楚。护士小姐把手搭在她的肩头和她说话时，她还说："你的手好像大象的手一样重，快别搭在我身上，我难受死了。"而且精神好的时候也还有气力数落我。但是从3月1日起她一连三次进入危急状态，三次我都是在深夜里接到翠英打来的电话，要我立刻赶到医院。那阵子我的心里已经有了准备，我去书店买了好几本临终关怀的书籍，仔细地阅读完之后，开始严阵以待那即将来临的未知。深夜里四维路的家显得格外清冷，五十多坪的屋子里只有胡小猫肥胖的身躯睡在枕边与我为伴。这个像孩子般聪慧的白色小精灵似乎能解读我的心情，她知道我正在面临一个巨大无边的未知，因此对我格外温柔。

母亲第一次危急的那个晚上大约是深夜两点，我接到翠英打来的电话立刻起床更衣，一个人冲出家门，站在萧条的街道上，怀着十万火急的心情招揽着许久才出现一辆的计程车。我孤零零地站在街头，心底深处突然涌起一股无依无靠的哀伤，我这才意识到这么多年来母亲在我的精神上带来了多么大的支撑力量。原来我并不如自己想象的那么独立坚强，原来那坚强只是一种逞强罢了。想着想着浑身开始不由自主地颤抖起来。好不容易拦了一辆计程车，一上车便听见凤飞飞唱的一首有关别离的歌。那首歌的歌词句句锥心，就像为眼前的情景量身定做的，我的眼泪如泉源一般，再也止不住了。开往医院的这段车程如黄泉路般的遥远，我心急如焚地叫司机开快一点，好不容易才赶到了医院。我奔进电梯，冲进了加护病房，定神一看只有翠英一人陪伴在老母身边。原来急救措施已经结束，母亲的脸上还罩着氧气罩，鼻孔里插着胃管，胃管的四周有些骇人的血迹。心电图显示母亲的心跳还算平稳，我强制地压下眼中的泪水，安静地坐在母亲身边，紧紧地握住她冰冷的双手。母亲的眼睛是紧闭的，但神智仍然清醒。过了一会儿她突然张开布满血丝的双眼低声对我说："下一次如果我又危急的话，我宁死也不要再插那些鬼管子了，我要死得舒服一点。"我答应她一切按照她的意思去做。

自从母亲住进加护病房后一直辗转反侧无法入眠，心里似乎有些深沉的东西还没得到释放。友人张天佑曾经带过一位来自马来西亚通神学会的会员，前来探母亲的病。那位男士似乎感应到母亲的一些心结，他把我拉到一旁，提醒我母亲在临终前可能还有些未了的遗言需要交代。我觉得他的观察有道理，于是在母亲头一次危急后，便开始慢慢引导她把心中想说而未说的话，一点一滴地倾吐出来。

三天后的某个清晨，大约4点左右，我突然接到翠英打来的电话，她说母亲又危急了。那一阵子我每天都是和衣入睡，随时准备紧急行动（母亲怕我在医院不习惯，总是催我回家睡觉）。我赶到加护病房时发现母亲身边围了一群医生和护士，他们正用力地在她的胸部施压，强制地把胃管戳进母亲的鼻腔，母亲拼了命地挣扎，鼻孔的四周都是血迹。我看到这幕骇人的景象，有一种母女连心的椎心之痛，完全顾不得什么形象风度，开始大声斥责屋子里的医护人员，我说我们不要这些急救设备，我母亲受不了这样的酷刑。虽然医护人员和翠英都觉得应该急救，但我的激愤使他们安静地离开了房间。我心痛如绞地看着临走之前还得受罪的老母，强制地压下了错综复杂的情绪，安静地坐在她床边的椅子上再度握紧她的双手，准备陪着她一起进入那黑暗的未知。母亲生平最怕肉体上的疼痛，每次她去看牙医，都像个孩子一般吓得全身紧缩，有一两次甚至哭了起来。从《西藏生死书》中我得知，当逝者的四大元素瓦解时，肉体会经历一场痛苦的磨难，我真有点怕母亲承受不住。这时病房里一片死寂，护士们偶尔探头进来看一看动静，我听见有人低声耳语："哇！她好冷静啊！"医院里的工作人员对于人类的生老病死早已习以为常，虽然他们都在尽力救人，但总觉得少了一点什么——少了一份对苦难的敏感度吧！也许太敏感的人根本无法长期从事这项工作，也许他们必须把自己训练成司空见惯的人才行。当我的脑子闪过这些念头时，母亲竟然奇迹似地醒了过来，我有一种感觉，她似乎已经准备好要离开人世了，不过还有一些事想要交代，于是我让翠英回家去帮我拿了一些盥洗的用品，准备这几天都在医院里过夜。翠英和母亲的情谊深厚，即使有我在医院陪伴，她还是坚持和我挤在沙发上守夜。

3月8日的一整天，母亲断断续续地向我叙述了一些往事，交代了一些她放心不下的挂碍。我从她的话里听出来，她最主要的目的是希望我能了解多年以来她的心中为什么没有爱。她迟来的自省令我不忍，但也让我深深地感叹人的成长是永远也不嫌迟的。我感觉我们之间四十多年来的掌控、叛逆，想要爱而又无法相爱的矛盾，在这些点点滴滴的回忆与自省中，逐渐化成了一股母女连心的融合感。

9日晚上母亲开始出现无法控制的急促呼吸。她拿掉假牙后只剩下了几颗残缺的、被烟垢熏黑的门牙。她的嘴一张一合地发出快速的喘息声，表情看起来非常吃力而痛苦。她一边喘息一边问我："我到底造了什么孽了，为什么要遭这样的老罪啊？"我沉思了一下对她说:"你想不想回家?如果你不想待在医院里,也许回家会比较舒服一些。不过这件事得由你自己决定才行。"她几乎没怎么思考就回答我说:"我想回家。"于是我把母亲的意愿告知院方。清晨六点护士小姐拿了一张自愿出院同意书要我签名,我签完名后便和翠英陪同老母坐上救护车开往世界大厦。到了世界大厦准备上电梯时,母亲的手上还吊着点滴,电梯里的空间太小,大厦管理员和救护车的司机先生只好把母亲身下的床垫窝起来,才能挤得进三个人。母亲已经萎缩的身体窝在床垫里显得窘迫而无助。我揪着心乘另一台电梯上了十一楼,翠英则赶着去买新的氧气筒。回到家中,三个人把母亲安置在她自己的床上,两位先生自行离去,留下我独自陪伴垂危的母亲。我一语不发地握着她的手,抚摸着她的额头,她似乎感到放松多了,急促的呼吸也稍微缓和一些。过了大约二十分钟,她突然吐出一口长长的气,便停止了呼吸。那一刹那我觉得眼前的一股强悍无比的生命力突然从这个现实次元消失了,在茫然中我心底深处压抑了数十年对母亲的爱突然如泄洪一般再也止不住了。我在母亲的耳边低语:妈妈!回来吧!回来做我的孩子,让我们学会真心相爱。

半天过了,许多好友都获知母亲亡故的消息,开始络绎不绝地前来与她告别。死亡与浩劫同样具有转化力量,坐在客厅里和卧室四周的友人像是同舟共济的一家人,自动地拆除了挡在人我之间的那道樊篱。他们带给我的关怀和温暖抚平了我心中的那股巨大无边的哀伤。

不久,普门寺的一位师姊送来一张往生被和一个重复播放阿弥陀佛圣号的录音机。我们母女俩都是质疑多于信仰的人,但是放了半天的录音之后,母亲原本无法合拢的嘴唇竟然闭了起来,嘴角还有一丝隐约的笑意,布满风霜的脸孔,也变得慈祥了,最明显的是脸上如刀刻的纹路,竟然抚平。大家围在她的身边,充满悸动地看着死亡带来的奇迹。

举行告别式和火葬的那一天,灵堂布置了素雅的鲜花。来自各界的友人在佛光山心定法师悲怆的诵唱中默默哀祷。接着法师开始诵念《心经》,当法师念到"照见五蕴皆空,度一切苦厄"时,在场的友人不由自主地开始低泣。菩萨甚深的般若智慧洞悉了苦厄的根源,诸法空相原是不生不灭、不垢不净、不增不减的,如果心中无所求,就能无挂碍,无挂碍则无有恐惧,远离颠倒梦想,究竟涅槃。这样的境界谁不神往?《心经》的每句话都打进了在场友人的心,我把这些话当成默祷,回向给母亲的灵识。诵念完毕,友人一个接着一个走近母亲的遗体旁瞻仰她的遗容,向她辞别。她身上穿着自己最喜欢的一件改良旗袍,那是我从印尼买回来送她的,手绘蜡染缝制成的,棺木里还放置了几件她生前喜欢穿的衣裳,准备与遗体一齐火化。瞻仰遗容结束之后,有几位朋友陪同我到火葬场,等待火化之后把母亲的骨灰装在坛子里,日后供奉在灵骨塔内。管火葬的人很惊奇地拣了几颗彩色的舍利花交到我手中,他说他在火葬场工作了二十五年,只看到少数的几个人烧出了舍利,以他的经验来看这是长期禁欲之人才有的结晶。母亲四十年来的活寡生涯所承受的煎熬绝不是几颗象征贞节牌坊的舍利所能抵消的。母亲临走前的某天晚上曾经拉着我的手,要我务必在她未来的碑文上刻下"扶孤守节"的历史记录。这意味着她一生的痛苦不能不得到一些肯定。其实我并不希望她为我牺牲一世的幸福与快乐,这个担子太重了,她如果能自在快乐,才是对我最大的付出。传统的价值观不知断送了多少妇女的福祉,贞节牌坊绝不是什么荣誉的象征,它根本是父权社会发明的一种最残酷的刑具。我们把那几颗蓝绿相间的舍利花放在建宏和马文送给母亲的塔形水晶瓶里,小心翼翼地捧回家收藏起来。

大事办妥之后,翠英、我和阿珍开始整理母亲的遗物,发现抽屉里尽是一些她舍不得享用的新毛巾和新衣料。我们花了许多时间才把囤积多年的杂物整理清楚。翠英和我都感觉人生真是一场梦,几天前还存在的那股活生生的能量,就这样无影无踪了。

永远的道友

Robert 本来要从纽约赶回来参加母亲的告别式，因为一场多年罕见的大风雪而取消了行程。母亲临走前一再交代绝不可以和 Robert 论及婚嫁。翠英开玩笑地说，八成是老母的余威造成了那场大风雪。过了一个礼拜他才搭到飞机赶回台北。等我的心情平复了以后，Robert 开始提出一些未来的计划，他说如果我爱他的话，他希望我能提供他一些资本，帮助他创业。我意识到这个关系已经面临最后的抉择。我考虑的仍然不是形而下的问题，我真正想要认清的是这个关系究竟是建筑在什么样的基础上的，它对于两个人的心灵和人格的发展到底有利，还是有害？从我和他认识以来，矛盾从未统一过。母亲的逝去令我必须独立自主地面对生命所有的情境，这种无所逃遁的现实感，反而带给我一股强大的力量，我意识到自己必须冷静下来，如克氏所说的："当你不知道该怎么办时，就什么也不要做……就是这样，什么都不做，然后你的心就完全寂静了……自我中心的活动一消失，爱就会出现。"他所谓的什么都不做，并不是要我们停止所有外在的活动，而是要把内心的拣择活动停下来。于是我开始恢复翻译的工作，每天按时和翠英以听写方式继续完成《克里希那穆提传》。当我不再集中焦点于 Robert 的身上时，他开始更加不安，我可以感觉他内心所有微细的挣扎，但是我必须无情地让他经验这些挣扎，否则一定又是恶性循环，什么真相也看不到了。不久他告诉我说，他打算到香港接受某个人的邀请，开始一份新的工作，但是他最期盼的还是留下来和我一起经营某些事业。我说我志不在经商，而他需要的是独立面对现实生活的挑战，倚赖我的帮助只会阻碍他的成长。我的决定之中有一份相当清晰的洞见，因为当洞见出现时你的心是一点矛盾也没有的，里面既无情绪的波动，也没有左思右想的念头，所以我知道这个决定不再是以往的逃避了。有一天 Robert 很痛苦地对我说，他觉得我已经不爱他了，我说我现在才知道什么叫做超越感觉的真爱。他很失望地一个人上梨山走了一趟，在旅途中遇见一个女孩，Robert 留了电话号码给那位陌生的女孩。他回来的第二天就接到那个女孩打来的电话，我心里清楚这又是两性之间企图平衡自己的一个失衡的举动，我的冷静令自己都很惊讶。过了几天，他买好了去香港的机票，我和翠英叫了一辆计程车陪他到桃园机场。在半途中他情绪激动地对我说，他知道自己有许多心理问题需要解决，但是他指出我也有我的问题。我回答他，我当然也有一些问题需要面对，但是我有问题并不意味我们就该结合。到达机场之后，办妥了手续，我们在楼上的咖啡厅里候机，Robert开始哭泣，我的眼泪也止不住地流着，但是心里仍然坚定不移。翠英在一旁有点不忍，换了一个坐姿，把头别了过去，留下一些私人的空间给我们话别。接着扩音器里传出了最后登机通告，我们走出咖啡厅，正准备说再见时，Robert的脸上开始出现恼羞成怒的表情，我知道他快要失控了，于是直视着他的双眼对他说："不要忘了，我们永远是道友！"他听了我的话，情绪逐渐稳定下来，我和翠英目送他进入海关便转头离去。回程中我告诉翠英我觉得如释重负，我知道我又穿越了一场情感的试炼。回忆起某天晚上和Robert讨论的一个有关抉择的问题，他说既然自我是个幻觉，那么也就没有所谓的抉择了。我当时同意他的看法，但是我们都忽略了人生活在相对世界里，其实随时都在面临抉择，但只有在无所求的时候，正确的答案才会浮现。这个关系令我认清了究竟真理的危险性——人格不成熟的人很容易就会把无拣择的觉察或不二论当成是一种借口，随时合理化自己的依赖性和惰性，而忽略了每一个当下的自我真相。

一个月后我接到Robert寄来的一封信，信中表示他在香港为我进行了一些市场调查的工作，他希望能帮我打开在香港和大陆出版克氏中译本的可能性，我没回他的信，从此两人便失去了联系。多年以后我回想起这段因缘仍然觉得了无遗憾，但并不代表我们之间没有过深情。他是我此生中唯一能让我体尝到"无欲之性"的男人，他也是我的一面镜子和真正的道友。

洁生周岁生日时摄于丁乃竺家。

洁生周岁生日,与刘梦燕(左一)、丁乃竺(右二)、曹又方(右一)合影。

第十二章 因缘重演——单亲妈妈与独生女儿

经过一番生离死别，我疲惫的身心正在逐渐康复时，另一波的考验再度降临。

翠英与我进行了两个多月的翻译工作，感觉身体需要一些运动，尤其是想游泳，于是我们加入了某个健身俱乐部，开始强迫自己固定地锻炼身体。某天下午我们在一间咖啡厅里喝饮料，听见隔壁桌有两位男士在说话，其中一个人的声音特别耳熟。我确知自己并不认识对方，但我可以从他的声音判断出我们的家庭背景有相似之处，好像他的家属中有我熟识的人似的。那是一种无法以理性诠释的直觉。不久走进来一位男士，我仔细一看，此人是我前阵子才认识的朋友。他一边和我寒暄，一边与隔壁桌的人打招呼，原来他们是朋友，很自然的，大家便聚到我们这桌开始聊起天来。那位声音令我耳熟的男士坐在我的正对面，我看着他那副唇红齿白的书生模样，心想：如果妈妈还活着，一定会很喜欢他的长相的。母亲一向喜欢看起来干干净净的男孩子。眼前的这位男士年龄应该比我小一些，不知道他的职业是什么？……我正在这么想着，他突然笑着对我说前两天他才到书店买书，意外地发现了《般若之旅》，因为是我翻译的，便将它买了下来。他说他十几年前见过我,他的父亲也认识我,我听了觉得刚才的直觉是正确的。他说多年来他并没有强烈的宗教倾向,但是对人生曾经深思过一些问题,脑子里有许多疑问需要厘清,没想到无意中发现的《般若之旅》完全解答了他的疑惑,他觉得相当震撼。那种震撼是我非常了解的,因此我们继续热切地交换着心得。我发现仅仅一本《般若之旅》已经让他开了窍,可以说是得来全不费工夫,而我却是踏破铁鞋才觅得真理,于是调侃地对他说:"你的命比我好多了。"再继续谈下去,这小子居然已经开窍得令我生起了较量之心,我开始对他刮目相看。他的思路非常流畅,带着逆向思考的幽默,谈起话来十分有趣,两个人因此而产生了情绪上的联结。翠英早已提前离去,傍晚时分他开车送我回家,途中他直截了当地对我说:"你不觉得我们之间有一种感觉吗?"我告诉他我的心很开放,这种感觉很容易就产生了,但不一定是男女之间的吸引力。

自从那次见面之后,他每天固定地打一通电话来问候我,不久便开始登门造访。他登门造访的态度也像是到了老朋友家似的,最妙的是,不容易与人自来熟的翠英竟然也很快地接纳了他。我坐在那张超大型的长书桌前翻译,他就坐在对面看书或与我谈话;我用"谈话"二字是因为我们很少聊天。我们对闲话家常都不感兴趣,要谈就直接进入最根本的主题。他当时的根本问题是他对人的存在本质起了大疑。他质疑人性,他质疑婚姻制度,他质疑传统和教育;我知道他正面临着一个重要的转捩点。从他的话中我得知他从小所受的家庭教育也是宠溺与纪律参半的,家里的人口众多,父母的婚姻很早就出了问题,他在情感上开窍得很晚,自己的婚姻正面临着瓶颈,事业也不顺利;他对人生有点倦勤了。我一边听他说话,心里一边思索:又出现了一个对世俗厌离的追寻者,然而这份厌离之心到底是准备好了要放下过去所有热衷的目标,还是一种逃避和叛逆?愈是和他深谈,愈是能感受他探究的能力和诚意。他似乎把我们家当成了他的第三个家,但是我们之间始终维持着友善的互动,没有进一步发展的奢望。

他的自我枷锁

半年匆匆地过了,《克里希那穆提传》已经翻译完毕。这本书我前前后后大概润饰了不下十次,直到节奏、语气和美感都达到"洁癖"的标准才甘休。不久翠英回南部和家人团聚,我开始和胡小猫过起独居的生活。有一天吃完饭后他来看我,他坐在我的书桌对面突然对我说他很想跟我有进一步的性爱关系,我说我没有这种感觉,无法勉强自己,还是出去看场电影吧。当时《霸王别姬》正在上演,陈凯歌的片子我以前看过一部《黄土地》,印象颇为深刻,我们查了一下报上的电影广告便起身冲往戏院。正片刚开始放映,我们坐定下来专心看戏。这部戏的内容令我很不舒服,它完全展现了中国人自虐式的民族性和威权式的上下对待。我告诉他我的感觉,显然他也有同感,两人之间的防线因为共鸣而突然消失,开始弥漫着一股强烈的能量振动。银幕上继续放映着坚苦刻厉的镜头,我们之间的温暖能流和银幕上的画面显得格格不入;我们心照不宣地站起身来,走出了戏院。回家后在没有第二个想法的情况下我们进入了性爱关系。然而一旦有了肉体的接触,却清楚地意识到两人之间有一种距离,一种无法全然对焦的尴尬。我开始能理解为什么他认为自己基本上是个拘谨的人,他的反叛其实是在叛逆自己的制约,他想透过婚外情来打破自我设限的牢笼。我并不是唯一和他发生婚外性爱关系的人,如同无数的男女一样,他以为婚姻就是他的枷锁,他想一边套着这个枷锁,一边拥有个人的自由,但结果也像无数的男女一样,再怎么寻觅,和他最有缘的人仍然是他的婚姻伴侣,而自我的枷锁也还是套在头上。一个人在婚姻关系中如果无法全然融入对方,在婚外的关系里也将会是一样的。自由只有在完全融入于对方之后才会出现。

从二十岁开始就有不计其数的已婚男士向我展开追求的攻势,但我一直没有真正介入过婚外情——长期扮演第三者的角色不可能不落入奢求和不甘愿的矛盾里,也不可能不陷入进退两难的痛苦中,我不想自找麻烦。但是他的幽默、柔软、善于互动以及和我志同道合的追寻,使我无法以一贯应付已婚男士的冷漠态度把他挡在墙外,就这样顺着情势的发展，我正式地成为他婚外情的第三者。我们的关系进行了一两个月后，他开始压抑不住自己的冲动，有时一个晚上从家里跑出来两三回，只为了打电话给我。他的冲动让我产生了省思，我觉得我们必须冷静下来好好地谈一谈了。我很直接地对他说："这个关系要是继续下去，结果一定是天下大乱。"我问他到底还想不想要他的婚姻了？我们的关系究竟是真的有爱，还是一种逃避网路？如果他下定决心离婚，我们也许可以过得蛮愉快的，他甚至连工作都不需要做，两个人到处去旅行，逍遥度日。然而这就是解脱了吗？他狠得下心抛家弃子吗？他能不产生矛盾吗？这些问题令他的眼泪开始泉涌，他沉思了一会儿，很老实地说他不可能做得出这样的事，他和妻子之间虽然有许多争执，但彼此的情感仍然很深，况且他疼爱他的小孩甚于一切。他就像一个中年才开始叛逆的大男孩暂时找到了我这个不太安全的避风港，我们扮演着彼此的心理医师，继续揭露意识里的真相和症结；透过我们之间的互动，究竟真理的危险性再度被发现。人们太轻易地把超越是非、善恶、对错的究竟真理拿来合理化自己的试误过程。很少有人是真的达到了百无禁忌的自由之境，多数人只是随着生物本能、荷尔蒙、内心的匮乏和各种因缘业力而运转，如果把这样的运转过程视为究竟真相，认为自己真的自由了，那就是落入了自欺的陷阱。

接着我们针对婚姻制度进行了一些讨论。就婚姻和小家庭制度的本质来看，它最初的设计是为了巩固爱情、制约人性里多元发展的倾向，以便社会秩序的维护和下一代的养育，其实它只是集体制约力的一种。举凡是强加于个人之上的集体制约力，久而久之都会造成个人的反动。争取自由是人类心灵深处永恒的渴望；透过阴阳的和合完成自然之道，也是人类心灵深处永恒的渴望。我发现自己长久以来的两性关系一直卡在这样的矛盾中：我既想要个人的独立与自由，又想要一个稳定、持久、深入和全方位的关系。这两者有没有可能兼容并蓄地同时存在于一种制度或关系里？答案是有可能的。我能够想到的西方世界典范人物就是萨特与波伏瓦，在台湾则是曾昭旭教授和他的妻子。这几位典范人物的关系无论是已婚或不婚，都是奠基在自由与开放之上的。前者的故事众人皆知，无须赘述；后者的婚前宣誓倒是值得再提——曾教授和妻子有过协定，他们的婚姻必须有变心的自由。这是必须有极高的安全感和成熟度才能办得到的。西方世界在六七十年代曾经鼓吹过开放式婚姻，但多数人都无法超越自己的独占欲和依赖性，最后还是回归到一夫一妻制。

婚姻制度容易使占有、嫉妒、掌控等人性中的局限合理化与合法化，使人变得琐碎、狭隘、封闭，令生活变得单调、乏味和机械化；反之，它也可能使人最有机会体尝到真爱，使人进入圣婚的关系。关键就在两个人有没有智慧、诚意和毅力了。

我们谈着谈着心里已经逐渐清楚，我和他第一次见面时的直觉仍然是最正确的——我们之间的缘分并不是真正的男女因缘，但他似乎必须透过我才能发现他和妻子是分不开的，他们的关系是值得继续努力的。这意味着他必须回头面对两人的权力斗争以及不同的习性和价值观，此外他即使再不喜欢自己的工作，以目前的情势看来也没有别的选择了，他只能毫不逃避地面对令他厌烦的世俗琐事。看到自己竟然能如此冷静地处理这份关系，我知道自己已经在成长了（虽然并非先知先觉）。然而我们的关系并不是这样轻易就了结了，他不但给我带来了其他的试炼，还进一步地帮助我进入了"灵魂的暗夜"。

开放之道

当我们相处时，彼此经常坦言自己的性爱经验而没有任何困窘，但是在面对其他的男性友人时我还是会自我设限，免得让他觉得不舒服——由于各种的前车之鉴，我不再高估男人的器量。没想到他在我的面前竟然能毫不顾忌自己的已婚身份以及和我的关系，理所当然地准备和出入于我家里的其他年轻女性展开超友谊的关系。他的彻底叛逆和博爱，逼得我不得不面对过去那些夭折的关系中没有完全曝光的心理问题——由于不忠而引发的猜疑、预设、占有和自尊受伤等等的波动。其中自尊受伤这一点其实是真正的关键。

我从母亲、周遭的一些自视颇高的女性和自己的身上看到，当男人不忠时他们选择的对象往往是伴侣周围的友人或者比伴侣条件弱的人；骄傲的女性最不能承受这样的打击。男人时常在潜意识里利用唐璜式的博爱来战胜自己无法全然征服的女性，借以扳回劣势。经验了各式各样的男人之后，最后你会发现大部分的男性真正关心的，也只不过是征服欲的满足和胜负的问题罢了。当然眼前的他还关心着自己的解放及空间能有多大。他的我行我素和温良恭俭让是并存的。一方面他让你耳闻和目睹他与其他女性的亲密互动，一方面又绝不对立或争辩，因此你有充分的机会观察到内心各种的受辱反应。我深深地感觉他在无意识地把我推往真正的菩萨道——以最宽容、最开放的心胸接纳与承受人生最艰难的考验。

不久我决定再度前往奥哈伊和三藩市，采购一些台湾找不到的天然营养补充品、日用品和新出版的书。他说他也想参访克氏的故居，于是我们结伴同行了十几天。旅途中他仍然我行我素地表达他对其他异性的"性"趣，我看着自己心中的反应，似乎逐渐能坦然面对那些受伤的感觉。创巴仁波切有句话说得相当贴切：失望就是道途中最佳的战车。开放之道是我这一生无法逃遁的解脱途径，生命中的每件事都在逼着我接纳人生的不完美。"新时代"流行的理论是：你遇不到懂得爱你的人，是因为你不爱自己；换句话说，如果你懂得爱自己，就会遇见爱你的人。这个理论暗示着一种交易、掌控以及对情爱的执著。我的年纪愈长愈能体认人生永远会带给你意想不到的挑战，因此我们只能放下那股不断想要改善和获取的企图，开放地顺应各种关系的互动，诚实面对自己的局限，从面对之中就能产生转化和自由。我更进一步地体尝到集中焦点的执著与期望之中并没有爱的成分，那只是一种欲求罢了。

意外怀孕

回到台湾后我发现自己的月经竟然迟迟不来，于是去西药房买了测孕纸回家测试，结果证实自己已经怀孕。我把这个消息告诉了他，他说他会尊重我的决定。我心里很想把这个孩子拿掉，因为来自于一个破碎的家庭，不愿意看到另一个生命步上自己的后尘，无法享有完整家庭带来的安全感。但是准备找医生的那天清晨3点，我从梦中突然醒来，心里有股哀伤和不舍的感觉。我试着冷静下来，仔细地辨认那份感觉生起的原因是什么，我看到其中并没有想要怀一个他的孩子或生个小孩来陪伴自己的欲求。很清楚的，这个刚刚形成初胚的小生命和我之间有股巨大的力量在牵连着。我思考着舆论可能产生的反应，心想这个消息一旦曝光，卫道人士一定不可能谅解，也不可能有兴趣探究各种微细的因因果果，到时候我势必将面临各式各样的挑战，此外我也很可能必须面对孩子成长过程中发生的心理问题，以及和我一样的叛逆反应等。可是这些预警都抵不过那股强大的牵连力量，我在那个清晨下定决心不再逃避人生带给我的任何磨炼，我要尽力保住这个小生命。我把自己的决定告诉了他，他以一贯柔顺的态度接受了我的决定，陪我到医生的诊所做超音波检查。检查结束后，医生说很可能是个男孩。我们达成了协定，这个孩子将由我独立扶养，至于他的角色该如何扮演，决定权完全在他身上，我不想勉强他做任何事。从此以后我们之间的互动便完全转化成纯粹的友谊。

我怀着两个多月的身孕，接受干哥小龙的邀请，和几位素昧平生的小龙之友一齐去向往已久的南非旅游。同行的游伴中刚好有一位著名的妇产科医师，我抓住机会问了他许多有关怀孕生子的问题，他一一作答，但没有任何人看得出我已经是准妈妈了。南非的动物王国令我叹为观止，我开始能体会西方的某些动物行为研究者，为什么宁愿花毕生的时间观察黑猩猩、山猫或其他物种的社会生态；它们展现出的原始、直接与赤裸的天真，使人类更能毫无矫饰地理解自己的演化过程。英国导游告诉我们说，那几天动物算是十分地合作（人类一厢情愿的想法），平常不易见到的黑豹竟然从我们的吉普车旁警觉地走过。我看着躺在母狮身边打着滚晒着太阳的小狮子，以及趴在一旁懒洋洋的公狮，心情兴奋得如同孩子一般。傍晚时分导游带着我们出发夜巡，灌木丛林立的克鲁格野生动物园面积大约有台湾的三分之二，漫天的星斗挤得密密麻麻，夜幕低垂似乎伸手可及。在这样偏远的旷野你才了解什么叫做北斗七星。一群夜游神在手电筒的光束下四处寻觅着躲在草丛中和泥沼旁的犀牛与河马；这些准备就寝的庞然大物连正眼都不瞧一下吉普车上窥伺它们的人类。车子开着开着，只见近在咫尺的前方赫然出现三只漫步的狮子。它们大大方方旁若无人地走到路中央，一屁股就坐了下来，然后伸伸懒腰张开大口，打了几个淋漓尽致的哈欠，偶尔才回头瞥一眼吉普车上心跳不已的观光客，连多看几下的兴致都没有。我发现儿时对动物的热衷丝毫没有减少，到今日都难以忘怀头一天看到的那只长颈鹿，它与我四目相接地对看了数十秒钟，人兽之间似乎有一种心领神会的交流。我凝视着远方的印度豹（我最爱的动物），心里暗自决定等 baby 长大了一定要带他来此旧地重游。

怀孕之前世界大厦的家已经在设计师的整形手术下，换上了一副与以往天壤之别的崭新面貌。把旧房子翻新是我这半生非常重要的嗜好之一，我喜欢那种除旧布新的摧毁力量，花再多的钱也甘愿。我把这个空间改成了工作室，请了一位厚重而又好学的道友郑焱城，来主办这个工作室的读书会以及负责召集学员的事务。我本来决心将能量投注于义务性的助人活动，但意外的怀孕扰乱了所有的计划，我必须快速找到一幢更适合抚育小孩的房子和环境，因为目前两幢房子的设计都是开放式的空间，里面没有保姆和 baby 的居所。此外，我希望孩子未来能有一个可以玩耍的环境，我不想看到娇娇嫩嫩的宝宝穿梭于空气污染、车水马龙的都市中。也许是一种生物本能，我放弃了所有的计划和正在进行的工作，竭尽所能地想提供最好的条件给这个正在孕育中的小生命。

翠英和我真的是情谊深厚，她愿意留下来照顾我和 baby，于是我告知焱城，工作室必须暂时结束活动，两幢房子出租太麻烦，不出租则乏人照料，所以我决定在短期内将它们出售。占星学上说过，对太阳落在金牛座的人而言，拥有就是为了失去，真是一点也不假。我毫不留恋地在两个月之内处理掉这两幢人人羡慕的雅致空间，同时积极寻找着未来的家。有一天看到报上刊登了一则房屋销售广告，地点在金龙湖附近，我和焱城开车前去一探究竟，途中经过珑山林山庄，感觉这个社区看起来宁静而规划完整，况且好友丁乃竺和赖声川以及乃竺的家人都住在这个社区里。我觉得这里应该是个理想的住所，孩子将来可以在社区内的游泳池和小公园里玩耍，于是第二天我就做了决定买下靠近金龙湖那个方向的一幢边间的二楼公寓。不久好友刘梦燕也搬进了这个社区，两个单亲妈妈未来可以时常交换心得和感想。

怀孕到六七个月时我发觉自己的身体产生了一些明显的变化。虽然一直没有害喜的反应，精力似乎也比以往旺盛许多，但胃口却完全改变。长年吃素的习惯被渴望吃荤取代，我每天都想吃牛肉、海鲜和夜市里的东西。不久体重直线上升，到末期竟然重了二十公斤。我平坦的胸部开始肿胀，瓜子脸变成了圆脸，全身的经络逐渐阻塞，手脚胖得连指缝都不见了，最明显的是所有的能量都集中于下丹田性轮的部位。当身体的荷尔蒙改变能量集中于性轮时，性欲的旺盛是相当惊人的，我觉得分分秒秒都有一种性器官存在的错觉，差点没上街抓个男人回来强暴。

珑山林的房子在装修的过程中木料的处理出了差错，我只有亲自和工人一起磨地板、调色、上漆，打破了所有孕妇的禁忌。这时离预产期只剩下十天，翠英、焱城、阿珍和我火速地整理好所有的家当，搬进了这个快要靠近台北县的山庄。走上珑山林的陡坡时，我意识到自己的双腿像是七十岁老妪的腿，心脏似乎也不胜负荷；怀孕确实是一场母难。

女儿出世

待产的心情喜悦得难以形容，我在晨曦中面带微笑地醒来，看着宽敞的卧室里垂挂的鹅黄印度纱丽，墨绿的长沙发上印着中国风味的花瓶图案。隔壁的小房间就是未来婴儿要睡的地方，活动拉门可以直接通往母亲的卧室。我幻想着晚上被小 baby 稚嫩的哭声吵醒、跑过去把他抱在怀里喂奶的情景，差一点没笑出声来。从怀孕到产前，无论是医生、研究命理的朋友或是有经验的过来人，都判定我会生男孩，因此我把婴儿房布置成中性的氛围，连娃娃车的花色都是中性的。我的预产期是 11 月 28 日，许国邦大夫主张采用剖腹的方式，因为我是高龄产妇，而且骨盆太窄，他怕我自然产可能会有困难，到时候如果生不下来还得挨上一刀，于是我们选了 28 日这天开刀。

25 日的清晨五点多，我起床上洗手间，感觉下体大量地流水，于是赶紧敲翠英的房门。翠英听完我的描述判定是羊水破了，我们以最快的速度整理好衣物，穿戴齐整地奔往医院。经验丰富的许大夫要我们放松心情，他问我需不需要再选个时辰，我觉得既然是人为的剖腹产，从某种角度来看等于介入了宇宙的安排，况且四十多年的人生经验已经印证人确实有命也有缘，所以立刻打了通电话请宁培时先生再选一个对孩子最有利的时辰。宁先生建议在下午 3 点到 5 点操刀。许大夫泰然自若地请我吃了一顿中饭，下午 2 点半左右把我推进了手术室。许大夫是我看过的第三位妇产科医师，一见到他的面，我就感觉他对求诊者有一种发自内心的关怀，孩子经由他的手来到人世，应该是相当安全可靠的；我一边吃着中饭，心里一边这样想着。

下午 2 点半左右，医生护士已经围绕在我的四周，驾轻就熟地开着玩笑，进行着各种开刀前的准备工作。不久麻醉师在我的脊椎部位注入麻药，下半身逐渐失去了知觉，这时他们把等待在门外的翠英叫进了手术室。3 点前许大夫开始操刀，我的神智完全清醒，听见大夫称赞我的肚皮上竟然一点妊娠纹都没有（其实都在背后）。3 点 18 分我听见翠英和大夫发出一声惊呼："怎么会是个女孩？"接着听到了几声嘹亮有力的哭声，等待已久的、总是在晚上11点后才踢肚子的小夜猫，终于来到了充满着试炼的滚滚红尘。我看着这个强壮结实、满头卷发的女娃儿，禁不住盛赞科技的伟大——不消十分钟，在毫无痛感的情形下，一个生命不必经过产道便顺利地来到人间。然而这盛赞的余音尚未消逝，我却已经尝到了现代科技带来的苦果。

产后忧郁症

回到病房后不久，新闻媒体和各方友人开始涌进中心诊所看望我们母女，我感觉自己像个泄了气的皮球，不但筋疲力尽，还有一股莫名的哀伤从心底涌现。我强打着精神应付来访的客人，等到人潮退去，我开始无法控制地痛哭流涕起来。当时我并不了解原因是什么，我不知道这就是产后忧郁症，也不知道剖腹产在下腹横切一刀，破坏了六七条经络，竟然有无法想象的后遗症。洁生的父亲晚上9点左右到医院看我，因为我已经服了安眠药昏昏入睡，所以他留了一张纸条便自行离去。

往后三天我的腹部疼痛得无法下床，甚至连腰都站不直。洁生一周内必须待在婴儿室内，我没有任何胀奶迹象，不能亲自喂奶，医生只好替我打退奶针。怀孕期间的生命力和喜悦此刻已经烟消云散，我的意识里布满着产后忧郁的愁云惨雾。

第三天的傍晚，翠英推着坐在轮椅上的我到婴儿室看望只瞄了一眼就被抱走的洁生。我从护士手中把她接过来抱在怀里。一向六亲无缘的我，看到这个一脸混沌的小生命，眼眶立刻涌出了泪水。那不仅仅是一种母爱的流露，也是被生死轮转的奥秘所勾起的一份敬畏之情。我怀着这份敬重的心情温柔地摸着洁生的小手和小脚，脑海里浮现出童年时母亲说过的一句话："小孩儿的脚丫才可爱呢！又滑又嫩的，一点褶儿也没有。"母亲随意的一句赞言总能引起孩子满心的欢喜和安全感。看来单亲妈妈和独生女儿的因缘即将重演，我提醒着自己：不能再重蹈错误教育的覆辙了。

与台湾文化界人士合影。前排坐者,中间为作家刘大任,右二为作家王文兴;后排立者,右二为心灵工坊发行人王浩威,右三为《联合文学》发行人张宝琴,左四为作家蒋勋。

第十三章 "灵魂的暗夜"与身心灵自疗

从中心诊所回到珑山林的新居，开始一个月的产后修补工作——坐月子。洁生由翠英全天候地悉心照料，焱城则自愿留下来陪伴我们。我们的家就像是一个道场，里面的人虽然没有血亲姻亲的关系，却比亲人更懂得互相扶持。

在坐月子期间我意识到自己的身体已经在瓦解中，因为洗澡时水温如果偏高，浴后就会虚弱地蹲在澡缸旁的瓷砖地上好几分钟都站不起身；心跳的速度令人惊骇，站起身来立刻天旋地转。我扶着墙走到卧室，几乎没昏倒在床上，大约十几分钟后晕眩才逐渐消除。我心里开始怀疑这是剖腹产的后遗症，直到1998年的9月琉璃光出版社推出约翰·罗宾斯（John Robbins）的《还我健康》这本书，我才得到了确实的印证。书里引用《沉默的刀》（Silent Knife）里面的一句话供产妇作为参考："剖腹产使得母亲与孩子在生命联系的一开始就带着明显的失望成分……母亲通常会受到药物影响而变得迟缓、愤怒、沮丧……而婴儿受麻醉药及其他手续的影响，也显得无力与急躁……"此外剖腹产的母亲虐待儿童的比率比正常产的母亲高出了三到九倍，产后忧郁症的时间较长,健康的恢复也比较缓慢。友人告诉我民间有一种说法,自然产完全恢复正常的时间是一年,剖腹产则要四年。我反省当初采取剖腹产的理由,除了医生的建议、羊水先破之外,还有一些是自私的心理因素,譬如怕痛、怕产道破裂得太厉害、怕未知的变化,等等。但人生的抉择是很难逆料的,你虽然避掉了短期的苦,却造成了长期的磨难。

四十多年来我虽然饱尝亲子、两性和工作上的哀乐离合,但身体从未真的出现过什么问题,等到身体一瓦解,我才发现最难转化的苦恼原来是那些最具体的问题——情绪、情感、价值观或意识形态上的烦恼比较抽象,如果觉察的速度够快够细微,对人性的理解够深,这些问题都不难解决,然而慢性病带来的气血循环不良、长期失眠、消化缓慢、胃肠胀气、头晕目眩、心跳过快、莫名的惊恐、严重的皮肤病变和神经紧张,却不是一时半时能消除的。这些现象非常具体、非常真实,你根本无法说服自己或安慰自己说这些都是幻象,你必须全神贯注地打起精神,毫不怠惰地采取行动,否则你很清楚下一步就要进入死亡的黑洞了。其实死亡对我并没有太大的威胁,死可以让你暂时偷一下懒,喘口气;活在一个不明所以的怪病中,长期受着煎熬,才是人生最大的挑战和磨难。

洁生两个月大的时候,我意识到一个非常令我担忧的情况——周末翠英休假轮到我照顾洁生,我发现自己竟然丝毫没有母爱的感觉。这个敏感的小生命似乎能觉知到母亲的身心都出了问题,她不愿意我抱她,只要一贴近我的身体立刻放声大哭,一哭就是四十多分钟,怎么哄也没用。她的哭声令我原本已经难以承受的忧郁症变得更加沉重,有时恨不得把她摔到地上;我很快地觉察到这个念头,因此没有酿成大错。我深深地体会母亲虐待儿童是极有可能的事,各种因素都会造成这样的不幸,如果我小时候没有那么多人协助母亲照顾我,可能精神受虐的经验会更提早一些。以往我无法原谅母亲带给我那么多的负面影响,等自己做了母亲之后,才体会到爱是有条件的、需要学习的,如果没有高度的觉察力,那么身心的局限、外来的因素和童年记忆所导致的沮丧、不耐烦和无力感，一定会造成代代相传的恶性循环。这时我才进一步地体谅了母亲当年的挣扎和有限。为了避免落入恶性循环，我很快地告知翠英我心里的担忧。她是护士，她很了解这种普遍存在但平日里鲜少有人拿出来讨论的问题。多年来我们一直关心儿童受虐的议题，每次在报上看到那些无辜受虐的孩子总是令我们百感交集，你可以预见这些孩子长大后很可能都是社会治安上的定时炸弹。根据调查显示，大部分的连续杀人犯或强暴犯早期都有各种惨绝人寰的受虐经验。我们自己身边也有一些在暴力家庭中长大的朋友，他们的人格都有着显著的自虐和排他倾向，成长的速度也非常缓慢。

虽然我们在理性上有了共识，在情感上翠英也十分愿意继续帮助我照顾洁生，但是带小孩实在是令人筋疲力尽的事，两个多月下来，翠英本来就不太硬朗的身体已经快要累垮了。屋子里的两个女人身心状况都不理想，单亲妈妈真不是那么容易扮演的角色。不久翠英已经撑不下去了，两个人的火气愈来愈大，于是她决定回南部休息一段时间。我自己一个人在两手无力连抱都抱不动洁生的情况下，亲自带了她近一个多月的时间，还好焱城下班后回来可以换手由他哄洁生入睡，否则的话我一定病倒的。不久经友人介绍，我找到了一位来自香港的保姆，她一看见洁生就觉得有缘，很快地搬进了珑山林，纾解了我和焱城的压力。我时常从这些出身贫苦的帮手身上看到人类真正的毅力，和一种非知识性的、没有任何包袱的聪慧，从阿珍、阿香到阿霞，她们每个人都是一点就通，无须多费唇舌；那种自小磨炼出来的生存力和落实于生活的勇气，才是我的最佳典范。

有了阿香的协助，我开始全神贯注地治疗自己，同时也得面对和观察身心灵在病痛时的各种链锁关系，才能对疾病产生真正的了解。

如如不动的体悟

当时我完全不知道母亲四十四岁那年怀孕的时候,有另外一个双胞的胚胎进入了我右边的卵巢,这个胚胎无法长成正常的、活生生的婴儿,转而变成了奇形怪状的畸胎瘤——有时是一个肿瘤里面混着牙齿、头发,或者是一块骨头上面有神经、血管和腺体;它的生长跟荷尔蒙的刺激有关。在我怀孕和生产开刀时,医生都没发现我的卵巢里有任何异样,它后来会演变成一个八公分大的畸胎瘤,想必是产后三年中逐渐增长的。总的来看,产后健康的瓦解有许许多多的因素:我先天的湿寒体质过于敏感纤弱,怀孕生子的年龄已届中年,又增胖了二十公斤,再加上产后居住的环境湿冷,开刀横切破坏了六七条经络(任脉、两条胃经、两条肾经和两条冲脉),长年的饮食习惯偏素而造成了营养不均衡,此外畸胎瘤上有甲状腺,会造成心跳过快及内分泌失衡。这诸多的因素是经过三四年的观察才全盘了解的,一开始调养时我只朝着改善气血不良的方向采取行动。

我采取的第一个自疗的行动就是每天都固定运动。懒得动这件事对我来说一直是个无法突破的习性,除了闭关十个月里登山健行之外,我的半生中几乎没有规律地运动过,即使是自律动功、瑜伽或其他功法,我也无法持之以恒。肢体的锻炼对我而言是件苦差事,动脑却是获得满足的乐事;这回趁着生病,我决心转化自己趋乐避苦的习惯。

于是每天早晨和傍晚,在早餐后和晚饭前,我开始在社区高高低低的街道上快走;我一边快走,一边配合呼吸步行法(吸气四下、吐气十下)。通常必须走四十五分钟左右,气血循环才能改善。我发现身心真的是一体的,适量的运动能排出体内的湿毒,活化淤血,增强心肺功能,吸进足够的氧气;本来沮丧、低沉和莫名的惊恐因此而转化成一丝的喜悦。我后来阅读大陆杰出中医师孙起元先生所著的《中医治癌八法》(琉璃光出版社),书中论及淤血和痰湿的症候中,都有失眠、不安、忧虑、惊恐、头疼、头重、胸闷、健忘、心悸等等的症状；适量的运动确实能改善一部分上述的症状。

运动完毕我回到家里洗一个热水澡，滴一些植物精油（甘菊、玫瑰等）或海盐，放松一下身体，便开始两个小时的静躺（身体虚弱时不适合静坐）。起初我采取的是大字形的仰卧，后来发现这个姿势躺久了身体反而紧张（压迫到脊椎），因此改为右侧卧。人在动态中很难体会到微细的经络走向，一旦静卧下来，经络通畅与否立刻能觉知得一清二楚。我感觉自己的气血已阻塞得如同速度最慢的滴漏——许久才能通过一滴，尤其是左边的三焦经和胆经（右边卵巢的畸胎瘤影响到左边的经络）。一旦觉知到经络不通，心里自然会产生焦虑反应，跟着妄念也会生起。但长年的自我观察已经打好了一些基础，我可以立刻看穿这些妄念只是逃避焦虑和阻塞感的自保机制。其实这些意识活动都是"我"，既然是我，就不必再多出一个观察"我"的监督者——监督者只是二元对立的矛盾和冲突，也就是排斥和抗拒身心真相的一种论断的标准。监督者一旦被看穿，妄念和焦虑感在没有敌手的情况下，很快便失去了蠢动的力量，于是内心自然安静下来。心一安静，身体一定放松，本来紧缩在经络上的注意力便开始扩大。当知觉扩大到没有焦点的状态时，就能听进所有的声音，同时也能觉知到自己的呼吸、能量的振动、皮表的跳动以及如同万蚁叮咬般的奇痒。然而你只是平静地觉知着一切现象的变化，而不生起任何想要改善或调整的欲望；换言之，二元对立的自我活动一旦静止，便只剩下了纯粹的觉知。这时你有一种非常深刻的领悟，原来在所有的病症背后有一个东西是没病的，这个东西目睹着各种的变化，却不随着变化产生波动；它是如如不动的。我当时并不知道这样的观察就是原始佛法的内观，我只体悟到这个如如不动的本体是平等的，一视同仁的，没有分别意识的，它只是冷冷地看着变化多端的万象，丝毫不受影响。三年中我几乎每天都在体会这个东西，人一旦发现自己的内心深处有它的存在，对病痛的各种症状就开始有胆量承担，喜悦也跟着生起。

直接面对恐惧

三年中我除了进行一些另类疗法的实验之外，几乎没有寻求任何人或任何方便法门的安慰，我仍然坚持以直接面对的方式自力救济。即使生理上和心理上随时都有莫名的惊恐，我还是不持咒、不祈祷、不观想、不运用积极思考，因为这些方法真的都是在转移注意力；你会发现，愈是想转移，就愈恐惧。有点像后面跟着一个从荒郊野外跑来的女鬼，你逃得愈快，她跟得愈紧，但只要你一掉转头来面对她，管她长得有多可怕，你的恐惧已经消失了。三年中的第一年过后，在我的坚持下忠诚善良的焱城离开了我们家，出去主持一个灵修工作坊，因为我不能再耽误他的正常生活。一年后翠英养好了身体，又回来帮我照顾洁生，她视洁生为己出，因此洁生会说话之后也称呼她为"妈妈"。逢年过节或是周末，洁生就跟着小妈妈出外玩耍，家里只剩我一个人面对自己的心跳过快、经络不通、胃肠胀气再加上莫名的惊恐，还有脸上、头上和颈部发个没完没了的严重湿疹。

珑山林的家那时仍然荒僻，后面的水莲山庄还没盖好，一到夜里，外头黑乎乎的，时常有野狗发出见了鬼似的哭声。童年对鬼的恐惧这时全都休耕、翻土、曝了光。尤其是过年期间天气阴冷，许多人都回南部度假去了，社区里益发地萧条，但我还是坚持不找朋友散心。我的牛劲大发，非得看看自己到底在恐惧些什么。每天晚上从8点开始，屋子里的感觉就不对了，12点以后更是有一种四面楚歌的惊恐感。我一个人从晚上12点开始静卧，逐渐进入没有焦点的觉知，然后惊恐感渐渐消除，但人还是清醒的，潜意识里似乎在警戒着什么，直到清晨五六点太阳升起了，才能睡一两个小时的觉。就这样我失眠了三年。虽然无法沉睡，但心却很安静，所以白天并不觉得疲倦；我深刻地体会到人的潜能是无限的，于是开始放胆地尝试各种另类疗法。

另类疗法

我尝试的第一种另类疗法是台湾董氏针灸放血疗法。主治的林老师是一位态度温柔、医术精准、非常富有同理心的佛教徒。她先以掌诊判断病情,然后以特制的三棱针在我背部脊椎两旁的内脏反射穴位快速地用针刺,再以拔罐器连接高压马达拔出穴位里的淤血,最后以针灸补气治疗。头几个月,我差不多一个星期要放一两次血,每次都能从背部拔出浓稠得如同果冻般的乌色淤血。放完血的那一天我的精神特别畅快,气血循环也有明显的改善,而且并不觉得气虚,但其他朋友放完血后却有晕眩的反应,我想主要的原因是我每天进行四小时静躺,气自然比上班忙碌的人要旺一些,此外拙火早已醒来,并未因开刀而消失,静躺令它再度活跃了起来。当背部的淤血拔得差不多了,督脉的气便开始往上冲(拙火也是往上运行的),身体里的湿毒和痰毒快速地往脸部、头部和颈部排出。排毒的路线完全是经络路线,通常是沿着膀胱经、三焦经、胆经、胃经往皮表发出奇痒无比的湿疹。这些湿疹很难消下去,必须把它们搓到出血,随着血液排出像痰一般黏着的液体,皮肤才能止痒、结痂、脱皮、愈合。脸部的湿疹严重得几近毁容,下巴和脸颊时常肿得变了形。因为这些部位不能放血,只好由我自行处理。头部和颈部有时一发就是八九个肿疱,林老师必须花费近三十分钟的时间才能拔完里面的淤血。这样的治疗一直持续了三年,我才觉得过了鬼门关。没有林老师这位救命恩人的协助,我想我大概在三年多前就提早离开人世了。

当一个原先拥有美貌的人失去了昔日的光彩时,反而有一种卸下沉重负担的松快感,我时常抹了一脸的冰片粉,像个戏台上的丑角一样,旁若无人地在社区里快走。美貌不再是我的负担,却成了旁观者心中的巨石。邻居和友人看见我如同接近麻风病患一般,难掩他们心中的失望、嫌恶和批判。无条件地接纳一个不符合自己标准和理想的人,真的需要深刻的智慧与爱。我的不再完美反而带来了成长的契机,并且放下了肤浅的执著,也使我更能体会人们因理想和标准而造成的压力与紧张。这段时间我发现自己在看人时已经不再落入美丑与好恶,我开始像个医者,仔细地察颜观色。我发现完全没有瑕疵的肌肤并不一定是健康的表征,这可能是一种警讯,提醒我们毒素累积在体内,缺乏排除的出口。

除了放血针灸之外,我觉得刮痧也是相当好的自我保健法。所谓的痧,就是穴位里的淤积物,所以放血也叫放痧。这个古老的民俗疗法可以快速改善气血循环,它照顾到的面积比针灸还要广泛。某些人认为刮痧会破坏皮表的微血管,我三年来的实验证实了它的无害,不过力道和工具还是必须使用得正确才行。我后来在"张老师"举办的身心灵成长团体中帮学员们尝试刮痧疗法,竟然目睹二三十岁的年轻人个个浑身是痧,连长期运动的人也一样,可见现代生活的空气污染和食物污染有多么严重了。此外大部分人都承受了过度的生存压力和各种关系互动的烦恼,我深深地感觉除了身心灵的自疗之外,人类的经济体制、价值和意识都必须改变——强势剥削弱势、贫富不均、对生态环境以及资源的错误运用等,都必须转变成宝瓶时代的"理想国"情境,人类才有出路。人只有把自己每一个层面的病治好了之后,才能提升到利他的整全世界观,否则地球将永无止境地陷落在弱肉强食、剥削竞争、自保排外的部落文明中。

除了上述几种疗法,又有人介绍我尝试台湾传统的草药和大陆北派中药。草药一开始很有效,湿疹在一个星期之内就好了一半,但是长期下来疗效就不那么明显了。中药也是一样,头三天喝完由三十多种药材蒸出的汤药,感觉气血循环和情绪都有改变,但是一两个月下来效果开始不彰,这时我意识到食物的因素也需要考量。不久朋友介绍给我一位专门整肠清宿便的韩国医师,他运用熟练的腹部按摩促进肠子蠕动,再佐以清肠茶和生食;两个为期十天的疗程下来清除了不少体内的垃圾,心情也出现了明显的喜悦感。生菜配小鱼干和味噌酱,口感好极了,我认为自己可能会一直生食下去;没料到两个疗程结束,我的湿寒体质却更加恶化,不但手脚冰冷、胃肠胀气,而且从早到晚不停地打嗝。中医师告诉我如果再继续生食下去,一定活不长了。他主张我必须吃煮得很熟的蔬菜和白饭,连五谷饭或杂粮我都无法消化,此外一定要避荤腥。我只好把生食又改成了熟食,继续观察自己的变化。

友人马文准备参加一次为期七天的断食，我从未尝试过，因此决定和她一同前往屏东，经验一回"饥饿一六八"的感觉。参加那次断食的伙伴有不少是肿瘤或癌症病患，每个人都是久病成良医，各有各的一套养生方法。大家在自己的房间里，从早到晚每隔两个小时就补充一次天然海藻锭、芒果汁、蒸馏水等增加体力的营养品；早晚进行两次温水灌肠，水里还添加咖啡和大蒜汁。头两天宿便尚未剥落，第三四天的早晨，有如羊屎般的黑色硬粒开始排出。我们每个人都买了一个洗菜的塑胶盆放在灌肠板下面盛接排出来的宿便，甚至还要观察里面有些什么怪东西。第五六天排出的东西像是海蜇皮，有乳白色的，也有淡咖啡色的。宿便的气味真可说是臭气熏天，一整层楼的每个房间里的气味总合起来可想而知有多壮观了。透过这套"大肠管理学"的治疗系统你会认清被一般人忽视的排便问题有多么重要。我听说现在许多三四岁的孩子已经出现严重的便秘问题，如果从这么小就开始累积毒素，长大之后肠道里的坏细菌、宿便和过多的黏液一定会在体内形成恶性循环的血液污染，久而久之肿瘤、癌症及各种慢性病势必会一一示现；感冒时排出的痰和鼻涕就是替代大肠排毒的一种清除作用。跃升文化出版的《四季健康法》是一本相当不错的保健手册，埃尔森·哈斯（Elson M.Haas）医生结合了中国医学的具体应用及西方医学的知识，教导我们如何配合四季的变化做自我保健，书里有一段提到感冒的起因："如果你无法有效地处理排泄问题或摄取了超过所需的食物，垃圾就会堆积在大肠内……一般的感冒通常是经由肺脏和静脉窦表现出症状，其实这个问题牵涉到大肠本身以及体内排泄功能的不足。"中医的理论主张肺经和大肠经互为表里，因此肠内的湿毒和痰毒也会影响到肺部。我的父母肠胃功能都不好，我受到他们的遗传从小就容易反胃、感冒，虽然没有严重的便秘，但总没有健康人一天两三回的次数，还好洁生没有遗传到我的体质，希望她永远没有这方面的困扰。

"大肠管理学"的理论令我联想到：这个世界不知有多少人外表看起来光鲜亮丽、成功忙碌，但自体已经在宿便的污染下中了毒。人总是舍本逐末，愈是根本的问题，愈是被忽略。

断食期间我的心跳一度高达一百多，几乎快要支撑不住了，可以说是很勉强地撑过了一百六十八小时的饥饿。断食后的进食过程必须十分小心地渐次增量。我在翠英家和马文一起进食，第一个入口的食物就是香蕉，你可以很清楚地感受到食物在体内如何转化成能量；一根香蕉和一点芽菜已经使你恢复了不少体力。我量了一下体重，原先的四十六公斤现在只剩下了四十二公斤，整个人看上去完全是不折不扣的饥民。我觉得这个养生途径太激烈了一点，不适合过瘦或太虚的人，但是其他的伙伴却个个神采飞扬，显然受益良多。所以结论仍然是，没有任何方式是适合所有人的，每个人都必须找到自己的途径。

第十四章 对特异功能的省思

各式各样的另类疗法实验得差不多了，有一天我去中心诊所治疗结膜炎，巧遇久未见面的许国邦大夫，他建议我复检子宫和卵巢，结果在超音波的扫描下，发现了一个七公分半大的肿瘤。许大夫立刻判断是畸胎瘤，他主张快速开刀把它拿掉。我对于开刀的后遗症余惊未消，我想如果能找到其他的途径，尽量避免再挨一刀。我打了几通电话到香港，请教南怀瑾老师该怎么办，以前每次去探望他都受益匪浅，这回还得麻烦他老人家打听大陆的中医，实在不好意思。老师接到我的电话，数落了我一番，但还是非常慈悲地替我询问了一位北京的资深中医师。南老师告诉我，肿瘤在五公分以下，可以透过中药慢慢化解，五公分以上，就必须开刀了。我相信老师和那位中医师的判断，但仍然不甘心再挨一刀，这时我突然想起雪莉·麦克雷恩的书中曾经提到过一位菲律宾的神医，可以徒手进入人体拿出肿瘤。雪莉对于各种特异功能的兴趣，早已是美国媒体的笑料来源，以前我到"Light Institute"接受"前世追溯"的治疗，也是受到她的影响。既然结果完全和她的描述相左，照理说不该再采信她的话，但人在生病时，宁愿再缴一次学费，也不愿轻易受伤。

此外我曾经和大陆最著名的特异功能奇人——张宝胜相处过二十天，亲眼见到宝胜用手指轻轻一摸永不磨损的劳力士表，当下名表就出现了磨痕；密封的药瓶子，他随便一摇，里面的药片就从瓶底撒了出来；帮他修车的友人不小心吞了一颗口香糖，卡在喉咙眼，请求他帮忙，他比了一个手势，黏黏的口香糖一瞬间便出现在那个修车工人的衣领上。母亲请他用著名的火功治疗她的关节炎，宝胜烧了五次母亲的膝盖之后，开始用手吸出穴位里的瘀积物。他用的方式很像我以前结识的唐师父，但是功力显然要高一些，因为他不像唐师父用自己的真气治病；他是一个管道，似乎有无形的外力在帮助他，所以他的"吸瘀大法"显得轻松又潇洒，毫不吃力地左手插着腰，右手在火功之后，瞬间便吸出患者穴位里的瘀积物。只见瘀积物的颜色从灰黑到灰到乳白，一次比一次干净；当瘀积物呈透明状时，宝胜表示病已经治好了。有一位从洛杉矶赶到北京请宝胜"开顶"的气功师父，刚好是我从前在台北见过的某气功馆的老师，他告诉我，宝胜的火功可以把头部的经络打通，但是听说非常疼痛，我说我也要试一试。

烧头之前，宝胜拿了一叠卫生纸放在我的头顶，当他把右手的手掌放在我头顶时，卫生纸立即像蒸发的开水一般冒出热气，但是并没有着火。那一刻我感觉有一股无法形容的热力，钻进脑壳里，勉强地形容，就像一个烧红的炭放在头顶，痛得我连眼泪都流不出来了。这时宝胜对我说："你受不了了，让我给你一点冰。"话还没说完，一股沁人的冰凉感立刻钻进脑子里。接着他要我躺在床上，休息两个小时。那两个小时里，脉搏的跳动就像严重发炎时一般，咚咚咚地跳得我哑口无言。那种疼痛感是顺着神经系统遍布全身的，我半生中从未经验过那样的滋味。这项大胆的实验算是成功了一半，我头顶阻塞的经络在十天后开始畅通；但是几个月后又阻塞了，因为内脏里的毒素尚未完全排除。宝胜说，如果我能忍得住痛，烧上三回，他所有的特异功能，我都可以获得。但是二十天下来，我观察到他的特异功能并不能解脱他内心的烦恼，也无法开发他深思的智慧，然而不可否认的，他的能量比一般人高出太多，反应和觉知的速度也比一般人快，但自我也比一般人大。我后来打消了继续"开顶"的念头，我总觉得神通是智慧的副产品，顺着自然的了悟慢慢开发出来，应该才是正道。不过母亲的膝盖从此灵光了许多，走起路来速度也快多了。

当我想到那名菲律宾的神医时，我也联想到宝胜不知道能不能徒手开刀，可是多年没有联络，已经不知道他的去向，只好托菲律宾的友人打听Alex Orbito的住址和电话，结果居然打听到了。他的诊所就在马尼拉靠近中国城的某家旅馆一楼大厅的某间办公室里。我和翠英带着洁生，很兴奋地赶往马尼拉。到了那家旅馆，找到旁边的那间旅行社，发现已经有好几位病人坐在办公室里等待。其中的一个空房间摆了一张按摩床，那就是Alex的诊疗室。我看了一下坐在沙发上等候的病人，有的是菲律宾本地的人，也有的是来自荷兰、澳洲和其他国家的人。我和翠英带着洁生逛遍了附近的百货公司；马尼拉的气候热得令人发昏，只好往有冷气的地方钻。两天后轮到我接受治疗，我看见那名来自荷兰患有舞蹈症的病人，竟然能收起拐杖，靠自己的双腿走路，而且手舞足蹈的现象也消失了，真是感动得差点没涕泗纵横；神迹总是震撼人心的。我满怀希望地走进诊疗室，Alex把翠英也唤了进来。我们看见按摩床旁站着Alex的妻子和另外一名女人，他妻子的手中拿着一个银色的盆子。Alex快速地找出我的某些疼痛穴位，用手指往下抠压，迅速地取出一小团像肿瘤又像动物内脏的东西。他的手法很快，你看不出那些东西是怎么冒出来的，而且皮表除了指甲的痕迹之外，完全没有任何受伤的迹象。他一连为我治疗了三天，三天中取出不少类似肉瘤的东西。说也奇怪，这三天中，我的精神非常的好，身体也觉得舒服许多。第三天，Alex把我叫进他的办公室，他说他有话要跟我说。他告诉我从今以后我不再是一名电影演员，而是上帝的演员了。他希望我回台湾之后能帮他募款，他准备在菲律宾建造一座金字塔形的教堂，专门为来自世界各地的人灵疗。我说如果我的肿瘤真的因为他的治疗而消失，我一定尽力帮他宣扬。

Alex的长相没有任何特异之处——个子瘦小，年龄将近六十岁，身上穿着白衬衫和西装裤，看上去就像个普通的公务员，但是气质相当沉稳。我捐了一些钱给他，他没有规定固定的诊疗费，只接受人们的乐捐。第三天，我治疗完之后，翠英也接受了他的徒手开刀，同样拿出了一些东西。我们俩都觉得他确实有些直觉，他能快速地判断出翠英的一些身体的状况，也能找出我最不舒服的穴位，但是肿瘤是否消除，必须回台湾检查之后才知道结果。

回到台湾的第三天，我到中心诊所接受许大夫的超音波扫描检查，结果发现肿瘤不但没有消，还长了半公分，变成直径八公分大。我很好奇，便打了一通电话给Alex，请问他到底是怎么回事，他说他已经尽力了，如果无效，只好开刀。过了两天，我到荣总找吴湘达大夫再做一次检查，结果和许大夫的判断相似；我觉得荣总的环境比较安静，便决定在荣总开刀。我回想起雪莉·麦克雷恩在《Going Within》一书中描述，Alex接受她的邀请，在近百人的面前，展现他的徒手开刀术；许多人声称自己的病被Alex治好，从此不再复发，但也有人十分怀疑这整件事的真实性。我自己的亲身经历，证实这种治疗对我的畸胎瘤是完全无效的，至于Alex是否在欺骗世人，只有他和他最亲近的人才知道真相。我从这件事中学到的教训是：既然活在这个物质世界，就要以物质世界的规则行事，奇迹往往是规避痛苦的捷径；人生是没有捷径可走的。

1997年的10月初在荣总进行第二次开刀手术，结果拿出一个如同熬汤的大骨一般的畸胎瘤，上面分布着甲状腺和血管。翠英说看起来很恐怖，像个异形似的，我嚷着要看，大夫说拿去化验了。我住院期间，未满三岁的洁生已经像善体人意的大孩子，忙着帮妈妈拿拖鞋，扶妈妈下地，还想调整病床的斜度。翠英告诉我，她和洁生在观察室等待我恢复知觉时，洁生脸上露出了非常哀伤的表情；在她的记忆里母亲永远在治病、放血和开刀，从这样的境遇里长大，她似乎比一般小孩早熟许多，我总觉得她什么都懂了。想起她满月时拍的那组照片，一张小脸肿得真像个小肥猪似的，现在则是有模有样的小女生了。我记得她两岁半的时候，我和翠英带着她加入了一个远征埃及、希腊和土耳其的旅行团。她小小的身躯挺立在阿蒙神殿的柱廊前，来自世界各国的旅人一个个忍不住地停下来摸她的头，替她拍照；她应该算是当时年纪最轻的观光客了，但颇能适应那种舟车劳顿的生活，沿途大人都累倒了，她照样能吃能睡。到了土耳其,她一路咬了三名当地的男士;他们看她可爱,忍不住想摸她的小脸,她抓住对方的手臂上去就是一口。我和翠英赶忙向人家道歉,回过头来问洁生为什么要咬人,她说她不喜欢别人摸她的脸。我们从不灌输她自保的观念,但是她天生就有这样的本能。养育者最忌讳抱持先入为主的标准,或坚持把孩子铸造成我们理想的模子,我们只有接受她先天的特质,然后再加以适度的调整。

尊重生命

　　洁生从几个月大便展现了冷静观察人的倾向。访客过去逗她玩,她先不动声色地上下打量一番,等到对方通过了她的检验,才放松地互动起来。她的感官特别灵敏,一岁半就喜欢吃鱼头,鱼刺一根不剩地全吐了出来,偶尔有一根卡在喉咙眼,她竟然不慌不忙地把食指和大拇指伸进喉咙,小心翼翼地掐出刺来,包在面纸里交给翠英。她喜欢玩的游戏和行为举止几乎都像男孩。她梦想自己是超人或洛克人,孔武有力地打败了所有的假想敌。看完灰姑娘的卡通影片,她一点也不认同女主角,宁愿当那个坏姊姊,免得被后母欺负。她的自尊心强,轻轻打一下小手心,便哭得如丧考妣,我和翠英很快地认清这个孩子只宜鼓励不宜惩戒。她的占有欲重,竞争心强,安全感也比一般小孩缺乏。我时常近乎谄媚地称赞她,做她的拉拉队长,她却以冷静的小眼睛直观地看进我的内心,立刻看透了我的过火演出。几个月前的某天我自得其乐地听着 Joni Mitchell 的老歌,疯癫地跳着女巫舞,她一脸百感交集的模样,低着头静静地听了一会儿音乐,然后要我抱着她共舞。从此以后她每天都吵着要听那张我母亲生前最激赏的唱片。我闭门写回忆录,她跟翠英回南部度假,竟然影响了其他几个孩子,大伙儿每天都要听上好几遍 Joni Mitchell 的歌。看到别的小孩都有父亲,唯独她的父亲缺席,心中不免有些失落,但是她从不问我"爸爸为什么不和我们住在一起"。最近她私下问了一次翠英,翠英说:"回台北之后我们再去问妈妈。"洁生听了突然哭着说:"你不要去问胡因因这个问题啦!"她小小的年纪已经能体恤母亲的为难之处了。一群小不点都叫我胡因因,他们把我看成了跟他们同年龄的玩伴。

洁生的父亲经过三四年的成长,现在已经是个负责、能够面对困境的人了。他的叛逆期已过,对其他的异性暂时不再有蠢动反应。我们偶尔通一次电话,交换一些看法与观察,他告诉我他和妻子的关系最近转成了更深刻的默契,我听了感觉相当欣慰。

有些人问我孩子的父亲缺席会不会造成心理上的伤害,我从自己的成长过程体悟出每个生命都有独特的学习方式。这个宇宙有一个隐含的、失序中的秩序,我们一旦学会正确的观察方式和面对的勇气,就能体会老子所说的随波逐流的滋味;然而学习的过程总归是充满着艰辛的。其实所有的伤害都来自于苛求、掌控、高压、不尊重、贬抑、漠视等内心的暴力,而暴力的形成往往只是因为有恐惧以及无法开放地经验人生。童年的我曾经拥有过非常宝贵的品质——诚直、善感与开放,但这个残酷的世界不断地打压这些品质,因而造成了许多伤害。人在面对伤害时会有不同的反应,有的人会叛逆反抗,有的人默默忍受,两者都会滋长更多的内在暴力。只有学会如如不动地透视和深思,才能免于受伤。

作为一个单亲妈妈,首先我必须神智清明地接受孩子的父亲缺席的事实,而没有任何责难、内疚或不平衡,因为上述的反应都是愚蠢和多余的自虐。为了孩子的幸福,我必须治疗自己的身心,只有当我健康时孩子才能直接受惠。身心不健康的父母,真的还不如把小孩交由健康一点的人扶养。接下来我要问自己的问题则是:什么才是爱的教育?我所能领悟出的答案是:尊重她,给她试误的自由,给她自己寻找答案的独立性和空间,教给她观察内心活动和关系互动的方法;当她被这个荒谬的世界熏染时,协助她找回清明的自性;当她跟着众人一起颠倒时,协助她从倒立的状态回归正直;当她叛逆时,要为她指出叛逆之中虽然有某些洞见,但毕竟不是完整的认识。教育真的不是理论,你必须在生活中点点滴滴地注意自己的反应有没有伤害到孩子。虽然洁生只有四岁,但四年的观察已经足以让你认清孩子绝不是一张白纸,她已经具有自己先天带来的习性了。洁生的习性中有明显的争强好胜倾向，如果你有一点穿透力的话，你会看到争强好胜的背后除了恐惧和不安全之外，没有别的东西了。当我第一次发现她对其他小孩有残暴的举动时，我心里生起了明显的失望，然而一旦放下那些精神上的理想和标准，你就能冷静地看到人类的基因之中，动物性、人性和神性本是同时存在的；你必须接纳这个事实，如同你接纳自己一般。

第十五章 生物能医学（讯息医学）

开刀后的第五天，我觉得体内的能流又畅然运行起来，显然三年的各种另类治疗，帮助了气血的循环；等到畸胎瘤一拿掉，阻力就更小了。从第五天出院到十天后，情况都不错，朋友看到我的气色，不相信是刚开完刀，但是接下来开始正常活动和用脑之后，我仍旧感觉到气虚和神经紧张，消化和排泄也还是不顺畅，可见切断的经络尚未恢复。11月中旬，经友人介绍，我结识了"圆山诊所群"的崔玖大夫。一见她的面，我立刻觉得投缘，情感的互动似乎没有什么阻力，于是我决定接受她采用的生物能治疗。

崔玖大夫是国际知名的妇产科医师，美国妇产科学会院士，也是全球家庭计划与子宫颈抹片的创始及推行者之一，她从三十年前开始研究中医和各种另类医学。"圆山诊所群"是国际医学科学研究基金会学术支援，于1990年8月间创立，主要由崔玖医师率领的医疗机构。它提供的服务除了一般西医诊疗、转诊与会诊之外，还采用传统医学科学化仪器做身体检查。我在三年中实验过的另类疗法中，没有一种疗法能整合中西医学理论与尖端科学仪器，因此我不敢轻易地推荐，只有"圆山诊所群"是我愿意公开肯定的。

圆山诊所先以"穴诊仪"在患者的穴位上诱导出代表体内器官系统电机能的量与质，并且依此作为筛检诊断之用。

崔玖大夫拿到我的诊断数据之后，开始和我面谈。她采用的是 Dr. Roy Martina 发明的花精治疗（非时下流行的精油治疗）以及生物能医学的清毒治疗。她和我面谈诊断的内容整理出来大致如下：

> 你这次测出来的辐射污染很严重，气很低，循环慢，缺氧，情绪的压力非常大。牙齿里的银粉散发的辐射污染，影响到肺经、大肠经、胃经和脾经。神经系统和淋巴系统都有虚火。情绪的压力已经影响到间脑与荷尔蒙的分泌；你的下视丘、松果体、甲状腺、陶腺也都受到情绪的影响。三酸甘油脂高了一些，胆固醇也有偏高的迹象。大肠里有很多的讯息，肝还好，皮肤有湿疹。胃还好，但是有幽门杆菌，如果情绪不稳，容易产生溃疡。胆里有讯息，油炸类和坚果类的东西少吃。肾可能需要多喝葡萄柚汁，以免结石。体内有霉菌，容易引起妇科和皮肤的问题。脾脏里面有小时候发的水痘和腮腺炎等等的讯息。心脏本身没有问题，但心绪影响到睡眠。肺很弱，卡介苗注射的影响很大。生理年龄大约五十岁左右。以上的问题显示我们要赶快清毒，然后要补气。

> 我们这次从三十种花精中选出两组与你的情绪波相关的花精。这两组目前需要的花精，正好和前面诊断出的牙齿、神经系统以及内分泌的情况相符，其中有一组三合一的花精，是专门为切尔诺贝利核电场灾变的受害者调配的处方，这是你目前最需要的。从这组花精的波看来，你有焦虑不安的现象，但这只是表面的问题，深层的问题是，你对自己在这个世界所扮演的角色和身份，一直弄不清楚。看起来好像很忙，但目的和真正的任务是什么，还是不够清楚，甚至于觉得有点

力不从心的味道。因为对自己的身份弄不清楚,因此在目前的阶段,你对所有的人际关系和情感都有保留,有点踌躇不决。表面上你可能安慰自己:一切都还好!但这份感觉并不真实,你还是要把所有的毒先去掉,真正的感觉才能出来。你目前需要的这一组三合一的花精叫做"Yarrow special formula",它要对治的就是你身上的原子能污染和环境污染。你的肉体受到了很大的惊吓,你的心里有很深的创痛,生命力完全使不出来。你的身上除了原子能污染之外,还有来自灵界的污染和别人带给你的负面精神污染。因为你天生是一个阴性的接收器,你有特别敏感的体质,如果你替别人做心理治疗,他们的精神状态会直接影响到你。所以这些毒素要赶快去掉,这非常的重要。

另外一组的花精是松和莲花。这一组的花精显示你有一个圣洁的任务,需要在这一世完成,可是你心里却有一种不配的感觉;你觉得自己凭什么资格去佩戴这个光环。你觉得不配,是因为你心里有很深的内疚,但是这一世你并没有做什么了不得的恶事,也没犯什么大罪,就像原文书上所说的"which is entirely disproportionate to the actual event"(与事实完全不对等的罪恶感)。你也不晓得从哪儿来的罪恶感,你只好对自己说:"就让我努力把今生奉献出来吧!"可是你又问自己:"我要如何奉献?"你的身份的混淆感就是来自这里。(崔大夫说到这儿,我已经忍不住哭了出来。她的话一针见血地打到我的内心深处。从五六岁开始,我就有一种莫名其妙的"任重道远"的感觉,好像"救赎"是我这一生必须完成的一件事。后来无论是寻道、求师、翻译和治疗,都觉得不只是为了自己,也为其他有缘的人在做这些事。嘉楚仁波切和几位研究深度占星学的朋友譬如韩良露和 Ted 曾经告诉我,在过去世里我可能拥有过相当大的权力和地位。今生我似乎一直企图打破内心的权威和外在的权威,因为权力和地位带来的腐败,我太熟悉了。我一边哭,一边告诉崔大夫我的感想,她深具同理心地拿了几张面纸让我擦眼泪,擤鼻涕。接着她继续讲下去。)这个恐怕还要再深入研究,花精只是在处理表层的情绪,让你有勇气挖下去,真正厉害的武器是催眠。我自己曾经试过，蛮可怕的，因为你不知道会出来什么东西，但是这一世如果不把它们弄清楚，下一世还得继续纠缠下去。你不要害怕，这些花精会让你觉得一切都已经过去了，就像在看旧电影一样，如果你不看它，它永远不能从你的灵里消除。消除不掉的话，有的灵会出现一道裂缝，这道裂缝会让某些非常好的灵，变得莫名其妙。唯有通过当时的痛苦，力量才能出得来。你现在只有形式，但力量不够。你看见路了，没有力气走，看见了工具，拿不起来，这不是在内疚上又加了内疚吗？所以你必须在最高的灵的层次上，学会接纳自己，建立起内心的尊严感，认清自己圣洁的身份。莲花在佛教里是圣洁的象征，听以你现在需要莲花和松的帮助，建立内心的圣洁感，同时要去毒，去除伤害你的情绪波，还要双管齐下地补气。今天晚上就谈到这里……

崔大夫的话让我觉得人生真是妙极了，多少年来，我有过无数的机会探索潜意识里的奥秘，但是我都用理智和头脑把那些浮出表面的现象压了下去，现在好不容易找到最有整合性，也合乎现代尖端科技的治疗方法，出来的结果竟然是如此的玄妙。我的头脑仍然无法完全接受崔大夫的话，但是我的潜意识显然动摇了，因为第二个礼拜的某天清晨，我进入了不可思议的另外一个次元。

1997年的12月6日，我到圆山诊所接受第二周的治疗。那天早上我起来之后，感觉情绪能量非常的高，从青田街的新居坐车到圆山诊所的路上，我看见来来往往的摩托车骑士以及行人，心里都有一股强烈的爱。到了诊所做完穴诊，测出上一周的治疗效果不错，唯独这份高昂的能量，需要平静下来。测试的结果，找出了最适合我的向日葵的花精。离开圆山诊所时，我在嘴里滴了五滴花精，便赶赴一个午餐的约会。二十分钟以后到达餐厅，我发现高昂的能量突然平静了下来。与我约会的友人，一向能带起我的精神，但是那天中午，却连一丝一毫的情绪都提不起来；整个下午和晚上也是如此。夜里11点钟，我觉得古井无波，不睡觉也嫌无聊，便倒头安静地进入深睡。那几天洁生和翠英刚好回南部，我一个人在家，于是决定当天晚上睡她们的房间。到了清晨四点，我突然醒来，觉得屋子里有一点冷，便开始默念道家高人萧师尊传下来的二十字真言（忠、恕、廉、明、德、正、义、信、忍、公、博、孝、仁、慈、觉、节、俭、真、理、和）。自从崔玖大夫以科学仪器证实我是一个具有灵媒体质的导体以及我身上充满着各种波的干扰之后，每当我觉得体内或周围的磁场有什么不对，便开始诵持二十字真言。其实我对其他的真言一直都有感应，只是我坚持要以自力救济和理性的方式面对自己，因此很少诵持。二十字真言与我特别有缘，可能因为父亲在大陆曾经皈依过萧师尊。

神秘体验

12月7日清晨4点，我默念了几遍二十字真言，突然觉得浑身发热，热到大汗直流的地步。冬天在没有运动的情况下，出一身的汗，实在有点稀奇；接着我静卧中的身体，像是接通了一个巨大的电源，浑身数万条的经络，不约而同地共振起来。我的头脑仍然不太相信眼前发生的事，于是换了一个姿势，改成右侧卧之后，再继续默念真言，但身上的共振还是进行着。我当时的神智非常清醒，眼睛是闭着的。没过几秒钟，我闭着的双眼，竟然看见自己的身体和身体的周围，突然转进了一个旋涡。紧接着，半空中出现了两个人，直直地悬立在我的面前。一个在前，一个在后，前者是女的，后者是男的。这两个人不是别人，竟然是我多年前双双过世的父亲与母亲。他们是以中年的模样示现的，母亲身上穿着粉红与白色相间的衫裤，父亲躲在她的身后，似乎不太好意思让我见到他的脸。我以心灵感应的方式和他们沟通，我问母亲："你们怎么会在一起，难道你们已经学会相亲相爱了吗？"母亲有点不耐烦地回答我："哎呀！学会了！学会了！"接着我问母亲："为什么我一持二十字真言，你们就出现了？"母亲回答说："你别管什么真言不真言的，你有你自己的一条路要走。"说完了这句话，他们便匆匆地穿过我右边的那面白墙走了。我竟然还看见墙外有一辆黑色的轿车，他们上了车之后，画面就消失了。我立刻睁开眼睛，翻身坐了起来；刚才发生的事明明不是一场梦，却令我觉得如梦似幻，我泪如雨下地看着高挂在墙上的那一张爸妈年轻时的彩色照片。这么美的两个生命，彼此竟然斗争了一辈子。他们之间的仇恨，曾经带给我无法想象的创伤，但是也为我带来了极大的成长。我从痛苦中深深地体尝了众生的苦难，这一份不可思议的同体大悲，促使我疯狂地寻找身心灵的解脱之道；稍有一点收获，便迫不及待地想要与人分享。不幸的是，我的心比天大，力量却不足。三年的谷底经验，终于让我学会了毫不逃遁地面对分分秒秒存在的磨难；我知道自己的心力已经逐渐茁壮。正当我走出灵魂的暗夜时，逝去的爹娘竟然出现在我的面前，他们是不是在暗示我：个人的变革就是集体的变革；我的转化和他们的转变是同时发生的？

第三个星期回到圆山诊所，我立刻向崔大夫描述我的神秘经验。崔大夫毫不惊讶地告诉我，过去十年中有一些求诊者也有过类似的转入旋涡的经验，她曾经写过一篇医学报告，发表在某科学刊物上。但保守的台湾，仍然把这类在全球不断发生的生命现象，视为不值得研究的怪力乱神。崔大夫说那个经验不仅是唯心的，也是发生在某个外在次元的现象。她多年来参加过世界各地的整合医学会议，有过神秘体验的治疗者，可以说是不计其数，这些现象不是精神妄想症，它是人类心灵的奥秘之一。

一个月后的某一天晚上，我在11点过后入睡，很快地进入一个非常清楚的梦境，梦境中我是个成年女子，身上完全赤裸，没有穿任何衣裳。我躺在一张像是"炕"一样的床上，右边睡的是我的父亲，左边睡着我的母亲。父亲和我的关系十分的亲密，因为他的一只手是放在我的胸上的；母亲站起身要下地时，转头看见父亲的手放在我的胸上，便指着我们破口大骂。梦境中的我，好像是父亲的妾，母亲的身份似乎是他的妻子。我被骂得怒火中烧，但是当我起身准备找母亲算账时，他们两个人突然不见了。下一个画面中，我变成了主观镜头，非常急切地寻找着他们的身影，结果发现他们正在客厅里谈论着柴米油盐的家务事。怒火中烧的我，骤然冲向母亲的背后，用力紧紧地掐住她的脖子，直到她断了气才停止。这时我突然醒了过来，但是心中没有任何的情绪,只有一种"原来如此"的了悟。我和母亲的对立,我和父亲自来就不需要学习的默契以及他们之间的仇恨,似乎透过这个梦境得到了一些解答;当然,这个梦境也可以诠释成心理学所说的恋父弑母情结。但是我知道还有多生多世的因因果果,埋藏在无意识的底端,我相信随着慧力和定力的增长,这些宿世的画面,应该会自然浮现,所以我并没有进一步地寻求催眠治疗的打算。

圆山诊所为期四周的治疗结束,崔大夫说我可以毕业了,所有的指数都接近正常,但牙齿的银粉仍然需要换掉,我一时抽不出时间,只好留待空闲一点再加以整治。

花精博士

1998年的6月15日崔大夫邀请了花精博士Dr. Roy Martina来台做一场小型的演讲,我请了几位友人一同参与这个聚会。早已耳闻Roy是一位多才多艺的发明家,也是一位有正统西医背景的另类治疗者。我走进演讲的会场,发现听众只有十几个人,其中有五位都是我请来的朋友;这就是崔大夫的行事风范,非常的随遇而安,非常的另类。来自牙买加,生长于美国迈阿密的花精治疗发明者Roy,本人看上去出乎我意料的年轻;根据崔大夫的描述,我以为他大概是个六十开外的人,没想到Roy也属蛇,和我同年。他演讲的内容、思维的品质和语言的运用能力,都令我暗自赞叹。以浅出幽默的方式,表达深刻的内涵,不是一件容易的事,我认为他为我们做了一次身心灵整体健康的精彩概论。我很少见过如此平衡而健康的人,我几乎看不出他有任何漏洞,他细腻的觉知令我印象深刻。第二天大伙儿一同到花莲游玩,在飞机上我请教Roy有关花精治疗的原理。我告诉他去年12月7日清晨4点,我因为服了向日葵,而转进了另外一个次元,我不明白花精为什么有这么大的作用。他说那是一次接通higherself(更高的自我)的经验,因为花精有平衡七个轮脉的作用,它能使人快速地进入定境和更深的次元。我问他《花精治疗》那么厚的一本书是怎么完成的,他有点腼腆地告诉我,那本书是以自动书写的方式,在六个小时中完成的;事后他花了六个月才整理出来,但书写的当时,他并不知道内容是什么。他告诉我,近年来他在世界各地做治疗的工作,看见无数人在灵修上有了突破,千禧年之后的下一个世纪,地球很可能出现截然不同的景象。

两天后 Roy 离开了台湾,我重返圆山诊所,请李汉平大夫清除我牙齿中的银粉。过去受到银粉污染的肺经、大肠经、胃经和脾经,几天后阻塞的情况都有改善,但消化系统和肠子的蠕动仍然缓慢,开刀之后的身体要它完全恢复,还需要一些时日。

第十六章 恩宠与勇气

第二度开刀的前十天，我站在青田街新居的书架前，不经意地从书堆中抽取出肯·威尔伯所著的《恩宠与勇气》。这位超个人心理学界的天才，早在二十三岁便撰写了《意识光谱》这本长青心理学领域最通达、最广博的著作。1988年我在纽约搜寻未来将要译介的英文原著时，已经相中了《意识光谱》，回台湾后我曾征询过老孟（孟祥森）翻译此书的意愿。老孟当时的情况和阿德译《宝瓶同谋》的感受差不多，他说他还想多活几年，对此类硬书避之而唯恐不及。译者的辛苦和受重视的程度往往是不成比例的；在台湾以翻译为职业的朋友，恐怕连生存都成问题。我不想减老孟的寿，因此打消了有计划引介肯·威尔伯思想的念头。

我的记忆中，《恩宠与勇气》是 Robert 送我当礼物而被我束之高阁长达五年的一本书，内容描述的是肯与罹患乳癌的妻子崔雅（Treya）共同抗癌的心得；我想它也许能帮助我面对十天后再度开刀的不确定感。阅读的过程里，我发现此书竟然整合了二十多年来我曾涉猎过的心理学、灵修与身体的治疗，它不仅仅是癌症病患的经验谈，更是难得一见的有关身心解脱与临终关怀的坦直实录。书中两位主角人物的自我观察和赤裸的剖白，与我在三年谷底经验中的一些深层领悟不谋而合。他们为我搭起了一座通往终极解脱的人性之桥，使我更能了了分明地接纳自己的不完美，也更能以平等心面对生命的磨难。我开始对威尔伯的知识体系刮目相看。

受到克氏教诲的影响，多年来我逐步卸除了知识的铠甲，空手直探意识的深渊。住在珑山林的三年里除了翻译过一本克氏的《自由爱行动》之外，几乎没碰过其他的书。那个阶段的我必须集中能量对治身病，此外我仍然保持着"为道日损"的信念；而且我从未接触过任何一位中青代的知识分子，能够如此左右逢源地出入于究竟真理与知识体系之间。威尔伯以惊人的归纳能力综合了心理学、心理治疗、神秘主义与东西方各大宗教的灵修传承，也统合了哲学、社会学、超心理学、人类学、神话学、经济学、生物学、物理学与知识史等等，形成了他独创的"大统一场理论"；更重要的是，他本人在灵修上的体证已经处在见性阶段。我感觉除了克氏之外，这是第二位我真正想引介给国人的智者，而头一本我想翻译的著作就是《恩宠与勇气》。我接洽了在心理辅导上成绩卓然的张老师文化公司，预定开刀复原后便着手翻译此书。

1998年元月，张老师文化举办生活探索人文讲座，我和二十位诚恳可爱的朋友每周二晚上聚会三四个小时，开放而深入地分享内心的困惑与隐情。十堂课结束后大家欲罢不能，仍持续着每周一次的聚会，彼此扶持，共同成长。我很清楚地看到，受创治疗者（wounded healer），就是我在后半生要扮演的角色。四十多年来丰富的受创经验和自疗过程，全都成了与学员们分享的宝贵资粮。我引导这群可爱的朋友一层层地深入探索每一个信念背后的真相，我提醒他们要注意观察身体、心智与觉性之间的连锁关系，也帮助他们体会正确的聆听之道。如果我们能安静、耐心而专注地聆听别人的生命经验，就能逐渐领会众生一体的奥义；开放而无惧的分享则是打破自我防卫机制的途径。透过一次又一次不同的主题探索，学员们开始觉察到集体意识中的颠倒与局限，以及自己长期受到的精神污染及暗示。虽然分享的形式必须借助语言和思维，但情绪能量的释放是畅然无阻的；某些主题（譬如孤独、哀伤）特别能勾起大家的创伤回忆。在一个冷漠的都市里，和一群毫无利害关系的友人分享深刻的感受，逐步解脱自我中心的牢笼，建立起自知之明，确实是值得珍惜的机缘。

这个阶段的我身体尚未完全康复，但张老师文化已经预定一九九八年出版《恩宠与勇气》，我必须尽快着手翻译。我发现开刀后的肠部蠕动非常缓慢，脾胃的功能也很差；能量医学治疗最显著的功效并不在身体而是在情绪的层次，身体的治疗还是得靠我自己持之以恒地运动和休养才行。然而翻译的工作是静态的，用脑所消耗的能量又大得惊人，况且《恩宠与勇气》绝不是一本容易转译过来的著作，我必须不断地查询书中采用的心理学与医学名词，因此身体非常抗拒这项工作。我翻译了五章之后，发现自己有点支持不下去的味道，时常反胃和头晕，思考的速度迟缓得如同在太空漫步，只好请总编辑王桂花小姐寻找一位合译的伙伴。桂花找到了刘清彦先生救急，清彦以惊人的速度初翻了大约三分之二的内文；但是为了统一文气，忠于原作的语调及内涵，起码有三分之一的部分必须重译，其他则需要细润。

既然坐着写字会反胃，那么就躺着写吧！我把稿纸举得高高的，以红笔一行一行地重译。反胃、头晕，没什么大不了，只要心理上不抗拒，生理的现象其实并没有想象的那么严重。我花了三个多月的时间，在号泣与狂喜中，随着书中两位主角惊心动魄的磨难与了悟，大死一番地完成了这本书的译作。

在翻译的过程里我更深一层地体悟了无拣择的纯然觉察。书中的女主角崔雅得知自己罹患乳癌之后曾参加过一次葛印卡（Goenka）老师举办的十日禅，她在日记中详细描述了十天闭关里身心的各种反应及变化。她的描述无形中帮助我进入了相同的状态。翻译工作接近尾声时，报上刊出葛印卡即将来台主持十日禅的消息。不久好友潘爱莉邀我和葛印卡的大弟子达南杰（Dananjey）见面，这位来自印度的心理治疗医师自从体验过原始佛法的内观之后，心理治疗显然在他内心的天平上失去了昔日的分量。

我试着与他探讨结合心理治疗与内观的可能性，他的立场似乎相当坚定，他说他的病人接受十日禅的训练，治疗的成效远比心理分析显著得多。我邀请他和我以及李孟浩进行一场"心理治疗与灵修"对话，如果能激起一些洞见，或许可以发表在《中国时报》的《人间》副刊，因此我们也邀了《人间》的主编杨泽一起参与讨论。

我之所以会产生这个构想，主要是受到威尔伯的启发，他从五年的抗癌经验和十五年的禅修练习中发现，冥想或禅修并不一定能治疗心理的阴影层问题，他认为自己一直都在利用坐禅回避一些心病，崔雅的癌症带给他的磨难反而是重新纠正这些心病的机会。威尔伯对来访的记者伊迪丝（Edith）做了如下的说明："……冥想不像心理分析，它不是一种揭露技法，它主要的目的并不在消除被压抑的障碍，让阴影部分浮现……它主要的目的是要扩大心量，拓展超越自我或个人性的觉知，逐渐引导你去发现神性、自性或纯粹的'看'。换句话说，冥想和心理治疗针对的是十分不同的意识层面。譬如禅并不是为了消除精神官能症而设计的，你可能发展出非常强的觉察力，但这些精神官能症仍然健在。透过禅你会觉察到自己的心病，它能帮助你和这些心病自在地相处，可是它不能帮助你把这些心病连根拔除……"

伊迪丝接着问道："但是在冥想的过程里被压抑的东西也会爆发出来。"肯回答："一点也不错。这样的情况很可能发生，不过也可能不发生。"我回想自己以往曾经参加过的禅七活动，学员中有的人突然休克，有的人放声大哭，有的人昏睡不醒；我的反应则是腰酸背痛，神经紧张，然而深埋的情绪并没有曝光。长年以来我不断地进行自我观照，但相关的诊断显示出意识深处的创伤还是没有解除，所以我认同肯的看法，我认为揭露心底深处被压抑的障碍应该是身心治疗的基础。有趣的是某些人可以透过心理治疗或工作坊的形式进行自我治疗，有的人却必须自力救济；实验过各种的途径之后，写这本前传的过程竟然也释放了许多深埋于心中的情绪，这是我始料未及的事。

万念俱寂

和达南杰进行对话的那两天，我的意识产生了一些奇妙的变化。头一天中午我们在"回留"吃完饭，便开始进行交谈。我察觉自己的身体能量很低，但是头脑非常清明而安静；我可以清楚地觉知到自己每一个意念的本质，也能洞悉眼前三位男士的心态。一开始参与谈话时的兴致还算高昂，但很快地我就看穿了企图说服别人和证明自己的见解正确，背后的心态只不过是虚荣和自卑罢了；内心的驱力在觉性的照妖镜中现了原形，不久便欲振乏力地沉寂了下来。从中午12点一直到晚上11点，我大多是处在一种沉寂的状态，很难勉强自己认同或介入杨泽与李孟浩的对话。我的自我感就像一个垂死的生物，它的活动已经欲振乏力。我发现从三年的谷底经验走出来之后，更不在乎别人对自己的看法了；人一旦放下对面子的执著，集体的制约也就差不多解脱了。

第二天早上大家在青田街的家中继续对谈，中午又到旧"回留"聚餐。一整个下午我都处在思维活动止息的状态，眼前五六位友人此起彼落的谈话就像个小型的室内乐团在演奏；我的心中没有任何辨识、批判、抉择、认同或好恶反应，一切只是如如地发生着。晚上爱莉请吃饭，我和念萱及建宇一同赴约。一进入餐厅，看见屋子里坐着一桌完全不认识的陌生人，心里生起了一两个批判的念头，很快地就安静了下来；大家自我介绍完毕，便坐下来开始吃饭。我吃着吃着，突然万念俱寂，心中失去了任何想要取悦或参与的欲望，但眼前每个人内心的不安、匮乏、挣扎和想要获得肯定的需求，我都能觉知、同理与接纳。半生以来与人互动时内心的批判、苛求与好恶，此刻如泡影一般完全幻灭。自我的活动一旦止息下来，剩下的便只有在觉知的广角镜中不断生灭的人声和影像了。那一刻我突然有一种毫无疑惑的了悟：这就是平等心了！接着一股无法遏止的同情排山倒海地涌现，一屋子的人眼睁睁地看着我涔涔泪下了十几分钟，练习内观多年的爱莉低声对她邀约的商界友人解释说："因因现在处在一种很深的状态，大家不妨跟着安静一下吧！"

葛印卡老师8月1日下午2点在台北来来饭店举行记者招待会，我充当他的即席翻译。在会场上我对这位老师并没有特别强烈的感受，但会后他告诉爱莉说，他觉得我的修行已经有了某些进展，若是能在内观上下更深的功夫，将会有更不同的体认。我发现他确实是有洞悉力的。我本来准备参加不久将举办的一次十日禅，但是台北、高雄和北京的读书会以及人文讲学把行事历填得满满的，实在抽不出一连十天的空闲时间，只有留待1999年再做安排了。

永无止境的探险

10月初《恩宠与勇气》终于翻译完毕。崔雅，这位集智慧与美貌于一身的高能量女子，长久以来每星期慢跑二十英里路，总是吃生菜沙拉和蒸过的青菜，一直持续而规律地静坐，过着宁静的灵修生活。她好不容易遇见了梦寐以求的男人，三十六岁嫁给长相如同外星人、身高六英尺四的哲学家、心理学家兼超验论者——肯·威尔伯。两个人正准备从此过着幸福美满的生活，没想到生命竟然带给他们不可承受的磨难。在癌症的云霄飞车上历经了五年的俯冲与超拔，崔雅带着脑部三个巨大的肿瘤、肺部六十个肿块、并发的糖尿病、失明的左眼和肿胀的肝脏，每天仍毫不自怜地吞服一百二十多颗药丸，身上背着氧气筒在莫扎特的音乐中快走，持之以恒地面对残余的人生，她说："因为不能再忽视死亡，于是我更加用心地活下去。"她在癌症迅速蔓延的五年中完成了人生情境最残忍的考验。癌症成就了崔雅的终极解脱与无上的慈悲，也成就了肯无我的奉献。"病痛不是惩罚，死亡不是失败，活着也不是奖赏。"人只有学会以不抗拒、不拣择的平等心面对人生各种的考验，方能活出自在、解脱与不可思议的同体大悲。

这本书翻译完之后，我们已经很清楚地预见"整合学"将会是21世纪人类意识演化的导航体系。威尔伯归纳出的九层意识图和四大象限图，我认为是目前所能看到最圆融的客观检验系统。前者联结了心理治疗和灵修，后者统合了个人意向、个别行为、文化空间和社会系统。九层意识图帮助我完整地看到自己的成长进阶和目前所处的阶段；四大象限图则令我更清楚地意识到自己多年来的演化大多偏向左上角的自我探索，而轻忽了右下角的外在环境和人类体制的发展。此外威尔伯也对"新时代运动"流行的"你创造你的实相"这个观点，提出了非常犀利的检讨，我认为在台湾推动新时代思潮的朋友，应该客观而理性地省思一下过度唯心所造成的偏差。

依照媒体刊登的社会调查显示，台湾目前至少有五百万以上的精神官能症患者（与慢性病息息相关）。层出不穷的性虐待案、谋杀案、强暴案、乱伦案以及因宗教妄想症而导致的新兴宗教乱象，在显示台湾已经堪称"不安之岛"。自从政治解严之后，多元化的资讯开始大量涌入，人们的思想空间和语言工具虽然因此而拓展，但精神状态并没有获得改善。我从漫长的自我探索过程中发现，每个人的身心灵都是宇宙隐含的奥秘，如果只是一味舍本逐末地追求物质次元的名利、地位或权势，我们将永远停留在梦游与梦呓的沉睡状态，身心灵的奥秘也将如同古生物的化石隐埋在地表之下，永无揭露之日。

探索身心灵的奥秘只有靠自己的实证经验，但实证经验如果缺少了客观的检验系统，如何能辨别真伪与虚实？威尔伯的解答非常中肯："我们其实和科学家是一样的，我们必须追求实证，并且相信自己的经验，因为那是我们唯一拥有的工具；否则就会落入恶性循环。基本上如果我们不相信自己的经验，那么我们一定也不相信自己的这份不相信的能力，因为那也是一种经验。所以除了相信自己的经验、相信宇宙不会欺骗我们之外，就别无选择了。当然我们可能会犯错，某些时候经验也会被误导，不过仔细权衡之下，除了跟随它我们没有其他的选择……尤其是神秘经验……它们其实比其他的经验更真实。"

黑格尔曾经说过：你无法质疑知觉，因为你唯一拥有的工具便是知觉。量子力学诺贝尔奖得主薛定谔的领悟则更进一层,他说:"你认为属于你自己的知识、感觉和选择,都不是无中生有的。这些知识、感觉和选择乃是永恒不变的,它们存在于所有的人类……不!一切有知觉的生命身上。这句话也许听起来有点不合乎常理,但是你和一切有知觉的生命真的是一体的。你的生命并不是整体存在的一部分,从某种层面来看你就是整个宇宙。"

我从亲身经验中领会到,我们一旦转化了自我的障碍、烦恼与局限,就能发现一个更大的我,一个比较不受限的我。这个"发现之旅"是永无止境的探险,人的存在最重要的一件事就是进行这一生一世中的自我探索——从最原始、最粗糙的物化次元,一层一层地转向愈来愈精致的身体、心智、灵魂与灵性的高等次元。传统的宗教组织传递了一个非常错误的讯息——牺牲小我完成大我才是神圣的,自了汉只不过是焦芽败种。受到这个错误讯息熏染的人,往往热衷于利他济世的工作而忽略了自我认识的重要;真相是,一个缺乏自知之明的人,即使从事于利他的工作,骨子里也可能只是把权力欲或其他的欲望包装成神圣济世的外貌;这样的人只可能剥削他人而不可能带来任何提升。所以克氏一再提醒:你就是这个世界;如果每个人对于身心的认识能清楚一点,这个世界就能进一步地觉醒一些。个人的解脱之道即是利他的菩萨道;自、他根本是不二的。

第十七章 死亡与童女之舞

窗外的那棵独树一格的大叶合欢总是在葱绿的春季落叶，光秃的树枝上残悬着一片片干枯的豆荚。4月底5月初之际豆荚开始脱落，枯枝发出了新绿，消声已久的鸟儿也旧调重啼。我体内的那股愉悦的能量随着安德烈波塞利（Andrea Bocelli）的《大地之梦》蹿升至头顶。席琳·狄翁（Céline Dion）说过："如果上帝会唱歌，它一定有副如安德烈一般的嗓子。"洁生与我就在"上帝的歌声"中欣然起舞，蹦蹦跳跳地进了大安森林公园。

落日余晖中漫步于这个闹区公园，一幕幕普罗大众的生命景象勾起了我内心深处的感叹、质疑与联结。时代真的大不相同了，公园里双双颈交的爱侣，在众目睽睽之下光明正大地进入了无人之境。长椅上的那对恋人应该是大学生吧？我心里这样想着。只见那名脸上布满了红豆的男孩儿深情地俯视着仰卧在自己腿上的女孩儿，女孩儿无视于那些红豆以及旁人的存在，迷醉地凝视着她的南国。

回忆起二十岁那年的仲夏，我穿着两截式的中空装，脚踩着恨天高，心里充满至福地紧握着Don的手，漫步于西门町的天桥上，但来来往往的行人看到我们的反应，却如同接近疫区一般。有一个从我旁边擦身而过的外省男子，竟然怀着国仇家恨式的愤怒，大声地对我们叱喝着："真是丢尽了中国人的脸！"我记得自己完全能觉知那名男子心理上的不平衡，却无法辨认出他已经患了国家主义与种族主义的意识形态之病，同时也无法细微地分解出其中的嫉妒、自卑与失望。我当时的欠缺辨识力、易感和对外境的攀缘以及错误的反应，使我在面对暴力的那一刻无形中受到了轻微的内伤。二十多年后的今日，目睹眼前这对爱侣旁若无人的示爱举动，令我不禁生起了祝福与羡慕之情。

然而他们的勇气到底是不再受制于集体压力的一种自由的展现，还是缺乏对环境的敏感度？到底是被动情激素全盘掌控顾不了旁人了，还是一种向集体暴力示威的举动？或许只是单纯地没有私人空间，不得已只好在公共空间里觅得一个属于两人的天地吧？还有，别忘了，热恋是可能激起超人般幻觉的。

无论真相是什么，不可否认的，台湾确实比以往开放了，人心容纳异己的空间也拓展了。民智在各种启蒙运动中逐渐觉醒，但是多年来被压抑的、被否认的、被漠视的异化问题，也将透过身心的病痛一一示现出来。

人心是本自具足究竟圆满的，但是文明与文化的扭曲发展，却在人们的心田中种下了四分五裂的理想、教条、禁令、意见和种种的观念；人性中的暴力与异化倾向，就是由这些被视为正常的自我制约所孕育成的。

我联想到成长团体中的某些可爱的女性因长期处在暴力的环境里，又缺乏正确的心理教育，所以总是落入不安或自惭形秽的神经过敏反应里；而大众媒体的意见领袖们又无法察觉自己的人格失调倾向，总是振振有词地贩卖着"众人皆错我独对"的呓论。

这些现象彰显了人们对于心理和精神状态的缺乏辨识力。

当海峡两岸正集中焦点于"统独"问题和2000年台湾地区领导人选举时，我却觉得台湾五百万的精神官能症[1]患者、人格失调者（可能也包括领导阶层的人在内）、大陆"文革"期间的身心受创者以及受他们影响的下一代，才是真正应该关注的对象。

在意识演化的阶梯上，大部分人所热衷的政治派系斗争，只是一种最低阶的物竞天择的活动，还有更精微的以个人身心灵为本的内在次元，正等着真正的勇者去揭露。此刻我的脑海里浮现了《宝瓶同谋》中的一句话："人的历史上不论哪一个时代都有一小群在科学或宗教边缘的独行者，凭借着自己的体验而得知人类终有一天会超越狭隘的'正常'意识，进一步地扭转人性中的暴力与异化倾向。"

回溯自己四十六年的人生，要是没有那一点先天的逆叛性和质疑探索的勇气，可能早已在父母的心病和众人肤浅的褒贬下丧失了健全的神智。我之所以没有陷入自怜、自欺或自毁，终究学会了以正确的态度面对和承担各种因缘和合的过程与后果，必须深深地感恩——感恩所有与我有缘的老师和他们授予的内在知识，以及生活中的各种人事物带给我的启发。这本揭露自己学习与治疗过程的传记，就是对这些恩宠的献礼。

我的知觉从思维的次元回返到当下，继续和洁生手牵着手往前漫步。抬头仰望浩然的蓝天，发现树梢歇息着一对鸳鸯鸟，它们细琐而迅捷的动作在缕缕白云的衬托下

---

[1] 精神官能症（neurosis）：指的是比较轻微的心理疾病；主要症状为焦虑、忧郁、情绪紧张、惶悚不安。此等心理困扰现象显示个人生活适应上已经有相当的困难了。精神官能症有很多类型，请参考此注释的出处——《张氏心理学辞典》。根据《心灵地图》作者斯科特·佩克医师的诠释，精神官能症患者会强加给自己过多的责任。每当与外界发生冲突时，精神官能症患者一定认为错在自己。

显得格外灵妙。自然是不需质疑，也无需解答的，但误入迷途的人类却需要层层的探索与揭露，才能褪去自我的武装，回归本初的面貌。

我低头俯视着洁生粉白细嫩的小脸。童女的诞生象征着母体的大死；生命最深的意义就在自我的死亡中。

后记 答自己问

问：为什么写自传？

答：为了整合自己，做一次彻底的揭露自疗，串联起细微的因因果果，假如能因此而利益读者则更佳。

问：为什么在四十六岁写传记？

答：如果命运之说成立，我可能会活到九十岁，那么四十六岁就成了中途站，不妨做个阶段性的整理；如果命运之说被推翻，说不定一年半载之后我就走了，此时不写有点辜负诡谲多变的一生。

问：写自传的过程有什么发现？

答：我发现这本书竟然也是个独立的有机体，它也有自己的力量；它不全然受我的意志掌控。当"我"企图将它导向媚俗的方向时，它会自动扳回到如如的现实；当"我"想炫耀自己逆俗的勇气时，它又开始自省起来。这个角力的过程是我始料未及的新发现，我因此而窥见有为与无为、虚构与真实、小说与传记之间的暧昧性。诚如米兰·昆德拉所言：认为自己比其作品更有洞察力的作家还不如改行。

问：写自传时有什么感触？

答：一个人自囚于不到三十坪的斗室里，历经三个多月的时空穿梭，每天吃同样的东西，坐同样的位置，面对同样的场景，却涉入了四十多年来的感官记忆、情绪记忆与思维记忆，感触可以称得上是波澜起伏。其中最令我抗拒的是童年回忆里父亲内心深处的哀伤。他心底的那个幼小无助的孤儿，曾经不可思议地勾动了我儿时的同理、同情与企图援助的渴望；那是我此生救赎欲望的源头，也是深化我生命经验的驱力，但也是被我压抑得最严重的脆弱。能够和这个最脆弱的部分重新联结，是个惊人与感人的治疗经验。

初恋则是另外一个我自认为已经解除而实则不然的意识症结，我发现自己在忆写的过程里仍然有强烈的美感、不舍与遗憾，但是这些强大的情绪能量一旦曝光，执著的力量就消散了；如同一个迷人的彩色泡泡，在阳光下突然破灭。

问：写自传时身体有什么反应？

答：一开始着手写作时，我察觉后颈喉轮的能量中枢是阻塞的；精神一旦集中，思维活动上了轨道之后，喉轮的气便顺着督脉往头顶运行。有时具体的时间、地点资料不全，必须进行查证，写作的流畅感因此而中断，或者心理上抗拒而不愿进入某种记忆时，我立刻意识到后颈的能量有卡住的现象。这是我头一次清楚地印证喉轮确实是掌管思维活动的能量中枢。威尔伯在《意识光谱》这本书里曾引用亚历山大·洛温（Dr. Alexander Lowen）撰写的《忧郁与身体》中的人体图，图中显示敌意、负面精神状态与退缩倾向，都会引起后颈、颈项和肩部的肌肉紧缩。后来我每天按时服用中药的葛根汤，情况改善了不少。在气功养生法中，"运思"是普遍被采用的法门，例如"禅"本是梵文"禅那"的音译，指的就是运用思维的活动来进行修持，玄奘将其译为"静虑"——

沉静地审慎思虑之意。这使我联想起克氏与戴维·博姆在《超越时空》中所谈到的："脑子必须经常加以锻炼，否则就有萎缩的可能。"三个多月的时间里我几乎没什么身体上的运动，但是整体来看气血循环还算不差，食欲和消化都还正常，比起翻译《恩宠与勇气》时要强得多。我认为改善的主要原因是：第一，累积了四十多年的心声终于一吐为快；第二，整合中西医理与药理的萧圣扬教授建议我改变饮食习惯，他的建议和嘉楚仁波切的观察十分相似，他们都认为我的体质先天不良，不该一直吃素，应该补充肉类食物，于是我隔一两天就吃一点此生从未碰过的羊肉，结果精气神确有改善，可见没有任何方式是适合所有人的。

问：有没有想补充的话？你到底属于什么教派？

答：受限于传记的时空束缚，有许多整合的理念无法完整而细微地全盘厘清，只好放在未来的著作和有声出版中加以补述了。我不属于任何教派，我只服膺于真理以及诚实面对自己的人。

问：这本自传问世后你有什么期许？

答：能够如期完成写传的工作，我已经心满意足如释重负，至于后果是什么，就让它在祭坛上发挥观者各取所需的效用吧！

问：你今后有什么计划？

答：我觉得中国人迫切需要身心灵整合治疗上的研究，希望西方世界的整合学能结合东方古老的观察与验证，然后落实于中土，让饱受身心病苦的苍生获得救赎。这种研究的方向需要心中有宏愿的朋友共襄盛举。

附录一 手术伤及经络对人体术后造成的影响

萧圣阳

本书作者附记：某妇产科医师告诉我，他二十年的临床经验中，见过无数剖腹产的女性，没有一个人像我的后果这么惨。其实练过气功的人都知道，已经能觉知到经络系统的人如果开刀，感受一定比无法觉知的人难过数倍以上。我想提醒读者的是，除非必要，不要轻易动刀，但也不能否认西医在治疗急症上的卓越发展。

天地有阴阳，万物分阴阳，人类及其生活、机能亦受阴阳所支配。道家简言："天地衍生万物，一物划两体，太极分阴阳，因矛盾而对立，亦因对立而相生，始创这有情世界。"人体奥秘的生命亦如此。

人类有机体为适应这变幻无穷的环境求生存，必须衍生一套能恒定身体内外环境平衡的机能。依据现代生理学证明，人类为适应体外环境对体内五脏六腑的刺激而维持稳定状态的系统是神经系统和内分泌系统，即当身体失去平衡状态时，神经系统侦测到此变化后，便将此讯息传送至适当的器官分泌激素以对抗此压力（stress），而达到身体机能恒定现象（对外接受刺激讯息的神经系统谓之阳，对内平衡身体机能的内分泌系统谓之阴）。

当人类身体体内有不平衡的现象发生时，皆会反应在神经系统上，此类之症状，例如头晕、恶心、疲劳、失眠、愤怒等。（补充说明：神经系统包括脑脊髓神经系统，为可随意控制身体骨骼肌的神经，功能谓之阳；及自律神经系统，为不可随意控制身体平滑肌的神经，功能谓之阴。另，平滑肌构成五脏六腑。）

而传统中医学的理论，人类为适应外来刺激对体内五脏六腑的伤害，而维持平衡的是"精、气、神"。所谓精，为营养物和激素；气包含肺气（主呼吸）、脾气（主情绪）及肾气（主泌尿）；神则为大脑（包含脑脊髓神经系统和自律神经系统）。（补充：肾主精、肺主气、心主神、脾主意念。再补充：精气神，生生之本也，精伤无以生气，气伤无以生神，精不足者补之以味。）

精气神不足时，人体体内亦有不平衡的现象发生，而反应在"十二经络"上，出现症状。所谓"十二经络"，分手、足各三阴三阳，即为手太阳小肠经、手阳明大肠经、手少阳三焦经、手太阴肺经、手少阴心经、手厥阴心包经、足太阳膀胱经、足阳明胃经、足少阳胆经、足太阴脾经、足少阴肾经、足厥阴肝经等。中医学之"经络"理论，依现代医学解说，经者神经也，络者血管也，又经者筋也，筋者肌肉也。故经络两字包含神经系统、循环系统和肌肉系统。（补充：中医临床以经络为主的治疗法，皆以治神经、循环、肌肉等引发的症状为主，诸如胃痛、头痛、耳鸣、手麻无力、酸痛等。）

相对的，依现代医学能解剖而得知的"神经系统"为有形的器官，而尚不能以解剖而得知的"十二经络"为无形的器官。（补充说明：虽然现代医学的神经系统能以现在已知的科技证明它的存在，但在未知的领域中，尚有许多未被发现的机能正在研究中。而传统中医学的十二经络系统虽不能以已知的科技解剖证明它的存在，但在台湾权威学术机构、高雄医学院、荣民总医院等学术单位，已以放射性同位素和远红外线证明了经络穴道的存在及其功能；在国外如法国、德国、美国等欧美医学先进国家，亦在二十年前即已证明经络穴道的存在和经络的功能。）因此，临床外科医师常因治病的需要，而为病人做手术，虽以已知的神经解剖位置而避开伤害，但是对未确定解剖位置的"十二经络"，却往往不能避其伤害，而造成无可避免的气泄、气漏、气虚的发生。这就解释了人为何于手术后会出现气虚体弱的现象，其并非由肉体器官的伤害所造成（因为肉体器官所造成病变的症状，已随手术、切除障碍而消失）。所以，中医对于手术后的病人，通常都会给予人参养荣汤、归脾汤等补气的方药，为术后的病人补气调理（但不要忘记，精伤无以生气）。

统管人体一生的经脉（络），除上述十二经络外，尚有奇经八脉，其作用有三点：一是作为十二经络之间的联系，二是调节十二经络的气血，三是维持肝（含女性卵巢及下视丘之功能）、肾（含肾上腺、脑下腺等功能），及女子胞（子宫）、脑脊髓等奇恒之腑（注：除了头部之外的内脏）之间的关系。其中督脉总管全身诸阳经，任脉总管全身诸阴经；督脉起于下腹耻骨，经会阴部绕到臀沟长强穴，经腰俞穴、阳关穴、命门穴，沿着脊髓上升至头顶百会穴（大脑），并向前额印堂经鼻中素髎穴，再至人中兑端穴而止，并接任脉；任脉起于耻骨上毛际曲骨穴，经中极、关元，沿腹部正中线往上至喉头廉泉，再至唇下承浆穴，与督脉相接。由以上经络走向及分布可知，督脉实为脑脊髓神经系统（走背后），任脉为自律神经系统（走胸腹前，主管五脏六腑）。

余（此篇附录的后半段为萧医师以"我"的第一人称，解说我的病理与药理。——本书作者注）自幼即易冒手汗，亦易神经紧张（此为自律神经失调，交感神经兴奋，中医所谓之阳虚自汗、阴实紧张症），由于先天不良（肾主精，一至十三岁由肾主宰生长发育，先天不良即为肾虚，故易感冒）以致食欲不好、常感冒，自幼很瘦。及长亦如此，体质并无多大变化。十年前开始练气功后，体质似乎有很大的改变，从此不易感冒，皮肤亦有光泽，对自身尚感满意。（练气功首要先养气，即气沉丹田、气守丹田，以培养"精"。肾元精气即为命门之火，此火在下丹田，位于脐下气海穴至关元穴之间，其相对背后为腰椎与荐椎交接处，气由丹田形成后，即反射至腰荐椎并形成一股热，此为命门之火，也就是现代医学所指的肾上腺皮质类固醇。此股热并沿督脉上升至头顶百会穴，再由前额下降至人中兑端穴，并连接任脉，再往下传至关元、中极，至曲骨穴接耻骨连接督脉。）

四年前因剖腹生产致使下（小）腹横切一刀，伤及任脉、足少阴肾经（肾主胞官，即为子宫）、足太阴脾经、足阳明胃经等经络，术后即有一股泄气之感，自此即有全身虚脱、易疲劳无力现象，自觉全身经络穴道有阻塞不畅感，稍练气功即感前面胸腹之气郁滞在头面脸颊的足阳明胃经（颊车、下关、头维等穴），脸颊浮肿，头面长疮；后面背脊之气郁滞在阳关、命门（督脉）、关元、大肠、气海（少阴肾经）等穴，其气似乎无法上升，故易腰酸背痛、畏寒、思考不足。前者胃经受刀伤所致，气（包含肠胃蠕动）无法下降，以致气热上冲至头面，造成热生头疮、消化不良、腹胀、溏泄或便秘；任脉受损，以致自律神经失调而有神经衰弱之症。后者少阴肾经受刀损，而有左肾区酸胀感以及命门火衰之类固醇不足的精神疲劳；督脉受损，以致脑脊髓神经传达失调而有项强（脖子僵硬）、筋肿、头晕以及稍用脑思考即易恶心（思虑伤脾）等症。

期间虽然服一些乳酸菌及酵素清肠胃，刚开始有效（此乃一时促进胃肠的蠕动，使胃气得以顺畅，其后似乎效果不佳，前已提过，气不足者必先补精），直至去年12月中旬抽血检验才得知，CPK180（代表心力衰弱全身僵硬肌无力）、Amylase 153（代表脾胃消化不良、易溏便）、Lactate 5.0（代表易有腹胀、胸闷、头晕等气滞）、Cortisol 2.3（代表肾精不足、命门火衰、脾胃不和、大便不实、腰酸胀痛）、Phospholipids 280（代表吸多呼少的胸闷、气滞）等多项不正常。

经医师分析后，才恍然大悟，原来之前的症状，如阳明胃经之气，能上冲而不能下降，头热生疮、脸颊浮肿、腹胀溏便等症，皆因手术后伤及胃经、脾经所致，故血中淀粉酶（Amylase）、乳酸（Lactate）增高；或如少阴肾经及督脉之气，无法上升而滞留于命门穴，以致腰酸腹胀、头晕欲呕、疲乏无力等症，亦因手术后伤及所致，故血中磷肌酸激酶（CPK）、类固醇（cortisol）不足。虽曾练气功及服些乳酸菌、酵素，亦减轻一些症状，但终致无效，此乃补气而未能把握补精也。（气功仍然是最佳的运动，我练得不够勤，所以效果不彰。——本书作者注）

凡病气虚或气滞者，气虚而神不足（精神、心理、神经、思考、理解皆弱），补气必先补精，精不足者补之以味。肾为作强之官，有精血以为之强也，若肾虚精枯，当以羊肉补水（肾主水）之品，使精血交补。故经指示开始服用（进食）羊肉，身体精神才逐渐恢复，其气亦逐渐顺畅，至今已痊愈，自传编写工作能得以顺利进行。

食疗期间，亦配合服用中药葛根汤、小柴胡汤及加味归脾汤（由归脾汤及右归丸所组成）治疗。

葛根汤为足阳明胃经之药，能缓和骨骼肌之收缩（即放松脑脊髓神经之传导，可治头晕、项强、脸颊浮肿，解头热之疮等）以及强化平滑肌之收缩（即刺激自律神经之传导，可使任脉下通，促进胃肠蠕动，使胃气不得上冲郁滞）；小柴胡汤为足厥阴肝经之药，可调整下视丘的自律神经调节中枢（另含睡眠、情绪、体温、血压、内分泌等中枢）及卵巢的机能；归脾汤为足太阴脾经之药，能补脾气虚之症，治腹胀溏便、多梦失眠及思虑欲呕等症；右归丸为足少阴肾经之药，治命门火衰、类固醇不足之症，使其精气得以由腰荐之间的命门穴再延续往上至百会穴，连接任脉循环全身一周，身体才能正常健康。

附录二 外在环保与心灵环保
胡因梦北京演讲
时间：二零零六年八月

在场的各位听众朋友大家好，我很高兴今天能有机会跟大家分享一下"外在环保与心灵环保"这个议题。

我是在二十年前开始关注环保问题，其肇因是无意中翻到一本《Time》杂志。这本杂志很少用非人物作为封面，但是那一期杂志的封面是地球，非常美的。整本杂志是以地球环境为专题，报道世界各地的污染状况和生态失衡状况。当我看到躺在巴西沙滩上的海豚因为海洋污染而奄奄一息，看到整个北京的污染，还有全世界雨林的破坏，我的心非常受震撼。因为那时我已经进入到向内的探索，能够感受到人和环境之间的紧密关系，所以那期杂志让我忧心忡忡。我不知道身为一个小我，身为一个地球公民的小我，能为这个地球做些什么。

我开始思考如何利用自己公众人物的身份，为地球做一点事情。在这个动机之下，一些因缘很奇妙地出现了，我认识了台湾环保界的一些朋友，以前一些新闻界的朋友在环保方面也做了非常多的报道，我就有意愿跟他们一起做些事情。当时台湾有"绿色和平组织"，我们又成立了"世界地球日组织"，开展"地球日"活动，发动数万人上街扫街。同时我们也成立了"绿色消费者基金会"，现在我还是基金会的副董事。我就跟着这些环保斗士们，在台湾全省各地跑，为抢救森林请命，在高雄一带观察污染情况，做了许多这类的环保工作。

可是做了一段环保工作之后，我发觉虽然媒体有大量报道，我也发挥了公众人物的影响力，但环保工作只在民间做是不够的，最重要的还是政府和企业团体要负起这个责任。但是全世界的政府在这方面的觉醒都是最慢的，所有政府关心的都是经济的增长，财政指数的提升，环境是放在最后考虑的。虽然有大量环境失衡的消息在不断刺激各国领袖，因此有了各种关于环保的高峰会议，环保工作在慢慢加快脚步，但还是赶不上污染的速度。

于是我开始阅读克里希那穆提的书，思索环保运动与这位智者提出来的心灵环保，两者之间到底是什么关系，我们怎样在没有办法影响政治跟经济的状况下，还是能够为这个地球贡献一些力量。阅读完克氏的书，又参考了很多生态方面的书之后，我心里做了一个很深的决定，我觉得与其关注外在环保，应该更注重内在环保。因为每一个人内心世界的重重动机，跟种种无明困惑，也就是没有探索清楚的起心动念，都会促使人做出错误的决策，把人引领到错误的方向。

有一位著名的物理学家叫戴维·博姆，他提出了一个很重要的观察：当人类通过发明工具，有能力改善外在世界和控制大自然时，就会产生不断想要变得更好的欲望，这个欲望到今天已经深入我们的潜意识，成为每一个思想底端的重要心态。我们不断想要强化我们的掌控力量，让我们的掌控工具变得更为精良。更重要的，不断想要变得更好的理想主义倾向，在我们内心深处建立起时时刻刻对自己不满的基调，这个基调又会造成内心的暴力。一般人不会认为，起几个欲念就叫做内心的暴力，可事实上，当觉知发展到非常敏锐的程度，我们就可以发现，只要有两三个欲望同时存在，这错综复杂的欲望本身就会造成心理波动。

人欲横流。我们被消费、广告、名牌所刺激，被不断想要变得更好的想法所刺激，欲望越来越多。我们没有看到广告是在利用人心脆弱的一面作为陷阱，落入这个陷阱之后，我们就只能跟随经济发展的趋势，完全无法用清明的头脑面对这个世界，于是我们的生活变得极端物化，我们生命的运作模式就建构在对物化需求的满足上，并且这个需求被刺激得越来越复杂。十年前二十年前，大家可能已经觉得生活条件不错，可是当我们逐渐习惯于有过滤水和冷气等方便设备的环境，可以让自己活在一个舒适状态的时候，我们就被宠坏了，变成一种非常害怕生活不方便的生物。这时就容易造成心理学所说的，人会因为种种的不方便，或者种种的舒适生活没有办法实现，而产生挑剔、挣扎等种种内心波动。在一个禅定者看来，这些波动就是内心暴力。长期处于这样的状态，人就开始误入歧途，从单纯的、祥和的、与大自然相融合的自然人，变成多病的文明人，这些病包括焦虑症、抑郁症、身心失衡、内分泌失调等等。

多欲多求不仅刺激人和人之间的紧张，而且刺激国与国之间的竞争，造成资源的抢夺。资源抢夺引发战争，战争带来新的精神上的刺激，精神上的刺激让人追求更多的欲望。如此环环相扣，造成今天的社会乱象。所以乱象的原因并不是外在的，其真正原因是人无法安顿自己的内心。

人生中最重要的功课是学会跟自己相处，但事实上大部分人都没有真正在跟自己相处。我们每天关心政治人物怎么样、名人的私生活怎么样，却忘掉在这一生中真正应该关心的是自己，于是我们就在这种本末倒置中与自己越来越疏远。而当我们开始意识到最重要的事是跟自己相处，我们会发现这其实并不简单。在灵性修持上达到高层的智者们已经说过，必须是具有勇士精神的人，才有能力完全与自己共处。

我们以为我们惧怕的是外在的天灾人祸，是生命的不可掌控与无常，但事实上我们真正不能掌握的是自己。这话怎么讲？因为深深观照我们的每一个起心动念，会发现每一个念头都不简单，其底端都有一些从小到大养成的某种观念、概念，或者是由过往经验留下的一些回忆，它们驱使我们产生很多无法控制的念头。

心理学家和智者们都在告诉我们，人的意识活动是最复杂的；而且意识活动是可以被分成很多层次的，除了有隐匿的潜意识，还有少数人才能达到的高层意识。我们大部分人活在意识的表浅层次，没有办法了解为什么自己会有各种莫名的反应，比如为什么有些人会让我们不安，而有些人却让我们感到亲切？事实上所有这些反应，其底端都有深层的心理因素需要去探索和认识。

但人在没有遇到某些契机的时候，往往是不会深入地参究和探索自己的。研究自己多无聊啊，宏观议题是比较诱人的，有些还带着爱国主义的色彩，给人慷慨激昂的感觉。但是如果我们不去做自我探索，势必会有问题产生。因为我们待人的惯性模式，与我们长期累积养成的某种心态有关，它造成与他人之间的纠葛。譬如说一个人不喜欢笑，就会引起周围人的一些反应，譬如排斥、压力和敌对，而不喜欢笑这件事可能与原生家庭的某种养育方式有关。所以如果我们任由惯性模式发展，不去研究它，也不去揭露它，就会一直给自己和他人造成影响；而如果我们回过头来探索自己，就会看到很多真相，进而改变惯性模式。

克里希那穆提讲过一句话，所有问题全部都在我们的内心世界里。我们容易有一个错觉，以为内在世界和外在世界之间有一个区隔，但事实上内在世界在改变着外在世界。了解这一点我们就会发现，国与国之间、人与人之间、家与家之间的冲突与敌意，明明就是人基于一种很深的自保恐惧所投射出来的行为，表现出人有非常多的恐惧。

恐惧跟人的焦虑有关。西方世界很有影响的一位比丘尼佩玛·丘卓指出，人的内心深处都有一个根本焦虑，因为人对死亡有自觉意识，这种意识会让人感到自己是孤独地存在于这个世界上：我是一个孤岛，我这个孤岛是有界分的，你是你，我是我。我希望我这个孤岛能够跟你融合在一起，不要再有这些防范，不要再有这些对立。但是由于这个肉体形成的障碍，肉体里的小我怕自己受到伤害，这种自保机制就会让我们时时刻刻觉得不安全，我们似乎需要时时刻刻得到别人的认同、赞同和共鸣，内在的焦虑不安才能得到纾解。这种内在焦虑让我们没有办法安静，它让人产生一种欲望，就是逃避自己。

我们的逃避方法非常多，所以克里希那穆提说，人类整个文明的发展，本质上就是一场自我逃避的活动。人们发明了电影娱乐，在视觉幻觉里逃避自我存在的焦虑感。我过去也是这个行业里的一分子。但是我在从影的过程中，觉察到这个工作是在制造迷惑、蛊惑人心，并不能让人有清楚的认识。这也是我放弃从影的一个主要原因。我们看电影，其实就是为逃避生活的乏味和无聊。虽然乏味和无聊是我们存在的本质，但人类奋力挣扎，不想让自己活在这个本质里，就制造出一些五颜六色的文化，以逃脱对无聊的焦虑。然而，我们制造的娱乐越多，离自己也就越远。时下我们热衷于网聊和微博，这种沟通的欲望从本质上来说也是为了逃避孤独、寂寞、乏味和无聊。

但有些人的运作模式跟我们不一样，他们洞察了逃避的真相，回过头来面对自己，要看看究竟为什么他不能安详地面对自己的身心，为什么不能把欲求放下，只是非常单纯地存在着。单纯地存在到底有什么威胁？他们想去探个究竟。两千五百年前，释迦牟尼做的就是这个事情。他坐在菩提树下探究自己的内在活动，他把意识活动像电影镜头那样一格一格分解来看，看得很清楚，于是了解到人心有一个自保机制，就是想方设法不让自我"空"掉。

全世界的人都在逃避"空"，因为当我们的心"空"了，当我们的意识活动"空"

下来，处于一种寂然的存在状态的时候，我们就会觉得自我面临着非常大的威胁。每个人都有一个"我"，可是没有多少人真正彻底地检验过这个"我"到底是什么，大部分人都是在盲目地跟随着外界过日子。然而当我们把外在活动停下来，审视自己，就会发现自我原来是由一层一层的认同，跟一层一层的意识形态包裹而成的，当中并没有一个实质性的东西。

也许我们会说，肉体总是实质性的存在吧？可是如果我们进入到深层的禅定状态，会发现肉体也不是真实的。现在已经有很多量子医学界的人士在告诉我们，人体并不是骨肉之驱，实际上是一个能量振动体，随时在变化，在死，在生。但是我们不知道，还以为这个肉体始终没变，始终是实实在在的存在，所以认定肉体里面有一个"我"，我们必须保护它。

除了肉体，我们还会通过意识形态来认同这个自我。无论是政治上的，还是宗教信仰上的，只要我们固守于一个意识形态，就必然与持有不同意识形态的人发生对立。所以说意识形态会让你丧失生命的自由度，落入到一个陷阱里。意识形态是什么？不过是脑子里的概念与想法，它是随时可变的，所以是假的。

如果我们对身体层面或意识形态层面产生认同，对它们当真，就会落入到陷阱之中。我们也可能因为对外在世界的认同，包括对事业、工作、金钱的认同，而丧失内心的弹性。这不是说我们不能拥有金钱，不能拥有物质，而是说我们不能把自己束缚在过度认同之中，要让心拥有真正的自由、轻松和自在。然而没有多少人是真正想要得到自由的，因为我们的自我不想得到自由。自我通过种种的认同活动得到一个立足点，或者一个非常有吸引力的焦点，这个立足点跟焦点可以帮助我们建立起安全感。

可是谈到安全感我们又会发现，安全感这个东西也是不存在的，因为没有一件事是我们可以掌控的。我们越想要安全感，我们的心就越强调不安全；而智者发现，当我们放下对安全感的欲望，能够彻底活在不抓取的状态，我们立刻就安全了，因为抓取本身正是不安全感的缘由。不抓取，也即禅宗里无有规则的境界。

我不知道各位有没有这样的经验，突然有一天心里了无挂碍了，没有欲求，也不关心别人的看法，这时视觉会非常开阔，听觉也非常开阔，还能知道面前的每一个人都处在什么样的心态里。这是因为心很安静，才能把周围的一切纳入觉知，这时也就处在一个自由的境界里。根据克里希那穆提的观察，这个自由境界是不能通过方法进入的，因为任何方法都是自我中心活动的造作。

如果我们没有敏锐的觉察力，就会"惯走老路"。比如一个人若能觉察到居住地的环境污染和生态失衡，他绝不会坐以待毙，很可能会积极投入到环保事业当中。所以每一个人要从他的内在开始觉醒，整个生态环境才能有救。内在觉醒取决于我们知觉的敏锐度，这是实实在在的修行功夫，要想有这个功夫，就必须开始真正为自己负责，为这个地球负责。我们要从日常的每一个当下入手，去觉知我们跟环境、跟自己、跟别人的关系都是什么。其实没有一个人是独自存在于这个世界上的，孤岛意识是我们最大的幻觉，但这种幻觉常常会淹没我们，让我们觉得自己孤立无援。我们从来没有脱离过其他任何生命，如果能够深深洞察这一点，我们内心由孤独生出的恐惧和自保心理就会降低，焦虑感也会降低。

有人认为，修道就是到山上打坐，然后成道，这样的观念是错的。因为我们只有在日常生活里，才能不断看到周围人是什么样子，才能意识到自己的局限是什么。譬如说当我们对别人产生一种强烈的排斥反应，这个排斥感会让我们不安，同时如果对方意识到，也可能表现出不安。如果当我们觉察到内心有一个排斥出来的时候，我们掉转头，用知觉去深观排斥的底端还有什么，那么我们就会发现，原来对别人的排斥在根本上就是对自己的排斥。有了这个洞察之后，我们不仅可以理解和体谅对方，同时可以理解和体谅自己。

与自己和解是很难的一件事，因为我们为自己制定了很多要求和标准，希望自己能达到。当无法达到时，我们会自惭形秽，用一些道德来要求自己，或者在脑子里进行一些复杂的分析，分析外在的情景是什么，内在的情景是什么，这个分析本身从某个精微层面来看，事实上也是因为不能面对内心最深的真相。可是当我们把所有想要逃避的活动全部看透，这些逃避活动就没有能量再玩下去了。当人人都能将觉察在每一个当下维持住，淋漓尽致地发挥它的作用，时刻不丧失对自己身体的觉察，对内心念头的觉察，以及对周围人事物的真相的觉察，我们就能开始觉醒。

佛是一个觉者。人要想觉醒，认清每一瞬间的真相，就要有一颗很勤劳的心，随时随刻探究自己的内在发生了什么。我早期翻译过一本很棒的书，其中一章讲人类脑部医学的进展，提到学界发现人脑很多区块的潜能还没有被开发，而最有效的开发方式，就是觉察。这一结论是有事实依据的，研究者观察了两组人，一组修禅定里的"定"功，一组修"觉察"功夫，结果发现，修"定"功会进入某种祥和状态，但不会出现经络系统、全脑都能畅通无阻的情况；而修"觉察"是可以让大脑达到非常惊人的状态的，其智慧、观照力、判断力，乃至待人处事的能力都超出常人。

觉察经科学实验发现是最有效的发展大脑的方法，但不是说觉察是一个方法，而是说你要时时刻刻维持这个觉察——我们的心不能安歇下来。身心安顿跟心的歇息是不一样的，身心安顿是指心里面所有的波动跟念头都安静下来，但这不是心的歇息。歇息是说一个人脑子懒，他不想做任何探究，得过且过就好了。那些智者提醒我们，心不能处在一个歇息的状态，我们要让它活泼，让它不断地探求真相是什么。

克氏提出的探究只是针对心念和意识活动的，但就我个人经验来看这还不够，探究是要扩大到整个身体、心理和灵性层面之中，扩大到与外界人事物之间的方方面面，这时候你会发现生活绝对不无聊，因为每时每刻都有很多值得探究的。我们越探究，就会发现越多的人性真相，进而还可以延伸出去探究其他的问题，包括人有没有可能进入到更高层的意识，有没有可能进入到经典里所说的不可思议境界。人如果能达到那个境界，一定是爱护地球的，因为他已经从自我中心扩展为世界中心的状态；反之，如果意识不能提高到那个境界，那么是不能有世界大同的胸怀的。人必须超越意识形态的束缚，把一层层的意识形态剥掉之后，我们就可以恢复自己海阔无边的本来面目；而如果我们认同外界的各种游戏和陷阱，就会陷入越来越小的生命格局。

关于意识的知识正在世界范围内广泛流传，由过去的密学转变为显学，而且是非常流行的显学，它们也在逐渐被引介到国内来。我相信大陆的朋友可以有更多机会接触到内在世界的探索，慢慢放下错误的攀援，回归到本来面目，将自我价值提升到最高，充分活出自己的圆满性。当我们每个人都开始向内探索，这个地球的生态和环境就会变好，因为人开始变得仁慈，变得敏锐，变得可以感知，并且开始采取行动。从小我推及到他人，到大我，再到整个地球，直到人类可以跨越一切国界，我想这才是全人类最向往的境界。谢谢各位。

附录三 生命的不可思议
胡因梦成都演讲
时间：二零零九年八月

我们今天的这个讲题"生命的不可思议"，其实可以涵纳我翻译的所有书籍的内涵，包括克里希那穆提这位在21世纪被誉为大彻大悟之智者的一些教诲，我在过往的二十年里翻译了相当多他的著作。还有像《平常禅》，是阐释西方现代禅的代表著作，传达了如何在忙碌的日常生活之中，在我们最真实的生活状态之中，来探究自己小宇宙的奥秘。

当我们诞生到这个世界上来的时候，父母以为我们什么都不懂，于是开始在我们幼小的心灵里灌输非常多的概念和想法。在三岁左右的时候，我们就被周围的权威人物，包括养育我们的照料者，灌输了很多的自我概念，因此我们就确立了所谓的自我。然后我们每个人就抱持着对自己形象的自我认知，它可能是一个正确的生命脚本，但也可能是错误的生命脚本。顺着这个生命脚本，我们逐渐长大成人，跟地球上所有其他的生命一样，开始追求人人都向往的幸福快乐，开始追求功成名就，或者是情感的满足、欲望的达成。

在这个漫长的人生里面，我们很少有机会能够真正静下心来，质疑一下生命里发生的所有事情背后的意义跟目的是什么。我们也很少有机会能够去探究在这个不可思议的生命轨道背后，到底有没有隐蔽的秩序。

为什么我们每个人都渴望正面的人生结果，却往往事与愿违，要遭遇非常多的负面的磨难和挑战？当我们的生命进入到某一个阶段的时候，我们可能像这样不由自主地静下来，去质疑这些心中的"大哉问"。有的人从心理学角度提出解答，有的人从哲学角度提出解答，有的人则从社会学角度提出解答，还有人是从他生命最深的体悟，也就是证悟到的终极实相的角度来提出解答。

在这个世界上，如果我们要依循什么的话，当然要以最终极、最根本、最究竟的真理作为我们生命根本的依据。这也就是为什么我在过往的二十年里要去翻译这些艰深的终极真理，其中包括禅的智慧，还有超个人心理学的智慧。超个人心理学融合了东方的禅和佛道思想——那些大彻大悟的智者们所得到的深层领悟；同时结合了西方深度心理学家们，如弗洛伊德、荣格、马斯洛等人对人类内心阴暗面的探究，包括对所谓精神官能症、精神分裂症、焦虑症、强迫症等潜意识暗流的探索。把东方的智慧跟西方的智慧相结合，就是超个人心理学这门学问的研究方向。我在过往的二十里，一直是立足这个方向在翻译一些著作。在这个过程里，我期待着给自己找到生命最终极的解答，也期待读者朋友们能够跟我分享这些生命的智慧成果。今天在座的很多朋友显然已经阅读过我翻译的这些书了，因为你们曾经领会或者是感受到其中一些智慧所带来的深深的悸动，我们才会共聚一堂来探索生命的不可思议的奥秘。

在过往的三年里，我在内地的许多城市举办过身心灵成长工作坊，做过一对一的个人咨商，也做演讲。在个人咨商和工作坊里面，我有幸能够跟内地的朋友做最深入的接触。因为在一个工作坊或者私人的恳谈中，我们会不由自主把内心最深层的秘密揭露给所信赖的对象。大家把我当成一个信赖的对象是我生命中非常大的一个荣幸，也让我有更多机会对人性进行深入的探究。

在三年的探索过程里我觉察到，内地朋友内心深处最大的痛苦基本都来自于深层的自我否定、低价值感、不安全感、莫名的焦虑，还有强迫性地想要掌控所有人事物的一种渴望。而这些内心深处的波动、自我怀疑、不安全感，似乎都来自我们原生家庭中父母的精神状态。这是因为，在这样一个十几亿人的社会里面，每个人的求生都是非常困难的；而且中国的历史上曾经发生过一些大的变革与动荡，我们的上一代、上上代当中的很多人因此受了很多苦，经历了很多磨难、挑战和困境，这是大家没有办法忘怀的。可是这些内心的创伤，有没有一个非常适切的管道可以释放出来，让大家获得跟自己的和解，还有身心灵的深度疗愈？

大家带着代代相传的内心暗影彼此共处，上一代跟下一代之间不断地交换着负面的心理信息，里面有很多的掌控、否定、担忧，还有很多的期许——希望下一代能够功成名就，能够有好的经济条件，能够掌握现实中不可掌握的一些契机。我们发现在这些深层的互动之下，有很多父母是把爱曲解了，是用一种不当的方式在表达爱，这主要呈现为不信赖下一代有能力处理自己的问题，所以用一种权威式的打骂教育、苛求教育，或者是一种无所不在的监督方式，逼迫孩子完全按照他们的意愿去活。在这个过程里，下一代就会承受非常多的痛苦。有一些人可以有比较好的耐力和生命力去承受这些负面打击，但是也有非常多的敏感脆弱的人，多半是女性，可能承受不了这么多负面的暗示和身体上的虐待，从而造成内心里深层的焦虑，形成了一种强迫性的人格模式。当我们怀着这些创伤长大之后，生命有个不可思议的奥秘就是，我们明明不想重复父母的错误模式，却会不由自主地把父母加诸我们身上的这些不当影响，投射到我们的亲密关系当中，甚至我们的下一代身上，于是就造成代代相传的伤害。

大部分的人没有去探究这背后的缘由。而如果我们真正深入探究，会发现创伤不只是源自原生家庭父母的教育方式，而是甚至可以追溯到更深的多生多世轮回转世的因果律。所以在西方的另类医疗领域、身心灵整体治疗领域里面,也有很多专家和研究者们透过呼吸、前世追溯、催眠等方法,让个案能够进入到对自己多生多世种下的因果关系的深入了解。

荣格和弗洛伊德这两位在精神分析领域最重要的心理学家,都有着非常不可思议的对人性的洞察和分析力。荣格后来走了一条弗洛伊德当初不太认可的路线,脱离了弗洛伊德的纯粹科学化的研究方向,开始往一个更玄奥的方向去探究。因为他发现,有非常多的精神分裂症或者精神官能症的个案,他们的问题好像不只是源自于原生家庭,而是有着更深层的一些因果,所以他开始进入到深度占星学的研究。占星这门学问已经存在了八千多年,很多研究者发现,在西方的柏拉图时代,在希腊哲学蓬勃发展的时代,占星学就是当时六大科学的基础。荣格透过占星学的学问去探究人的因果,他发现其实每个人都有先天带来的各种惯性模式,这些惯性取向还会形成五脏六腑的一些特质。

从中医的角度来看,如果一个人经常有愤怒、生闷气的习性,那么他的肝脏一定会出问题;如果一个人有忧思的倾向,那么他的脾胃功能可能会有问题,乃至怎么吃都吃不胖;如果一个人容易亢奋,可能他的心脏功能会出现一些问题;而如果一个人容易莫名地惊恐,那么可能影响到他的肾脏和膀胱。所以每个人先天带来的习气会造成五脏六腑的某种特质,如果我们无法透过自我觉察的修行功夫去看清这些习气,它们就很可能变成潜意识里的惯性模式,如此我们就会陷入恶性循环,不断地制造负面信息,然后经由神经系统和经络系统传导到五脏六腑,久而久之造成身心灵的整体失衡。

当一个人在深层的存在体制上发生失衡现象,他的人际关系不可能是和谐的,因为人际关系的和谐性完全取决于我们跟身体相处得是否愉快。这一点可能很多人没有办法切实地领会,但是如果你参加过禅修或者工作坊,或者曾经有过静坐的经验,当你安安静静地沉淀下来跟你的身体亲密共处的时候,你就发现我们是透过身体在经验这个世界。我们不是透过房子、汽车、金钱,也不是透过爱人和孩子在经验这个世界,我们时时刻刻都是在透过我们的身体经验世界。事实上,我们的身体是这个宇宙里最奇妙的回路系统,按照瑜珈的说法,我们体内总共有七万两千条经络。

我在大概六七年前曾经有过一次非常奇妙的经验,那时候我正在探索各种另类治疗法。我先在著名的台湾花精疗法创始者陈祈明老师的诊所里了解到一些花精的奥秘,之后又在一个因缘之下认识了台湾一个很重要的另类疗法之母崔玖大夫,于是就去她的诊所里经验能量医学花精的治疗。(花精是德国一位著名的巴哈医师创造出来的治疗系统,他是一个已经进入到精微次元、对人体的气脉有所了解的治疗师。)我在崔玖大夫那里用了向日葵花精,她滴了五滴花精在我的舌下,之后我就跟朋友去吃午饭。吃完饭以后,我就觉察到这个花精带来的效果,它到了我的中脉上面,让七个脉络的能量在瞬间进入到一种很深的禅定状态。也就是说,我的心完全没有任何念头,没有任何波动,从中午12点左右一直到晚上11点左右,始终保持在一个非常安静的状态。其实如果我们有向内观察的机会,就会发现念头是非常不容易安静下来的,更何况是从中午12点到晚上11点。按照某位大师的说法,如果一个人可以维持四十八分钟没有念头,他就几乎快要开悟了。

我就是在花精的辅佐之下,经验到了一个无念的状态。后来到了晚上差不多11点,我突然觉得身体里的经络和中脉发生了一个很大的变化。我发现身体内部真的有量子体的振动,从头到脚每一条经络的能量都在发生共振。这个振动吓死我了,我立即从躺着的床上站起来,仍然觉察到我的身体在共振。我告诉自己不要执著,所以准备再次入睡。当闭上眼睛的时候,我感到整个身体进入到宇宙的一种涡旋能量,仿佛我的身体、我的被子、我的床全部进入到一个涡旋里。我很清楚那不是我的幻觉,而是一种属于超个人心理学所说的另类意识状态。

这次经验，以及过去二十多年在经脉上的体验，让我深深体悟到，人体是这个地球上最奇妙的发电厂，它可以发出几乎跟核爆一样的能量，只是我们大部分人不了解自己具有这样无限的潜能。人体内部的确有一个奥妙的精微次元，我们是透过身体这个能量体在跟世界共处，它的品质决定了我们跟世界共处的品质，也就是说，它是通畅的还是堵塞的，它里面有没有郁结很多东西，都影响着我们与世界的沟通。而能量体里面可能郁结的东西当中，最重要就是情绪能量。

我们每个人在日常生活里多多少少有自我压抑的习惯。按照西方心理学的观察，这个习惯大概是在三岁到五岁之间从父母那里学到的。当我们开始懂得跟父母互动，建构出一个自我感之后，父母就教导我们要做一个好小孩，要懂得自我克制，所以我们不能放任地去表现自己的情绪。当我们学会自我压抑之后，我们就开始用父母灌输进来的是非对错概念，以及羞耻感、罪恶感，建构出一个不断监督自己的超我。这时候，超我跟本能需求之间就形成一个二元对立性，在我们内心当中造成矛盾、冲突以及压抑的习惯，强行将经络系统里面的一些负面情绪能量给打压下来。而这些负面情绪能量多半积压在我们中脉七轮的下面三个脉轮里，也就是海底轮、脐轮，以及太阳神经丛。当这些部位的情绪能量发生郁结以后，我们的心轮——掌管爱的能量中枢，以及喉轮、眉间轮、顶轮这些重要的能量中枢，也即身体里七万两千条经络应当回归的能量中枢，就没有办法畅通无阻。我们透过这样一个阻塞的能量体跟外界互动，就会造成莫名的不安全感以及自我保护的需要，或者在跟人接触时会有一种想保持距离的需要，又或者是没有办法打开心扉跟最亲密的伴侣做畅然无阻的情感和情绪交流。我们总会有所保留、有所克制或有所压抑，好像总不能全盘地信赖我们的亲密伴侣，把自己最脆弱的那一面以及认为自己最不能见人的一面给他（她）看。我们似乎总是有逞强的倾向、好胜的倾向，或是要在伴侣面前证实我们自己才是对的，是没有问题的，是不应该被批判的，是应该被全盘接纳的等等这些反应。

这是大部分成年人在自己身上都会观察到的一个现象。当我们有这些现象的时候，我们就没有办法在一个亲密关系里面获得深层的满足。因为无论是亲密关系，还是亲子关系，或者任何一个重要的关系，我们都希望能够跟对方有畅然无阻的能量交流。如果达不到这个目的，我们就会怅然若失，我们心灵的空洞就没有办法被填满，我们就觉得需要再去寻找更爱我们的人，对我们更坦诚的人，更温暖、更能支持我们的人。于是我们就会产生遐想，对现有的关系不满意，然后去发展外遇或者是其他的关系。其实最根本的原因在于我们与自己的身体之间出现了严重的问题，没有与它建立起一个好的关系。

我在工作坊里经常讲，人是地球上所有动物之中最不懂得养生的生命体。为什么？因为我们被教育成是向外观察的。你看，我们的耳朵是向外开窍的；我们的眼睛看着外面的人事物，透过媒体来看社会上其他人在做什么，很少回过头来看自己；我们的嘴巴是从外面进食的；我们的鼻子也是呼吸外面的空气。所以，我们整个眼耳鼻舌身意的设计都不是向内的，我们没有办法了解内部的七万两千条经络这个小宇宙是怎么运作的，我们甚至不知道我们的情绪会在精微的能量体里面造成影响。大部分人都欠缺这种身心灵训练，还有养生的能力。所有的人都是在忙忙碌碌、汲汲营营，追求外在的成就和情感的满足。当我们有一天突然发现，这一切都不尽如人意的时候，我们就会质疑人存在于这个世界上的意义，开始向内的探索，寻求最深层的解答。

人在这个世界上的一切遭遇，面临的一切挑战与灾难，其根本的缘由在于自身先天带来的惯性模式。也就是说，如果我们不明白自己的惯性模式是什么，基本上就没有办法在命运的轨道上自己做主，我们永远都是处在一个被动的地位。当别人爱我们一点，给我们一点温暖和支持的时候，我们就有内心的满足感和一种甜美的幸福感；而当我们重视的对象不给我们支持和温暖的时候，我们就会有失落、幻灭、沮丧、抑郁等反应。当我们获得金钱、名利、地位，我们就有正向的成就感；可是如果我们在事业上表现不如意，就会有失落的感觉。但是我们不明白，这所有的挑战其实都源自于我们的习性。所以人世间最重要的一件事情就是了解和探索自己的习性，发展出深刻的自知之明，然后透过认识自己来不断转化习气，让自己的这些惯性模式能够从负向转成正向。

现在有相当多的出版物，其实是在用一种人人喜欢听的正向讯息告诉我们，只要我们保持正向的乐观想法和观念，就可以让生活更顺利，或者让我们的人际关系更顺畅。但事实上，正向的乐观心态是极不容易发展出来的。如果没有自我觉察的功夫，以及转化自己、反省自己的能力，就根本不可能发展出乐观的心态和正向的思考模式。

所以重点并不是积极的、正向的思考，而是我们必须去反观自己起心动念的模式和习气，还有性格模式，这才是阅读生命真正重要的工具。我翻译的很多书在一些人看来是太理性了，或者说无法让人马上感受到积极向上的感觉。事实上，这些书籍透过无为的自我观察，呈现出了真正的积极性，它们其实很符合我们的道家思想，也非常符合佛家的修持之道。我们可以用我们人人都有的能知能觉这面镜子，随时随地观察自己是怎么跟人互动、怎么说话、怎么作息、怎么走路、怎么上网跟人沟通，以及在跟别人互动时我们产生的自我形象感是什么——这个自我形象感是充满信心的、稳定的、不容易被影响的，还是非常容易怀疑自己的价值，容易受到打击，容易被别人的一些可能跟我们毫无关系的眼神、表情所影响？

我们常常会有一种莫名的神经质的内在反应，总觉得周围人的不快乐好像是我们造成的，总以为我们要对周遭所有人的状态负责。所以我们心里面时刻都有很多的自我怀疑、自卑情结和不安全感，这些日常反应都是我们必须去观察的，这种观察只能靠自己，而且一定要在人际互动中保持随时随刻的留意。我们要把眼耳鼻舌身意向外的倾向拉回来，留一部分注意力放在自己的内心，去觉知那些瞬间即逝的心理反应，其深层本质与真相是什么。

透过不断的觉察，日子久了以后，我们就会对自己的惯性有所了解，才有可能透过自己的理性来逆转我们的习性。然后我们在职场里才有可能把自己出于逞强好胜、竞争性、嫉妒心、比较心，或者是匮乏心而带来的意识流活动安歇下来。如此当我们回到家的时候，才有能力在亲子关系、两性关系的互动过程中，与我们最爱的人真真正正地贴近，建立起正向的真实的爱的关系。

讲到爱这个字，我们会发现人类最向往的就是爱。其实每个人都有良知，当我们呈现出来的态度不带有真正的慈悲和爱的时候，我们内在的自责是非常强烈的。每个人都希望自己能发展出爱的能力、同理的能力、慈悲的能力，但有时我们不由自主就会表现出暴力、不耐烦和苛求，或是自虐式的表达自己的欲望，所有这些习气都会阻碍我们爱的能力，因为爱的能力无法跟恐惧或不安全感并存，无法跟占有和嫉妒并存，无法跟内心的冲突矛盾并存。所以要把所有这些负面的反应模式慢慢转化了以后，我们最渴望的爱的品质才能显现出来，我们才不失来到地球做人的使命跟任务，达成今生来到地球这个大教室、学习发展更高层意识的目标，这是我们来世界的最重要的一个目标。

摄影选

胡因梦

在行走于各地,推进身心灵整合工作期间,作者随手拍下所到之处的景物风光,用镜头捕捉大自然里的禅意。

禅定的鸟

今年的冬天台北特别寒冷,就像世界各地一样。似乎新的一个小冰河期已经在生态的破坏下,随着因果之神悄然降临。

窗外的那棵大叶合欢,今天来了两位访客,因为气温有点回暖,它们一公一母,坐在枝头上冥想禅定。母的那只动作非常婉约缓慢,公的那只则显得警醒一些,似乎在负责监察周遭的状况,但屋子里的金铭和我的一举一动,它们却直觉地知道不会带来什么威胁,因此一坐就是一整天,那种禅定功夫真是惊人。

我在一旁悄悄地用相机拍下它们妙不可言的姿态。天色渐暗之后,它们一起飞走了,金铭显得有些不舍(我常戏称他为鸟人)。五分钟后金铭高兴地走到我面前,说它们没走。这回公的嘴里衔着一根细细的树枝回到了原位,似乎准备筑巢,但是一不小心树枝掉了,接着它们又无所事事地坐定下来。

现在暮色已深,看起来它们会在这棵老树上度过一个安静的夜晚!我和金铭如同伴着贵客一般,小心翼翼地不敢有太粗率的动作。

就这么自然地,它们为我们带来了觉知与敬畏。

P.S. 我们上网查了一下,这种鸟属于台湾稀有物种,名字叫黑冠麻鹭。由于住家附近有许多巨大的古树,所以本该出没在隐秘山区或乡下溪畔的鸟儿,经常会来这附近歇息一会儿。

因梦
2011年2月17日

台北寓所窗外,禅定的鸟。

波叶海菜花,生长于云南泸沽湖。

广州白云山上的莲花。香远益清,亭亭净植,花之君子者也。

泸沽湖上的猪槽船。这种独木舟是摩梭人行于水上的工具,因形如猪槽而得名。

云南丽江。风吹皱了浩渺江波。

普吉岛的大佛。

丽江泸沽湖倒影,照片竖过来看像一尊佛像。

摩梭人家的猫。

去台湾花莲的路上,皓月当空。

台湾花莲的花东海岸，入夜时分。